中國教育史

王鳳喈 著

五南圖書出版公司 印行

目次

第一編 緒論

本書共分四編：第一編，緒論；第二編，上古教育，即虞夏商周之教育，為時約二千年；第三編，中古教育，即秦漢至清咸豐末年之教育，為時約二千一百年；第四編，近代教育，起自清同治元年（一八六二）至現代。

第一編分三章：第一章，討論教育的意義、教育史的範圍、教育的起源、教育的演變及研究教育之方法；第二章，討論社會文化與教育之關係，中國文化之社會基礎、民族基礎、經濟基礎及中國文化之特質；第三章，討論中國教育史時期之劃分，自虞夏至現在，共分三期，即上古、中古、近代，由中古至近代，變化至速，似無近古之過渡時代也。

教育與社會有密切之關係，要了解教育制度與思想之演變情形，必須明瞭一般社會情況。緒論之目的，在參證專家意見，對中國一般社會狀況，作綜合的敘述；其下各編，分述各期之教育，亦必先述社會背景，然後分述學校教育、選士制度、教育思想及學風等項。

第一章　教育史的範圍

一、教育的意義

「教育」二字，有廣義與狹義兩種解釋。依照廣義的解釋：教育即是生活，故人類生活的歷史便是人類的教育史。依照狹義的解釋：教育係指在特定的場所，由特定的人員在特定制度之下指導兒童或青年，學習某種事物之活動；故教育為人類活動之一部分，而非全部。中國古代書籍討論教育最早者為《尚書．舜典》：「帝曰：『契百姓不親，五品不遜，汝作司徒，敬敷五教，在寬。』又曰：『夔命汝典樂，教冑子；直而溫，寬而栗，剛而無虐，簡而無傲。』」[1]

此處所言之「教」，似係指狹義教育而言。《孟子．滕文公章》：「設為庠序學校以教之。……夏曰校；殷曰序；周曰庠；學則三代共之。」《白虎通．辟雍篇》：「古者教民，里皆有師，里中之老有道德者為里右師，其次為左師。」據此，則我國虞、夏、商、周時代已有狹義教育之存在。

---

[1]《尚書．舜典》通行本作「教冑子」；許慎《說文解字》，育養子使作善也，引《虞書》「教育子」一語；段玉裁謂今文本作育，古文本作冑。

二、教育史的範圍

教育史爲記載教育活動之歷史，但其所記載係限於狹義的教育活動，即是教育制度與教育思想。教育制度係整個政治制度之一部分，故研究教育制度，不能不研究政治制度；教育思想爲整個社會思想之一部分，故研究教育思想，不能不研究社會思想。蓋唯有從全部著眼，方可以了解局部問題。所以教育史雖然是以狹義的教育爲研究中心，然目光不能不顧及社會之全部。

三、教育的起源

初民社會，文化簡單，生活必需之知識與技能，易於學習。兒童在日常生活或工作中，便可以由參加及模仿而完全學好。所以這時候，生活即是教育，自無正式的學校教育可言。到了後來，生活日趨複雜，文化逐漸提高，兒童不能單純從日常生活中獲取生活必須的知識技能，於是有設立學校，聘請教師，單純的從事於教育的必要；是爲狹義教育之起源。所以廣義的教育，與生活同其範圍，自有人類即有教育；而狹義的教育則必須俟文化進步到某種階段，方能產生。狹義教育的產生，便足以證明社會組織之複雜，各種機關功能有分化之必要。

但是各種社會機關功能之分化，是應事實之需要，逐漸產生的。所以愈到近代，則社會之組織愈複雜，各種組織之功用愈特殊，愈到古代，則組織愈簡單，而其功用亦愈籠統，分化愈不顯明；中國古代政治教育的合而爲一，便是顯明的證據。

四、教育的演變

教育爲傳遞文化的工具。文化爲前人經驗的結晶，前人用了它們來應付環境，完全成功了，於是把它們保存而傳給後人。所以在固定環境中，教育的功用便是把社會的文化傳給後代，使後代人完全能接受此種文化，爲此種文化之繼承者。這種教育顯然是傾向於保守方面。若是環境無變遷，這種保守的教育便繼續的推進。若是環境有變遷，則舊日文化不能適應新環境，社會上便發生文化失調的現象，舊的教育必須有新的變革，方足以度此難關。但是人類的保守性是很強的，對於環境變動的觀察和解釋各有不同，應付方法亦因之而異，於是社會便表現一種紛亂的現象，從紛亂現象中，適合於新時代的政治和教育才漸漸的戰勝了一切，而造成了一個新的局面。

如上所述，教育的演變，多由於環境之變遷與事實之需要。所謂環境之變遷、事實之需要，主要係下列五種：一爲物質方面之變遷，如地震、洪水、火山爆發之類是；二爲人口之增加，物質供給之缺乏，因而必須向外發展；三爲戰爭之爆發；四爲學術上之新發明，工具之新改進；五爲與異種文化之接觸。有上列五項之因，必產生生活變遷之果。生活狀況既變遷，舊的社會、舊的教育均不適宜了，故必須破壞舊的，建設新的。事過境遷，時移勢易，所謂新的又變舊了，又不適宜了，於是又須破壞，又須建設。社會的進化，即是破壞與建設之輪續推進。不過，從前的進化，是純任自然的、無指導的，現在社會進化，則須受人類的管理，而管理社會進化最好之工具，便是教育。教育史之使命，在正確的記述教育演進之歷程，評論其得失，分析其因果，俾人類控制新社會進化之能力得以增加。

五、教育史的研究法

研究教育史的第一步工作在確定教育史的範圍，第二步工作在依此範圍蒐集史料。史料若以其作者之目的爲標準，可分爲兩類，即有意的史料與無意的史料。有意的史料係有目的之記載，即作者作此之目的在留此史實以傳之後代者，如傳記、碑文等是。無意的史料即留傳物之有史的價値，而作者的本意並非爲記錄史事者，如古代遺留之美術品、工具等是。教育史料之蒐集，需兩種並重。史料若以其來源爲標準，亦可分爲兩類，即直接的史料與間接的史料。直接史料即作者耳聞目見之資料，其所記錄非聞諸他人、或本之他種記載者，如自傳、會議紀錄、視察報告等是；間接史料即作者記錄非本諸直接之觀察，而係聞諸他人、或本諸他人之記載者，如通鑑及歷代史書等皆是。教育史料以直接史料爲佳，但以此種史料，得之甚難，故普通以間接史料爲最多。

史料既經蒐集，第三步工作，在批判史料之眞僞，即此項史料是否係某人所作？前代作家曾否徵引？前代史書曾否將其書名著錄？文體是否與時代相符？凡此皆史料來源之批判，即外部之批判也。即令史料眞而無僞，更須分析其內容，考察其記載是否與事實相符？著作者之能力學識如何？品性如何？有否個人利害或情感關係？史料本身有無前後矛盾之處？有無與他種史料相衝突之處？凡此皆史料內部之批判也。

史料之可靠成分既經審核確定，第四步工作便是分類整理，第五步工作便是解釋論斷。解釋論斷必須有充分的證據，尤必須參考一般社會情況和文化狀態。本書對於此點特別注意，故敘述各時期之教育，特先敘述各時期之社會背景。下章總敘中國之社會文化之概況，以作研究中國教育史之參考。

問題思考

一、爲什麼要研究教育史？如何研究教育史？
二、教育是怎樣起源和怎樣演變的？
三、教育在社會進化上應有的責任和教育史在教育研究中所負的使命爲何？
四、如何蒐集教育史料、鑑別教育史料和整理教育史料？

第二章　中國社會文化的分析

一、社會文化與教育之關係

社會的進化，與教育制度、教育思想的變遷是互相關聯的。要明白教育思想和制度的起源和變遷，非研究社會情形不可。杜威說：「仔細考察各時代的制度，都是以社會情形爲重要樞紐，不止制度的形狀如此，就是教授的學科和方法也如此。」例如中國的家庭制度最爲發達，所以學校組織也帶著家庭的色彩；中國社會最尊孔孟，所以《論語》、《孟子》成爲學校必讀之教科書。所以要研究中國教育史，非先將中國之社會文化作一鳥瞰不可。

二、中國文化之社會基礎

中國文化之基礎完全建築在宗法社會之上。宗法社會即是法系很嚴的家族和宗族的社會，目的在尊重嫡子，俾爲一族之中心，以便統率。《禮記・大傳》說：「別子爲祖（諸侯之公子，自卑而別於尊，曰別子，後世以爲祖），繼別爲宗（別子之嫡子，族人尊之，謂之大宗），繼禰者爲小宗（禰謂別子之庶子，以庶子所生之長子，繼此庶子與兄弟爲小宗，謂之小宗者，以其將遷也）。有百世不遷之宗（大宗），有五世則遷之宗（小宗）。」所以，「一國之中，國君而外，更有唯一之百世不遷的大宗，有無數五世則遷的小宗。小宗之宗人共宗其小宗，群小宗各率其宗人以宗大宗，大宗又率群小宗以宗國君。故《詩》曰：『君之宗之』，言君與宗相待而成也。……宗法不唯行之國內而已，諸國相互間亦行之，……又不唯行於王侯之支庶而已，一般平民亦有之。……

如是國內各部分人民，各以同姓從宗合族屬而統之於君，故曰：『君有合族之道焉。』其立法精神何在？蓋利用人類通性而善導之。故曰：『人道，親親也。親親，故尊祖；尊祖，故敬宗；敬宗，故收族。』人莫不親愛其父母，而尊父母所自出之祖先，因祖先而敬及代表祖先之宗子，卒乃以宗子之關係聯絡全族。似此大規模的家庭組織，遂成爲政治上的主要因素。」[1]這種嚴密的宗法社會，形成於商周時代，歷漢魏以至明清，尚未有巨大的變動。

三、中國文化之民族基礎

中國文化之基礎爲中華民族。「中華民族由多數宗族混合而成，而同化異族之原動力即爲以平原爲發祥地之漢族。此項建設偉大民族之工作，今已十成其九。全部中國人口，漢族占百分之九十五以上，故可稱爲基本宗族，凡平原地帶，幾完全爲漢族所居。雖在邊疆僻處之高地，尚有若干少數宗族，然其人口總數尚不足二千萬人。所謂漢族者不能以血統爲標準，而當以文化爲標準。蓋二千年來若東胡族、突厥族、蒙古族、西藏族、南蠻族，均已逐漸混入漢族，學漢語改漢姓者。不知凡幾，異族之強悍者，久之多同化於漢族，漢族遂一視同仁，種族之辨無從追究矣。」[2]漢族雖爲中國文化之中心，但在各宗族之同化程序中，漢族文化也受了相當之影響。例如漢代的壁畫、隋唐的音樂，以及葡萄、棉花、短褲等，都是從西域文化來的，舊式的曆學、數學、工程學、槍礮、琉璃，是從回教族傳來的，可見其他各宗族對於中國文化也有相當貢獻。

[1] 梁啟超：《先秦政治思想史》。

[2] 張其昀：《中國民族之地理分布——科學的民族復興》。

四、中國文化之經濟基礎

中國文化之中心在漢族。漢族皆以耕種爲生，乃一農業民族，即在今日，中國之經濟基礎猶大體建立於農業之上。中國古代之文化，至周代而規模粗具。周之故國，即在今陝西省之渭河平原，其後秦代又憑藉渭河平原之物力以統一中國，秦人最大之貢獻爲水利，例如四川省成都平原之灌溉工程，即爲秦代李冰所創。漢族之名，起於漢代；漢即漢水（今陝西南部之漢中平原），爲漢朝歷史之起源，由河流之名，而稱爲國號。秦漢之際，引涇渭二水，作鄭白二渠，關中沃野，號爲陸海。中國文化以內陸平原爲出發地，逐漸推廣，至沿海一帶之平原，其趨勢由西北而東南。在西晉與北宋之末，因北方游牧民族南下，平原民族大受犧牲，形成所謂「南渡」的局面，移民最遠者直達珠江平原。自此以後，北方屢遭破壞，水利荒廢，造成北方之衰落。但揚子江流域，因環境之優美與新移民之加入，農業文化之成績爲全國冠。大江下流之江南平原，爲中國近代經濟最發達之區域。珠江流域亦漸興盛。[3]經濟之重心既遷移，政治文化之重心亦隨之而遷移。

中國自周秦以後，歷史的表現是一治一亂之循環。治亂之原因雖多，而經濟的原因實很重要。中國的經濟基礎既在農業，故中國最大的經濟問題，便是農民經濟問題。農民的經濟問題得解決，則國家之治安，除受異族之侵略外，必可以維持，而成爲「治」的局面。農民的經濟問題不得解決，則雖不受外族之侵略，治安亦不能維持，歷代的大政治家，若漢之王莽、宋之王安石，均企圖解決農民問題，而終歸失敗。蓋中國自秦漢以後，農業之技術和農業經濟之組織，進步甚少；在國家昇平之時，人口增加，常速於農業生產之增加。故昇平愈久，則農產品之供給與需要愈不得其均衡，大亂的因子，即已種下。又「加之以師旅，因之以飢饉」，重之以政治的貪汙，民不堪命，而大亂以起。試讀二十四史而檢閱每次之大亂，幾乎無一次不是因盜匪而起。當時之所謂盜匪，

---

[3] 張其昀：《中國民族之地理分布——科學的民族復興》。

大部分均係受飢寒逼迫之農民。迨紛亂既久，殺戮益多。人口減少，農民的土地問題得爲暫時之解決，又遇來自民間的新主，政治亦較清明，興利廢弊，治安之局面遂奠。可見中國一治一亂之局面，與經濟關係甚爲密切。經濟對於政治既有影響，對於教育當然也有很重大的影響。古人說：「倉廩實而知禮節，衣食足而知榮辱」，便是說明經濟與教育之關係。就現代論，義務教育普及之國家，莫不有比較進步的經濟基礎，蓋因經濟落後之國家，斷不能有良好之義務教育。

五、中國文化之特質

中國文化綿延悠久，爲世界任何國家所不及。就古代國家論，如埃及、巴比倫、印度、希伯來、希臘、羅馬等，其文化或先後中斷，或移轉他國，均不能始終綿延繼續。就現代國家論，大率建國時期甚短，文化淵源未久。我國文化淵源於黃帝時代，歷數千年以迄今日，除少數有語言宗教的差別外，實際上全國早具有同一語言文字，同一信仰，同一風習，成爲一個統一的大中華民族，就人口論，爲世界人口最多的民族；就語言論，爲世界流行同一語言最廣的民族。[4]中國文化之所以有此特殊成績者，必因中國文化有某種特質在。

中國文化之特質何在？學者意見各有不同。梁漱溟在《東西文化及其哲學》一書中謂：「中國人在物質生活方面，人與自然渾融，表現知足、安分、從容、享受的特性；在社會生活方面，人與人渾融，表現尚情、無我、容忍、禮讓的特性。」英國羅素在《中國問題》一書中稱：「中華民族尙實際，耐勞苦，愛和平。」美國杜威在〈中國人之人生哲學〉一文中，謂「中國抱無爲主義，表現純任自然、知足、安分、寬容、和平、詼諧的人生觀，並且重道德的文化勢力而輕物質的勢力。」孫本文在〈中華民族的特性及其與他民族的比較〉一文中，謂

[4] 孫本文：〈中國文化在世界上之地位〉——《中央政治學校政治季刊》第二卷第一期。

「重人倫，法自然，主中庸，求實際，尙情誼，崇德化，爲中華民族之六大特性。」[5]以上各家的意見雖不盡相同，然綜合觀之，亦可見中國文化之許多的特質。

作者以爲欲指出中國文化之特質，首先應該對於支配中國人民思想習慣之各家學說略加分析。各家學說之影響最大者，第一爲儒家，第二爲佛、老，第三爲陰陽家及術數家。陰陽家及術數家本非出自一源，陰陽家在古代還有學理之根據，術數家則多建築於迷信方面。中國社會之相信禁忌、災異、時日吉凶、風水、命運、卜筮雜占等，均係受此派學說的影響。老家與佛家之哲理根據本非完全一致，但就其影響論，則頗有相似者。兩家學說對於士大夫學者之影響，爲高深的哲理及消極的或出世的人生觀；對於一般社會之影響，爲因果輪迴報應之說，兩家學說的影響雖大，但都不及儒家，故儒家思想實爲中國文化之核心。

以儒家思想爲核心之中國文化，所表現之特質爲何？作者以爲有三種特質：第一爲博大的精神；第二爲持中的精神；第三爲倫理的思想。所謂中國文化之博大的精神，可以從兩方面證明之。第一是「天下爲公」的政治觀念。儒家的政治思想是「天下爲公」，故《大學》言修身齊家治國而終極在平天下。儒家之天下主義即世界主義，世界主義是建築在平等的原則，即是「公而非私」的原則。本此原則凡與漢族接觸的民族，均以平等看待，毫不歧視，故能收同化之效。在政治實施方面，儒家特別注重選賢與能，周及兩漢之選舉制度，隋唐宋明之考試制度，均因此而來。這種拔選賢能來管理政治的辦法，也是天下爲公的精神的表現。中國因有此優良制度，故在歷史上無絕對的貴族專政時代。博大的精神表現的第二方面，是虛懷若谷的態度。儒家最重「恕」道，最能容納他人的意見，故不固執成見，排斥他人。就一般論，宗教是最富於排斥性的。在西方歷史，宗教戰爭占了很重要的一頁；所謂「信教自由」，是經過長期的悲慘奮鬥而後得來的。中國人民因受儒家思想之影響，對於宗教問題，於數千年前即抱「信仰自由」、「研究自由」的合理態度，故信仰可以不同，而共同生活自若也，友誼自若

[5] 孫本文：《中華民族的特性及其與他民族的比較——科學的民族復興》。

也。因有此種虛懷若谷的博大容量，故能兼收並蓄，儒釋道並立，而無相爭相殺之宗教戰爭的慘史。所以博大的精神實爲中國文化精神之第一特質。

中國文化的第二特質，爲持中的精神。持中者，即是做任何事不走極端，到適當之地步而止。所謂適當之地步，即是兩極端之中點，《中庸》稱舜：「執其兩端，用其中於民」；朱子謂：「允執厥中，爲堯之所以授舜」；梁啓超謂：「時中兩字，確是孔子學術的特色」；蔡元培謂：「中國最有權威的兩種學說，都合於中庸之道：一種是傳統的儒家學說，一種是孫中山的三民主義。」就實際論，中國學者對任何問題均是採持中態度。例如對於禮法情慾兩極端，中國學者一面說「禮以節慾」，一面又說「禮本於人情」。對於自然界的態度亦復如此。他們一面主張征服自然界，使之宜於我們的生活；一面又主張改變自己的意慾，使與自然界調和，而感覺愉快。故一面說「深耕易耨」、「人定勝天」，一面又說「安貧樂道」、「君子無入而不自得」，諸如此類，均足以證明持中的精神之普遍。所謂持中，並不是執著兩端中之某點。中點是因時代需要而變遷，即所謂「時中」者是也。我國民族不但在精神和物質兩方面表現中庸之道；據劉咸之研究，即在體性方面亦顯現中庸之道，必因體性之中庸，而影響及物質文明之中庸；由精神文明之中庸，而影響及物質文明之中庸；而物質文明之中庸，又可影響體性之中庸，互相循環。由統計學觀，中庸爲數之中，可爲全體平均之代表。由演化論觀，生物之中庸者，乃擅兩極端之長而爲群衆之代表，是中庸實爲吾民族文化之優良的特質。[6]

中國文化的第三特質，爲倫理的思想。倫理問題爲中國哲學的中心問題，一切政治哲學、人生哲學、教育哲學，均自倫理的觀點出發。倫理的基本爲孝，《孝經》說：「夫孝，天之經也，地之義也，民之行也，……德之本也，教之所由生也」，均是表明孝爲倫理的基本。「孝」原所以事父母，而推及國家社會，於是有「忠」，故《孝經》說：「君子之事親孝，故忠可移於君。」又曰：「以孝事君則忠。」《大學》說：「孝者所以事君

[6] 劉咸：《中華民族之人種學的檢討——科學的民族復興》。

也，弟者所以事長也，慈者所以使衆也。」是又把「弟」與「慈」推廣至於民衆了。孟子說：「老吾老，以及人之老；幼吾幼，以及人之幼」，也是表明使家族精神推廣至於一般社會。孫中山說：「中國有很堅固的家族和宗族團體，中國人對於家族和宗族的觀念是很深的……只要知道彼此是同宗，便是非常親熱，便認爲同姓的伯叔兄弟。由這種好觀念推廣出來，便可由宗族主義，擴充到國族主義……外國是以個人爲單位……由個人放大，便是國家；在個人和國家的中間，再沒有很堅固、很普遍的中間社會。中國國民和國家結構的關係，先有家族，再推到宗族，然後才是國族。」[7]孫先生這段話，也是說明中國社會文化的特質是家族倫理。這種觀念，自古到今都未變。中國史書最早的記錄如《尙書．堯典》所載：「克明俊德，以親九族；九族既睦，平章百姓；百姓昭明，協和萬邦，黎民於變時雍」，也是表明中國的政治教育均是從家族倫理出發。

六、結論

中國文化之基礎與特質，在上面已作簡略之分析。它對於中國之教育發生如何之影響？曰：中國教育者，整個中國文化之產物也。所有教育思想與實施情況，無一不受整個文化之支配。中國文化以儒家思想爲核心，故中國之教育思想與制度，莫不以儒家之學說爲依歸。中國文化之社會基礎建築在家族社會，故中國之教育思想莫不從家族倫理出發。中國文化之民族基礎以漢族爲中心，故中國之教育資料以漢族文化資料爲主體。中國文化之經濟基礎在農業，故中國教育在組織與普及方面，均不及工商業發達之國家。

如上所述，過去教育似多處於被動地位，隨文化情況而轉移。今後之教育，應由被動而趨於自動，即應以教育的力量而改進文化與推廣文化。要實現此種目的，必須以科學的方法研究教育。教育史即是以科學的方法研究教育活動的縱的方面，俾學者對於近代教育問題有歷史的了解。

---

[7] 孫中山：《民族主義》，第五講。

問題思考

一、一個社會的文化與一個社會的教育具有何種關係？
二、中國社會文化的基礎，應從哪幾方面來認識？
三、中國文化的特質是什麼？這些特質反映在教育上又怎樣？
四、中國過去教育在社會所處的地位和今後應有的努力為何？

第三章　中國教育史時期的劃分

一、中國教育史當斷自何時

我國歷史，信而有徵的，當斷自何時，頗費研究。崔東壁在其《考信錄提要》云：「世益古，則其取舍益愼；世日晚，則其采擇益雜。故孔子序《書》斷自唐虞，而司馬遷作《史記》乃始於黃帝……近世以來……乃始於庖犧氏天皇氏，甚至有始於開闢之初盤古氏者……嗟夫！嗟夫！彼古人者誠不料後人之學之博之至於是也。」崔氏對於採集傳說的資料爲史，深致不滿。近人編史，有主張斷自唐虞者，有主張斷自東周者。教育史應當採取前說，抑後說？

主張編歷史斷自東周者，有幾個重要理由：第一、東周以前的書籍很少，即有幾部，僞者居多，僞書當然不可靠。第二、周秦諸子最好「託古改制」，有所主張，常假託古人以自重。韓非說：「孔子墨子，俱道堯舜，而取捨不同皆自謂眞堯舜。堯舜不復生，將誰使定儒墨之誠乎？」據此，則周秦諸子口中之歷史，多不可靠。所謂堯舜禹湯，或係理想中人物，有無是人既成問題，其他事實更不可靠了。依照這種主張來編教育史，似乎不妥。第一、教育思潮與制度，決不是飄風暴雨，劈空而來，我們若仔細研究，可知其來源甚長。東周時代，教育學術異常發達，尋求其來源，非從東周以前下手不可。若把東周以前的歷史一概捨棄，則對於東周文化之來源，無由說明，無由了解。第二、我國文化在東周以前，已甚可觀。文字記載，若《詩經》、《尚書》、《周禮》、《儀禮》、《禮記》，均多可靠，不應捨棄不講。近日發現殷墟甲骨文字甚多，更足以證明當時文化之進步。第三、周秦諸子雖喜假託古人以見重，但必有是人而後可託，斷非臆造者。根據上述理由，本書記載還是始自虞。虞夏商周之史料，以《詩》、《書》、《禮》爲本，以周秦諸子及《史記》等書爲參考資料。

二、中國教育史的三大時期

歷史是綿延的，要把它的時問作明顯的劃分，很是困難；但是爲研究的便利起見，幾千年的歷史自應予以劃分。中國舊歷史的劃分，便是依據朝代。但是朝代不過是帝王姓氏之轉易，握政權者之變動，並不足以代表政治文化之轉變。本書對於時期劃分的標準，是以政治文化之重要的變動爲標準，以政治文化變動較少的幾個朝代作爲一個時期。依據這種標準，作者將中國教育史分爲三大時期，自虞夏至周末爲第一期（民國紀元前四一四四至二一五八年，公曆紀元前二二三三至二四七年），約爲二千年。自秦至清末爲第二期（民國紀元前二一五七至一一年，公曆紀元前二四六至一八六一年），約爲二千一百年。自清末到現在爲第三期。

第一期包括虞夏商周。周代的史料較多，而虞夏商之史料極少。根據現有之史料，似可得下列之論斷：政治方面，由部落的組織進而爲封建的組織，末期，則由封建組織進爲中央集權之帝王政治。經濟方面，由漁獵畜牧進爲農業。教育方面，由政教不分之官辦教育，進而至於私相教授之民間教育。

第二期包括秦漢魏晉南北朝唐宋元明清。在此時期，各方面雖有相當之變動，但就大體說，政治文化均趨於靜止的狀態，沒有巨大的變革。就思想言，政治社會教育均以儒家學說爲中心；就政治制度言，均係集權之帝王政治；就社會制度言，均係家族本位之社會；就經濟言，均係農業經濟；就教育言，均係「士」的教育或人才教育，很少注意於民衆教育；就風俗習慣言，今日之風俗習慣信仰等，均與漢代相似。例如今日一般社會之迷信，與《漢書．藝文志》所載「陰陽家牽於禁忌，泥於小數，舍人事而任鬼」等情形相同；今日社會之信日子時辰有吉凶，與漢代之講曆譜者相同；今日之星相、卜筮、堪輿等，與漢代講五行、講形法者相同。[1] 總之，漢代樹立

[1] 詳見《漢書．藝文志》。

了政治、社會、文化之型範，此種型範，二千年來，相沿而下沒有巨大的變動。

第三期係指近代的中國。此期因與西洋文化接觸，受了戰事失敗的刺激、經濟政治武力的壓迫，於是在政治、社會、教育各方面均發生了巨大的變動。此種變動的歷史，遠一點講，可回溯百餘年前；若就新式學校之設立而言，則應斷自同治元年（一八六二）；若就新式學制而言，則當斷自光緒二十八年（一九〇二）。蓋中國的革新運動發源雖早，而其力量之擴大，輿論之贊同，則以庚子八國聯軍一役為重要關鍵；自庚子而後，革新運動乃逐漸具體化。就教育言，中國之新教育制度乃後庚子兩年而產生，即所謂壬寅學制也。

三、中國教育史之兩方面

研究中國教育史，可分兩方面：一曰教育制度，一曰教育思想。教育制度又可分為兩方面：一曰選舉制度，二曰學校制度。選舉制度為中國文化之特產，數千年來中國所以無絕對的貴族政治，全賴選舉制度之調劑。有選舉制度，故平民亦有握政權的機會。選舉制度，原為由鄉里推選有德望才能之人，貢之天子，以便錄用。其後選舉因乏客觀的標準而發生流弊，至隋唐改為考試制度；方法雖不同，其選賢舉能之目的則一。故選舉制度之演變，不但與教育有關，而且與政治有關。過去學校有官府設立者，有民間設立者。官府學校雖各代均有，但除兩漢外似未能為教育學術之重心。民間之學校有兩種：一為私人研究學術或預備考試之學校，一為注重實用之民衆學校。前者史料尚多，後者史料甚少。蓋以國家無整個之籌劃，民間學校多任其自生自滅，無人管理，亦無紀錄，故研究殊感困難也。

我國教育制度，無論是選舉制度或學校制度，完全是以士的階級為對象。所謂國家教育，就是士子的教育，國家對於士子教育所以特別注重，有兩種意義：從積極方面說，是要培養並拔選賢良，以為國家之用；從消極方面說，是要安插豪傑之士，免得擾亂社會。對於此點，蘇子瞻說得最痛快。他說：「夫智勇辯力，此四者皆天民之秀傑者也，類不能惡衣食以養人，皆役人以自養者也。故先王分天下之富貴，與此四者共之。此四者不失職，則民靖矣。四者雖異，先王因俗設法，使出於一。三代以上出於學，戰國至秦出於客，漢以後出於郡縣，魏晉以來出於九品中正，隋唐至今出於科舉，雖不盡然，取其多者論之。」[2]確實是如此。但是無論學校也好，選舉也好，科舉也好，目的總在拔選豪傑之士，而予以祿養。國家所注重的只是拔選，培養的方法是任民間自主的。選拔是有注定的標準，例如出題有一定之範圍，論文有一定之體制，這種法定的考試標準，便變爲全國的課程標準，結果對於民間培養士子之方法是可以作有效的控制。

我國的教育思想，大體是以儒家的經典爲最高法則，在官府是如此，在民間亦復如此。但是經典的解釋，因時、因地、因人而各有不同，因此所謂教育的最高法則亦隨時代而演變。例如漢儒之釋經，與宋儒是不同的，所以他們的教育思想也不能一致。教育思想對於學制、學風或士風是有很重大的影響，觀於士風之好壞可以卜國家之盛衰。在下面各章中，上列的論斷是可證實的。

我國教育制度與思想，秦漢以後，大概情形已如上述。至於清末，則有巨大之變動。在思想與制度方面，均受歐西之影響。其重要之表現，爲廢除科舉，興辦新式學校，加入新式教材，改用新式教法。論者謂此期教育爲歐化教育，誠不爲過。然各國情形各有不同，一國之教育，斷不能恃模仿而成功，故近年以來，已走入自動改進之途徑矣。

【2】見蘇子瞻：《志林・戰國任俠》。

問題思考

一、中國正式教育開始於何時？有何重要文獻可資參考？
二、中國教育史如何分期？各期教育有何特點？
三、中國教育行政的研究應注意哪兩方面？理由何在？
四、中國教育思想的演變和今後的途徑爲何？

第二編　虞夏商周之教育——上古教育

（民元前四一四四至二一五八年，西元前二二三三至二四七年）

本編敘述虞夏商周二千年之教育概況，計分兩期：第一期爲虞夏商及西周之教育，起自民元前四一四四至二六八二年，爲時約一千五百年。此時期之史料甚少，制度之可考者至西周而稍多。然教育事業與普通行政未曾嚴格分化，所謂「政教合一」，似爲當時實際的情況。

第二期爲東周時代，即春秋戰國時代，起自民元前二六八一至二一五八年，爲時五百餘年，爲中國社會變遷最劇烈之時代。就政治言，封建政治逐漸崩潰，帝王集權之郡縣制逐漸產生；就教育言，西周之官學逐漸崩潰，而私人講學之風遂以繼起，學術下降，文化極爲發達。在中國學術史方面占極重要之地位。諸子之學尤用儒家之學，支配中國思想界二千餘年，即在當時建立基礎。然當時關係教育思想之史料雖多，而教育制度及教育實際情況之史料，仍然甚少。學校規制的詳情，仍不可得而知也。

第四章　虞夏商及西周之教育

（民元前四一四四至二六八二年，西元前二二三三至七七一年）

第一節　社會背景

一、文化背景

我國文化發達最早。據考古家的考證，在西曆紀元約三千年前，已有彩色陶器（在河南澠池縣仰韶村發現）。在西曆紀元二千年前，約當夏代，已有黑色陶器（在山東歷城縣龍山鎮發現）。陶器之上有文字，可見中國之有文字，或許還在埃及之前（見中央研究院歷史語言研究所《集刊》）。到了殷代，中國文化更爲進步。李濟根據河南安陽發掘的資料，斷定殷墟文化是一個長期的堆積，代表一個長期的占據。小屯時代的殷民族，能採南國之金製西方之矛，游獵於大河南北，儼然爲一方之雄，而從事於征伐，文字禮樂諸事，全東亞沒有敢與它抗衡的（見中央研究院李濟：《安陽發掘報告》第四期）。到了周代，除承襲殷代文化之外，又創立錢幣及度量衡制。《漢書・食貨志》謂：「太公爲周立九府圜法，黃金方寸而重一斤，錢幣圜函方，布帛廣二尺二寸爲幅，長四丈爲匹；故貨寶於金，利於刀，流於泉，布於布，束於帛。」可見錢幣及度量衡制，在周代即已完備，孔子稱：「周監於二代，鬱鬱乎文哉！」或謂此也。

二、政治背景

自虞夏至周末，可分為兩期，一由部落而進於封建，二由封建而進於中央集權，自虞夏至西周之末，為由部落而進於封建的時代。《左傳》稱：「禹會諸侯於塗山，執玉帛者萬國。」以當時中原那樣小的地域而有萬國，則所謂「國」必為很小的部落。傅斯年謂夏之故域往河東，所謂諸夏者，在初必是夏族之諸部落，所謂夏后者，當即諸夏之長，以別於其他之夏部落（見中央研究院歷史語言研究所《集刊》）。在商時，似仍為部落社會。《尚書．大誥》說：「天休於甯王，興我小邦周。」《尚書．召誥》說：「皇天上帝，改厥元子，茲大國殷之命。」又稱：「天既遐終大邦殷之命。」周人既稱殷為大邦。自稱為小邦，可見商或止是部落的盟主。到了周代，中央之權力擴大，周公滅國五十，分封子弟及功臣，目的在屏藩王室。王室據有千里之地，居中以管轄諸侯，是為封建極盛時代。王船山曰：「三代之國，幅員之狹，直今一縣耳。仕者不出百里之中，而卿士大夫之子恆為士；故有世祿者有世田。即其所世營之業也。名為卿大夫，實則今鄉里之豪族而已。世居其土，世勤其疇，世修其陂池，世治其助耕之氓。」（見《船山遺書．讀通鑑論》卷十九）到了東周，王綱不振，強大諸侯吞併弱小，於是封建之局漸形崩潰，中央集權之帝王政治逐漸形成，至秦代而完全實現。

三、經濟背景

虞夏商周，似為由畜牧而進於農業時代。《禮記．曲禮》謂：「問士之富，以車數對；問庶人之富，數畜以對。」《詩》謂：「古公亶父，來朝走馬，率西水滸，至於岐下，爰及姜女，聿來胥宇。」（〈綿篇〉）諸見當時社會尚留牧畜意味。至農業之盛，亦可求證於《詩》。〈公劉篇〉曰：「乃積乃倉，乃裹餱糧，於橐於囊，思戢用光，弓矢斯張，干戈戚揚，爰方啓行。」〈良耜篇〉曰：「畟畟良耜，俶載南畝，播厥百穀，實函斯活，或來瞻女，載筐及筥，其饟伊黍，其笠伊糾，其鎛斯趙，以薅荼蓼。」〈七月篇〉曰：「九月築場圃，十月納禾稼，黍稷重穋，禾麻菽麥，嗟我農夫，我稼既同，上入執宮功，晝爾於茅，宵爾索綯，亟其乘屋，其始播百穀。」其他詩篇描寫農民生活者尚多，可見農業在當時已爲經濟的主體。至於制度方面，「似古人實有井田之制，土地爲貴人所專有，而農夫皆附田之奴，此即民與百姓之分也。」（夏曾佑：《中國古代史》）

四、天道思想

關於天道的思想，有哲學的思想和宗教的思想之分。古代的人對於「天」有兩種觀念。第一、以「天」爲有意識、有人格的神，能直接監督政治，作善則降之百祥，作不善則降之百殃。災異之生，即天意降禍之表現，如《尚書．湯誓》：「有夏多罪天命殛之……予畏上帝，不敢不正……致天之罰。」《詩．商頌》云：「天命玄鳥，降而生商。」《大雅．皇矣篇》：「皇矣上帝，臨下有赫。」皆其例證。第二、以「天」爲人類生活之理法，《詩》曰：「天生蒸民，有物有則。」《尚書》說：「天敘有典，天秩有禮。」孔子說：「惟天爲大，惟堯則之。」《易經》說：「天行健，君子以自強不息。」諸如此類，均表現「天」爲自然法則，爲人所當遵守。對於天之兩種觀念，第一種發生在前，第二種發生在後。但是第二種觀念並非取第一種而代之，乃是與第一種平行的存在。即在秦漢而後，兩種思想均是同樣的有支配力。董仲舒說：「天有和有德，有平有威，有相受之意，有爲政之理。」便是兩種觀念之綜合。

第二節 教育概況

一、虞夏商之教育（民元前四一四四至三〇二三年）

我國最早之教育制度，見於《尚書．舜典》。〈舜典〉曰：「帝曰：『契百姓不親，五品不遜，汝作司徒，敬敷五教，在寬……夔，命汝典樂，教胄子（今文本作〔教育子〕，見前註），直而溫，寬而栗，剛而無虐，簡而無傲，詩言志，歌永言，聲依永，律和聲，八音克諧，無相奪倫，神人以和。』」所謂五教，是「父義，母慈，兄友，弟恭，子孝」。那時教育的內容是倫理和音樂，司徒和典樂便是最早的教育官。至於那時候的學校，《禮記‧王制》說：「有虞氏養國老於上庠。養庶老於下庠。夏后氏養國老於東序，養庶老於西序。殷人養國老於右學，養庶老於左學。」鄭康成註：「上庠、右學、東序爲大學，下庠、左學、西序爲小學。」孟子說：「設爲庠序學校以教之……夏曰校，殷曰序……學則三代共之，皆所以明人倫也。」朱熹註：「校序皆是鄉學，而學則爲國學。」《史記‧儒林傳》：「聞三代之道，鄉里有教，夏曰校，殷曰序……」根據上面的引證，可見虞夏商之學，可分兩類：一曰國學，二曰鄉學。鄉學爲小學，爲一搬平民而設；國學有大學、小學之分，爲貴族而設。當時教育似有階級之分，〈堯典〉、〈舜典〉所言「百姓」與「黎民」顯有區別。「百姓」，則群臣之父子兄弟，皆貴族也。古者官有世功，則受氏姓。姓有百者，舉成數以示其多也，故百姓皆爲同族之人。黎爲黑色，「黎民」者，或謂指苗民而言，苗民無姓可別，故曰「黎民」。「民」者，指平民而言。《春秋繁露‧深察名號篇》：「民者，瞑也。」《賈誼書‧大政篇》：「民之爲言萌也，萌之爲言盲也。」故「民」係指無識之平民而言。《尚書‧呂刑》：「蚩尤惟始作亂，延及於平民。」據此，可知當時社會確有貴族平民之分，當時教育亦因而有別。

教育要旨，據《禮記》所說，是「養老」；據孟子所說，是「明倫」。明倫與養老，是互相關聯的。《禮記‧明堂位》：「米廩有虞氏之庠也。」《通考》載《江陵項氏松滋縣學記》：「有虞氏始即學以藏粢，而命之曰庠，又曰米廩，則自其孝養之心發之也。」養老明倫，均自孝養之觀念出發。《玉海》云：「養老以教其致孝。」即此意也。故孝養爲當時立學要旨。至於「序」之意義，《通考》謂：「以習射事曰序。」夏重射，射以序爲主，故以名其學。商之學校曰學，商以樂造士，故以名其學。據此，則當時之所謂「庠」、「序」、「學」，均非單純的學校，而是養老、教孝、習射、習樂的機關；當時之教育主旨，即在養老、教孝、習射、學樂。（《通考》卷四十）

虞夏商之學制已如上述。當時有無選舉制度，頗難考證。據《尚書》及《左傳》所載，唐虞任官，似採推舉制度。觀堯求能治水者，四岳皆曰「鯀可」，是鯀之用，由四岳之舉也。後堯求遜位，四岳又薦舜，是舜之用，又由四岳舉之也。又昔高陽氏有才子八人，天下謂之「八凱」；高辛氏有才子八人，天下謂之「八元」。世濟其美，堯不能舉，舜舉八凱主后土，八元布五教，是當時任用人才之法，實爲推舉。堯之得舜，舜之得禹，皆由斯進。至於夏，選舉之制無所聞。在商，則傅說舉於版築之間，膠鬲舉於魚鹽之中（《孟子．告子章》）。選舉之制，或者通行於虞夏商三代。

二、西周之教育（民元前三〇二三至二六八二年）

西周繼承夏、商之文化，各種制度益趨完備。官制備載於《周禮》。《周禮．地官》：「立地官司徒，使帥其屬而掌邦教……小司徒之職，掌建邦之教法……鄉師之職，各掌其所治鄉之教而聽其治……鄉大夫各掌其鄉之政教禁令……州長各掌其州之教治政令之法……黨正各掌其黨之政令教治……司市掌市之治教政刑量度禁令。」又《尚書．大傳略》說：「大夫士七十而致仕，老於鄉里；大夫爲父師，士爲少師。」是當時之教師，非現任之官吏，即退休之官吏也。

(一) 學校制度

西周學制集虞夏商三代之大成，分國學與鄉學兩種：國學爲貴族子弟所入；鄉學爲平民子弟所入。國學依程度深淺，分小學與大學兩級。《禮記．王制》：「小學在公宮南之左，大學在郊，天子曰辟雝泮諸侯曰泮宮。」關於天子之學，有兩說。一說天子之學有五：中爲辟雝，亦曰太學養老之所也；周環以水，水南爲「成均」，亦曰南學，學德之所也；北爲上庠，亦曰北學，學書之所也；東爲東序，又稱東膠，亦曰東學，學射之所也；西爲瞽宗，又稱西雝，亦曰西學，學禮習樂之所也（見孫詒讓：《周禮正義》）。《大戴禮記》亦載有五學之制，謂帝入東學，尚親而貴仁；帝入南學，尚齒而貴信；帝入西學，尚賢而貴德；帝入北學，尚貴而尊爵；帝入太學，承師而問道。課程雖或不同，其爲五學之制則一也。一說天子之學有四：虞庠在其北，夏序在其東，商校在其西，當代之學居中，南面而三事環之，命之曰膠，又曰辟雝（《項氏松滋縣學記》）。兩說雖略有出入，而認周之學制爲綜合虞夏商三代之學則同，此西周中央學制之大要也。地方之學，謂之鄉學，係小學程度；在鄉（萬二千五百家）設有虞庠，在州（二千五百家）設有夏序，在黨（五百家）設有商校，在閭（二十五家）設有塾。此西周地方學校之大要也。

西周對於士子處罰與獎進制度，見於《禮記．王制》，大意謂：國之右鄉簡不帥教者移之左，國之左鄉簡不帥教者移之右。不變移之郊，不變移之遂，不變屏之遠方，終身不齒。大學不帥教者，亦用屏之遠方的辦法。此處罰之制也，獎進亦有次第：《王制》：「鄉論秀士，升之司徒，曰選士；司徒論選士之秀者而升之學，曰俊士；俊士之秀者，曰造士；大樂正論造士之秀者以告於王而升諸司馬，曰進士；司馬簡進士之賢者量才而官之。」此選舉之由於學校者。學校取人之外，別有所謂「賓興」之制，《周禮．地宮》：鄉大夫所掌「三年則大比，考其德行道藝，而興賢者能者。鄉老及鄉大夫，帥其吏與其衆寡，以禮禮賓之。厥明，鄉老及鄉大夫群吏，獻賢能之書於王，王再拜受之，登於天府，內史貳之。退而以鄉射之禮，五物詢衆庶：一曰『和』，二曰『容』，三曰『主皮』，四曰『和容』，五曰『興舞』。此謂使民興賢，出使長之，使民興能，入使治之。」是則三年大比，興其賢能，而直達於王，不復再入國學。西周選舉之制，經學家解釋各有不同。古文學家主張「有世卿，無選舉」，平民只能上升爲士，而不能爲世族大夫。今文學家主張「有選舉，無世卿」，平民亦得上升爲大夫。兩說是非，頗難考證。但中國選士之制，至西周而基礎已奠，似無可疑也。

㈡學校之課程

《周禮．地官》：「大司徒……正月之吉……縣教象之法於象魏……以鄉三物教萬民而賓興之。一曰六德：知仁聖義忠和；二曰六行：孝友睦婣任恤；三曰六藝：禮樂射御書數……以五禮（吉凶賓軍嘉）防萬民之僞，而教之中；以六樂防萬民之情，而教之和。這個鄉三物——德行藝——便是周代學校課程之三部，而六藝之中，禮樂尤其注重。觀《地官》所列舉之十二教便知：「一曰以祀禮教敬，則民不苟；二曰以陽禮（鄉飲酒之禮）

教讓，則民不爭；三曰以陰禮（婚姻之禮）教親，則民不怨；四曰以樂禮教和，則民不乖；五曰以儀辨等，則民不越；六曰以俗教安，則民不偷；七曰以刑教中，則民不虣；八曰以誓教恤，則民不怠；九曰以度教節，則民知足；十曰以世事教能，則民不失業；十有一曰以賢制爵，則民愼德；十有二曰以庸制祿，則民興功。」這是西周鄉學的課程。

西周國學課程，見之於《禮記》及《周禮》。《禮記・文王世子》：「凡三王教世子，必以禮樂。樂所以修內也，禮所以修外也。禮樂交錯於中，發行於外。」可見西周貴族教育之重禮樂。《周禮・地官》：「師氏掌以媺（美也）詔王，以三德教國子：一曰至德（至極之德），以爲道本；二曰敏德（敏達之德），以爲行本；三曰孝德，以知逆惡。教三行：一曰孝行，以親父母；二曰友行，以尊賢良；三曰順行，以事師長……保氏掌諫王惡，而養國子以道，乃教之六藝：一曰五禮，二曰六樂，三曰五射，四曰五馭，五曰六書，六曰九數。乃教之六儀：一曰祭祀之容，二曰賓客之容，三曰朝廷之容，四曰喪紀之容，五曰軍旅之容，六曰車馬之容。」據此可知周代貴族教育之課程有四：即「德行藝儀」與鄉學之德行藝大體相同。

西周學校課程，極重禮樂；禮之中，尤重冠禮，故以之居六禮之首。《禮記・冠義》：「冠者，禮之始也……古者冠禮，筮日筮賓，所以敬冠事；敬冠事，所以重禮；重禮，所以爲國本也……見於母，母拜之；見於兄弟，兄弟拜之；成人而與爲禮也。元冠元端，奠摯於君，遂以摯見於鄉大夫鄉先生，以成人見也。」《儀禮》對冠禮一項，亦有類似的記載，其儀節極莊嚴繁重。冠禮爲何如此重要？蓋冠禮者，即成人入社之禮也。初民社會極端重視，以它爲一種很重要之教育方法，目的在使成人在嚴肅典禮中接受當時社會之風俗習慣信仰，永遠擁護，終身不變。特別可慶者，慶社會民族之得一新生力分子。在宗法社會之下，以母拜子，在禮似不可通；如知拜子爲社會慶賀，則於義並無不合。冠禮之特別重要者，亦以此故（近代研究教育史及社會學者均重視成人入社儀式）。

以上通論國學鄉學之共同課程。至於大學、小學有無區別（國學有大學、小學之分）？《尚書大傳・周傳》：「古之帝王者必立大學小學……十有三年，始入小學，見小節焉，踐小義焉。年二十，入大學，見大節焉，踐大義焉。」此大學、小學課程之區別也。在大學肆業，各年課程亦有規定：〈學記〉：「比年入學，中年考校。一年視離經辨志，三年視敬業樂群，五年視博習親師，七年視論學取友，謂之小成；九年知類通達，強立而不反，謂之大成。」此大學之各年課程標準。入學以前之家庭教育，亦有課程標準。〈內則〉曰：「子能食食，教以右手；能言，男唯女俞；男鞶革，女鞶絲；六年教之數與方名；七年男女不同席，不共食；八年出入門戶及即席飲食，必後長者，始教之讓；九年教之數日；（朔望與六甲）十年出就外傅，居宿於外，學書計。」此家庭教育之課程也。

西周男女教育，課程各有不同，〈內則〉曰：「女子十年不出，姆教婉娩聽從，執麻枲，治絲繭，織紝組紃，學女事以供衣服，觀於祭祀，納酒漿籩豆菹醢，禮相助奠。」是女子教育。於德育外，又重手工業與助祭祀也。

㈢ 視學和養老

周朝天子有很隆重的視學和養老的典禮。《禮記．文王世子》說：「天子視學，大昕鼓徵，所以警衆也。衆至，然後天子至，乃命有司行事，興秩節祭先師先聖焉……適東序，釋奠於先老，遂設三老五更之席焉。適饌省醴，養老之珍具，遂發咏焉……下管象，舞大武，大合衆以事達有神，興有德也。」據此則天子之視學，非僅視察而已，乃是舉行一種隆重的祭禮及盛大的宴會，一以敬過去之師，一以敬現在之師，尊師養老之義是相同的。

㈣ 結論

依據上述資料，可得下列結論：第一、注重明倫，尊親敬老。本期社會組織以家族為單位，故一切道德教育均從家庭著手，一切道德觀念均由家庭產生，再由家庭而向社會國家推演。第二、注重實行。後代教育多注重書本上的知識，此時多注重實行；如社會上一切儀節，兒童均須實行；預備從事政治活動的，均從參加政治活動中去學習。第三、注重保守。尊古觀念，此時甚為發達，所以舊的觀念均竭力保存。即要有所變更，也須托假古人。第四、注重服從。幼者對於長者，賤者對於貴者，均須養成絕對服從之習慣，教授亦復如此。《戴禮・學記》說：「幼者聽而勿問，學不躐等也。」即爲一證。第五、注重儀式。儀式所以維持社會秩序，約束人民之行爲。幾經演化，而後成立，人民須絕對遵守，在學校即須養成遵守之習慣。《禮記》、《儀禮》均爲記載儀式之書。此種禮儀之教授與學習，在學校中實爲最重要的功課。大約當時所謂禮，含有兩種性質：一是法的性質，如《周禮》一書，所記載者盡爲經國大法，故人民須絕對遵守；一是宗教的性質，故人民須絕對的信仰，不許懷疑。禮儀之中，在最初是以冠禮爲最重要；到宗法社會組織完成的時候，便是以喪祭爲最重要，喪祭之禮便爲當時經國之大法。所以《禮記》說：「明乎郊社之禮，禘嘗之義，治國其如示諸掌乎。」商周古物遺留，至於今者以祭器爲最多，可見當時喪祭禮之重要了。第六、注重軍事教育。軍事訓練爲保存民族生命之必要工具，當時異常重視，所以六藝有「射」、「御」兩門，《禮記》中〈文王世子〉亦說：「春夏學干戈，秋冬學羽籥」，即此可見注重軍事教育之一斑。第七、調和發展，智、德、體三育及生活技能，均同等注重。此外還有一事須特別注意者，則爲政教不分的制度。當時教育爲行政最重要之一部，以普及教育爲實施政治之方法。論職務則官師不分，論目的則「禮樂政刑，其極一也」。按古代書冊均在官府，教育權柄操於王官，當時受高等教育者均係官吏要求高等知識，非從官府不可。《曲禮》說：「宦學事師。」《說文》說：「仕，學也。」必仕而後可學，不仕則無從學。至於普通教育，亦由官吏主持；人民所學，不過是練習射御，爲軍事的準備；學習禮儀，爲加入社會生活之準備；學習書數，爲日常生活之準備；並無所謂學問。所以學問全在王官，做君的、做官的均爲當時之師。《尚書》曰：「天降下民，作之君，作之師。」《禮記・學記》曰：「能爲師然後能爲長，能爲長然後能爲君。」可見君之與師，名二而實一。

君師合一，教育與普通行政未曾明顯的劃分。所謂教育機關，如明堂、辟雍、庠、序、學校等並非專施教育之地。《詩・靈臺》云：「虡業維樅，賁鼓維鏞，於論鼓鐘，於樂辟雝。」是辟雝爲聚樂遊宴之所也。《魯頌・泮水》曰：「魯侯戾止，在泮飲酒……允文允武，昭假烈祖。既作泮宮，維夷攸服。矯矯虎臣，在泮獻馘，淑問如皋陶，在泮獻囚。烝烝皇皇，不吳不揚，不告於訩，在泮獻功。」是諸侯之學曰泮宮者，飲酒獻囚之所也。《禮記．王制》：「天子將出征，受成於學；出征，執有罪反，釋奠於學，以訊馘告。」是學校者祭祀獻囚獻馘之所也。阮元曰：「明堂者，天子所居之初名也，是故事上帝則於是，祭先祖則於是，朝諸侯則於是，養老尊賢教國子則於是，饗射獻俘馘則於是，治天文告朔則於是，抑且天子寢食恆於是。」蔡邕《明堂論》亦稱，辟雍、明堂、太廟，異名同實；以朝以祭以教以饗以射，均於其地。可見古代學校，並未與行政機關分化，即就鄉學而論，如《周禮》所載，大司徒以下各職官係掌政令教治，所謂教萬民，不是文字和書本，而是化民成俗，其意義與後代學校不相同也。

西周教育集虞夏商三代之大成，《周禮》、《禮記》所載當時教育規制，是否完全事實，雖不可知，然其時之教育事業組織日密，體制更備，登封建時代之最高峰，則似無可疑者。東遷以後，封建之制漸形崩潰，社會經濟和社會組織均起重大之變化，舊教育制度逐漸破壞，所產生之結果有三：第一、學校選士之制廢，諸侯公卿養士之制起而代之；第二、公立學校漸衰廢，私人講學之風日加發達；第三、思想自由，諸家並起，造成中國學術上的黃金時代。其詳當於次章述之。

問題思考

一、中國古代教育制度的社會背景？
二、虞、夏、商的教育設施及其要旨？
三、西周的學制及各種學校的課程？
四、西周教育實施的要點及其方針？

第五章　東周（春秋戰國）之教育

（民元前二六八一至二一五八年，西元前七七〇至二四七年）

第一節　社會背景

一、社會的變遷

東周包括春秋、戰國兩時期，爲中國歷史上一大解放時代，政治制度、社會組織及經濟制度皆有根本的改變。趙翼說：「秦漢間爲天地一大變局。自古皆封建，諸侯各君其國，卿大夫亦世其官，成例相沿，視爲固然。其後積弊日甚，暴君荒主，既虐用其民，無有底止；強臣大族又篡殺相仍，禍亂不已，並爲七國，益務戰爭，肝腦塗地，其勢不得不變。」（《二十二史劄記》卷二）以下將當時之變動分別言之：

㈠封建制度之崩潰

禹之時，塗山之會，執玉帛而朝者萬國；湯之時三千，武王時猶有千八百國。入春秋之世，國之見於書者，僅一百四十餘，然大半無事可紀，其可紀者十餘國。至於戰國，兼併結果，僅留七國而已（見夏曾佑：《中國古代史》，一三五頁）。貴族政治之崩潰，在春秋之時，已見其端，故甯戚以飯牛而得仕於齊，百里奚以奴隸而仕於秦，此庶人之升而爲官者也，《詩》有黎侯之賦《式微》；《左傳》謂「欒卻胥原狐續慶伯，降爲皂隸」；孔子本宋之貴族，而爲「委吏」，爲「乘田」；此貴族之降而爲民者也。凡此皆政治制度及社會組織之大變也。

㈡ 井田制之改革

井田之制，為古今所聚訟。據漢唐儒者所言，則古代眞有此制。《詩》曰：「普天之下，莫非王土；率土之賓，莫非王臣。」《左傳》昭公七年芊尹無宇曰：「天王經略，諸侯正封，古之制也。封略之內，何非君土？食土之毛，誰非君臣？」所謂王土王臣，不但有政治的意義，而且有經濟的意義。蓋土地為貴族所有，農夫僅為附田之奴。至於戰國，商鞅壞井田，開阡陌，王制遂滅，僭差無度，庶人之富者累鉅萬，此農奴解放後能崛起而為大地主也。商人亦乘時而漸占勢力。《漢書．貨殖傳》曰：「及周室衰，體法墮……其流至乎士庶人莫不離制而棄本，稼穡之民少，商旅之民多，穀不足而貨有餘，於是商通難得之貨，工作無用之器，士設反道之行，以追時好而取世資……富者土木被文錦，犬馬餘肉粟……其為編戶齊民，同列而以財力相君。」此上古經濟制度之一大變也（馮友蘭：《中國哲學史》，第三十二至三十五頁）。

二、春秋戰國兩期之比較

東周社會之演變，始於春秋而完成於戰國。茲就兩時期比較之：第一、春秋時為霸主者挾天子以令諸侯，是當時天子雖無權，而天子之名分猶在，諸侯尚不敢完全蔑視；至戰國則一切政治行動全不顧及天子了。第二、春秋時，政治制度雖漸變更，但輿論尚不贊同，人主尚有所畏懼（春秋譏變法之事甚多，如宣十五年初稅畝，哀十二年用田賦）；至戰國則一切興革事宜，唯問其可否強國，古法古禮全不顧及了（如商鞅之變法等例是）。第三、春秋時，貴族政治尚有一部分之存在，握一國之大權者，多係世卿；至戰國則特權階級幾乎完全消滅，以布衣為卿相者甚多。第四、春秋時，戰爭甚多，但尚不劇烈；至戰國則戰事更多而更劇烈，每次死傷之數較前增加甚多。第五、井田之廢，確實起於何時，頗難考究。就史書所載，其明顯而無疑義者，則商鞅為實行廢除井田制之人。但重要制度之廢興，決非一朝一夕之故，據理推測，則春秋時代必已開始井田之廢除。魯之用田賦及初稅畝，後儒以為是當時廢井田之證，亦不為無理。第六、春秋時，經濟重心全在農業；至戰國則工商業更發達，其地位亦更重要，故當時都市如秦咸陽、齊臨淄、趙邯鄲等均甚繁盛，而以商起家若呂不韋之徒，竟能以金錢勢力侵入政治。第七、春秋時，公立學校雖就衰頹，但尚留遺跡（如《左傳》載鄭人遊於鄉校，以誹執政，可見當時尚有鄉校）；至戰國則無可考了。第八、春秋時，個人經濟競爭尚不劇烈，大家庭制度尚能存在；至戰國則競爭烈，大家庭制度竟動搖了。賈誼說：「秦人家富子壯則出分，家貧子壯則出贅。借父耰鉏，慮有德色；母取箕帚，立而誶語。」賈誼去秦不遠，所說當頗可信，即此可考知當時經濟競爭之劇烈，及大家庭制度之動搖。

三、變遷之原因

根據上面所說，我們可知舊社會制度之破壞，實起於春秋而終於戰國。但舊社會制度之破壞，必有原因。當時破壞之原因安在？最重要者有三：第一、爲人口增加，因人口之增加，故當時經濟制度非變更不可。當時人口確數雖不可知，但就各國出兵數目而論，均較前增加甚多，如蘇秦遊說列國，輒曰：「大王之國有帶甲數十萬」，其數均爲周初所無，可推知當時人口增加之趨勢。《韓非子．五蠹篇》說：「古者丈夫不耕，草木之實足食也；婦女不織，禽獸之皮足衣也；不事力而養足，人民少而財有餘，故民不爭……今人有五子不爲多，子又有五子，大父未死而有二十五孫，是以人民衆而貨財寡，事力勞而供養薄。」韓非子之推算雖係憑理想，然亦可見當時人口增加確係事實，故人口增加，實爲當時社會變動之原因之一。第二、爲戰爭。春秋之時，幾於無歲不戰；至於戰國，戰爭更烈，爭城以戰，殺人盈城，爭地以戰，殺人盈野。戰爭的結果，不但影響兵制，而且影響一般社會制度。第三、爲諸民族之同化。當時秦楚吳越等國，均與夷狄雜處，其後秦楚等國之國力益加強盛，地域益加擴大，邊地民族遂逐漸同化於諸夏，而社會制度亦受其影響而發生變動。

社會制度既發生劇烈的變動，故教育制度亦不能不變。顯著之表現，爲官學的崩潰、私學的代興、養士制度之產生及各家學說之競起。玆分述於後。

第二節　教育概況

一、官學的崩潰

東周以後，官學漸形荒廢。《詩．鄭風．子衿》序：「《子衿》，刺學校廢也。」《左傳》昭公十七年：「仲尼見於郯子而學之……曰……天子失官。學在四夷，猶信。」可見當時學校，較之西周遠爲衰落。公扈子很憤慨的說：「有國者不可以不學……春秋之中，弑君三十六，亡國五十二，諸侯奔走不得保其社稷者甚衆，未有不先見而後從之者也。」（劉向：《說苑．建本篇》）公扈子把教育的衰落，作爲政治紛亂之原因。在紛亂局面中，也有少數諸侯或執政之人注意教育，如衞文公「敬教勸學」（《左傳》閔公二年）；魯僖公「能修泮宮」，而詩人歌詠他「載色載笑，匪怒伊教」（《詩．魯頌．泮水》）；晉文公「始入而教其民」（《左傳》僖公二十七年）；楚莊王「無日不討國人而訓之」（同上宣公十二年）；鄭子產不毀鄉校（同上襄公三十一年），還可略見西周學制的餘風。至於當時貴族、王侯太子，都有師傅，公卿子弟，每有公族大夫。其見於《左傳》者：如蔿國爲周王子頹師（莊公十四年）；杜原款爲晉太子申生師（僖公四年）；潘崇爲楚太子商臣師（文公九年）；荀家荀會欒黶韓無忌爲晉公族大夫（成公十八年）等。見於《國語》者有胥臣與晉文公論教育之效力，曰：「質將善而賢良贊之，則濟可竢；若有違質，教將不入……文益其質，故人生而學，非學不入……夫教者因體能質而利之者也。」（《晉語》四）議論甚爲精到。可見貴族子弟尚重教育。到了戰國時代，貴族子弟求學從師之史跡尚略見一二，而立學施教以化民成俗爲目的者，不見於史冊，官立學校似已由衰落而至於廢止。繼之而起者，一爲養士制度，一爲私學。

二、養士制度的產生

蘇子瞻以智勇秀傑之士，三代以上出於學，戰國至秦出於客，可見養士之功用與設學之功用大體相同。所以養士之處可視爲變形之學校。養士之制在春秋初年，尚無所聞。《國語》載齊桓公內正之法備言舉賢絀惡之事，或者西周選舉之制，尚存於春秋初年。至春秋末年，養士之風似已開始，在戰國則極爲普通，作用極大；蓋當時諸侯卿相皆爭養士，自謀夫說客、談天雕龍、堅白同異之流，下至擊劍扛鼎、雞鳴狗盜之徒，莫不賓禮，靡衣玉食以館於上。越王勾踐有君子六千人；魏無忌、田文、趙勝、黃歇、呂不韋皆有客三千人，而田文招致任俠姦人六萬家於薛；齊稷下談者亦千人；魏文侯、燕昭王、太子丹皆致客無數。可見養士實爲當時一種極流行之制度（蘇子瞻：《志林．戰國任俠》）。

當時諸侯不但養士，而且必養之以禮。對於士中有聲望者，禮遇尤其優厚。例如孟子自己是「後車數十乘，從者數百人，以傳食於諸侯」，即其弟子彭更，且以爲「泰」（《孟子．滕文公》）。孟子又述子思受養的情形，說：「繆公之於子思也，亟問，亟餽鼎肉。子思不悅。於卒也，標使者出諸大門之外，北面稽首再拜而不受，曰：『今而後知君之犬馬畜伋……』曰：『敢問國君欲養君子，如之何？斯可謂養矣。』曰：『以君命將之，再拜稽首而受。其後廩人繼粟，庖人繼肉，不以君命將之。』子思以爲鼎肉使己僕僕爾亟拜也，非養君子之道也。」（《孟子．萬章》下）又如：「騶衍重於齊，適梁，梁惠王郊迎，執賓主之禮；適趙，平原君側行襒席；如燕，昭王擁篲先驅。」（《史記．孟荀列傳》）諸如此類，均見當時養士必須以禮。與古代「養老」之意義大體相同。

當時之所謂士，流品雖雜，而大部分均係有能力、有學問之人，完全得志於當時者，則本個人之主張，改革政治，以圖強稱霸，如商鞅、李斯之於秦是；次焉者亦能「因勢而爲資，據時而爲畫，度時君之所能行，出奇策異智，轉危爲安，易亡爲存」（劉子政：《戰國策序》），如蘇秦之於六國是；其不得時君信任者，亦多能受其優禮俾得專心研究成一家之言，隱然在社會上樹立權威，如孟子、荀子等是。若分析當時文獻如《國語》、《國策》及諸子之著述，似可得下列結論：第一流士子，對於當時之社會政治，有一貫的理論，有具體的辦法，如儒家、墨家、法家等是。次焉者亦能分析當時局面，定出臨時救急的辦法，如蘇秦之遊說六國是。秦在其說詞中，陳述各國之地形，瞭如指掌，是秦不但善於辭令，而且富於地理及軍事知識也。所以注重「實用」，似為當時「士子」之特色。何以能有此成績？則私學與有大力。

三、私學的繁興

官學既廢，私學代興。首先辦理私學者，有人謂當推孔子。馮友蘭說：「以六藝教人，或不始於孔子，但以六藝教一般人，使六藝民眾化，實始於孔子……因在孔子以前，在較可靠的書內，吾人未聞有人曾經大規模的號召許多學生而教育之，更未聞『有教無類』之說。」（馮友蘭：《中國哲學史》，七十二頁）在孔子同時，據說少正卯也曾大招學生，「孔子門人三盈三虛，惟顏淵不去。」（劉勰：《新論心隱篇》）莊子說，「魯有兀者王駘，從之遊者與仲尼相若。」（《莊子．德充符》）此種資料是否可靠，尚成問題；但私人教學始自孔子之時，似可為定論。

《史記．儒林傳》說：「自孔子卒後，七十子之徒，散遊諸侯，大者為師傅卿相，小者友教士大夫，或隱而不見。故子路居衛，子張居陳，澹臺子羽居楚，子夏居西河，子貢終於齊，如田子方、段干木、吳起、禽滑釐之屬，皆受業於子夏之倫，為王者師。」可見孔子死後，孔子的學生也繼孔子之後，從事於私學的傳授。到了戰國，孟軻、荀卿，為儒家大師，亦從事授徒。孟子弟子有萬章、公孫丑等，荀子弟子有李斯、韓非等（見《史記．韓非列傳》），都著名於當時。

儒家而外，主辦私學，力量較大的當推墨家。《呂氏春秋》說：孔墨二家「徒屬彌眾，弟子彌豐，充滿天下」（〈當染篇〉），可見墨學在當時的流行，墨子自謂弟子禽滑釐等三百人，持守圉之器，以待楚寇（〈公輸篇〉）。《淮南子》亦謂為墨子服役者百八十人，皆可使赴火蹈刃，死不旋踵。墨家另有所謂「鉅子」制，莊子說：「墨家以鉅子為聖人，皆願為之尸，冀得為其後世。」（〈天下篇〉）《呂氏春秋．上德篇》謂：「墨者鉅子孟勝以死為楚之陽城君守城，弟子殉難者凡八十三人。當孟勝將死時，先使二人傳鉅子於田襄子。二人既致命欲反死孟勝於楚：田襄子止之，不聽，遂反，死之，墨者以爲不聽鉅子。」據此，則鉅子者，墨家之領袖，非僅學術之領袖，而宗教政治之領袖也。

墨家、儒家而外，他如法家、名家等，亦均聚徒講學。他們不但在學術上各成一家之言，而且因共同思想、共同信仰之關係，各自形成一個團體；雖未實際掌握政權，但在社會上之潛在勢力甚大，在教育方面言，則樹立數千年私學之基礎。

四、學術發達之原因

春秋戰國爲中國學術黃金時代，在政治、教育、社會、哲學各方面，均有偉大之貢獻。此時學術所以特別發達，有下列之原因：第一、當代社會變遷甚劇，因而產生許多急待解決之實際問題，因問題而引起思考研究，因思考研究而求得解決問題之理論與方法。第二、各國並立，互相爭雄，需才甚急，求士甚殷，所以民間之俊秀者，均自求良師，發憤爲學，以期應用。第三、當時貴族之制既破壞，故貴族降爲平民者甚多，知識下逮，平民之俊秀者，亦得求高深學問之機會。第四、當時書籍傳寫方法，似甚進步，故「惠施多方，其書五車」（《莊子．天下篇》）；「蘇秦發書，陳篋數十」（《戰國策》）；「墨子南遊，載書甚多」（《墨子．貴義篇》）。〈學記〉亦稱：「今之教者，呻其占畢。」呻吟，諷之聲也；占，視也；畢，簡也。意謂今之教者誦讀其所視之竹簡。有此四因，故當時學術之發達爲從來所未有，對於將來之影響亦甚大。

第三節　教育思想

在春秋戰國那種劇烈變遷中，諸家學說並起，均是企圖解決當時問題的。因爲觀察點的不同，各家學說互異。據《漢書．藝文志》所載共有十家，即「道、儒、墨、法、名、陰陽、縱橫、雜、農、小說」，是漢朝所有這十家的書籍，有四千三百二十四篇，其中包括漢人著作，非全限於周秦也。從教育的立場看起來，名、縱橫、雜、農、小說等五家，不是很重要，故略而不談。茲分述道、儒、墨、法、陰陽五家學說的概要如下。

一、道家的教育學說

道家的重要代表爲老子。老子何人？據司馬遷《史記》所載，有三說：一爲李耳，二爲老萊子，三爲周太史儋。李耳字聃，楚之苦縣人。如以《道德經》爲李耳所作，則在孔子之前；如以《道德經》爲太史儋所作，則在孔子之後。二說之孰是孰非，現在無從考定。但《道德經》係代表春秋戰國時代的一種很有力量的思想，則無可疑者。茲分析老子（即《道德經》）之學說於後。

老子的政治理想　老子的政治理想係從其哲學思想出發。老子以宇宙的本體，即是「道」。「道」是自然的法則，先天存在，永久不變。故曰：「有物混成，先天地生，寂兮寥兮獨立不改，周行而不殆，可以爲天下母；吾不知其名，字之曰道……人法地，地法天，天法道，道法自然。」自然是絕對的善，人類在大自然中是非常之渺小的，所以只能順從自然界，以補萬物之自然而不敢爲。根據這種宇宙觀而得的人生理想，便是返於自然，即是「絕聖棄智」、「無知無欲」、「返樸歸眞」、「復歸於嬰兒」。根據這種宇宙觀而得的政治理想，便是返於自然的社會，即所謂「小國寡民，使有什伯之器而不用，使民重死而不遠徙。雖有舟輿，無所乘之；雖有兵甲，無所陳之；使民復結繩而用之。甘其食，美其服，安其居，樂其俗，鄰國相望，雞犬之聲相聞，民至老死不相往來」。

老子的教育思想　老子的教育思想也是從自然主義出發。他揭破禮教的虛僞和人類文化的弱點，排除物質慾望，而探求最高之精神生活，故主張「禁慾」與「絕學」。故曰：「罪莫大於所欲，禍莫大於不知足，咎莫大於欲得。」「五色令人目盲，五音令人耳聾，五味令人口爽。」而「見素抱樸，少私寡欲」，便是合於自然之教育。此禁慾之教育也。老子曰：「絕學無憂。」又曰：「古之善爲道者非以明民，將以愚之。」「俗人昭昭，我獨昏昏，俗人察察，我獨悶悶……衆人皆有以，而我獨頑似鄙。」此絕學之教育也。老子反對發展情慾及純粹主知的教育，故主張去物質之引誘，返於自然之快樂。孟憲承的批評，最爲扼要：「老子以無爲而無不爲，爲藝術化的生活和最圓滿的人生。不過他的心理條件，是無知無欲，既爲人類所不能；他的社會條件，是小國寡民，更是現代社會所沒有；所以終於是一個不能實現的理想。」（孟憲承：《新中華教育史》，九十九頁）

二、儒家的教育學說

《漢書．藝文志》說：「儒家……游文於六經之中，留意於仁義之際，祖述堯舜，憲章文武，宗師仲尼。」《淮南子．要略》說：「孔子修成康之道，述周公之訓。」孔子自己說：「述而不作，信而好古。」可見儒家的學說是過去思想文化的綜合。孔子的貢獻，一方面在綜合過去之學說，整理發揚，而「集其大成」；一方面在提高儒家之地位，使儒家的思想發生更大的影響。按《說文》：「儒，柔也，術士之稱。」胡適更斷定：「儒是殷民族的教士；儒的生活以治喪相禮爲職業。」（中央研究院歷史語言研究所：《集刊》，第四本第三分冊）這種論斷，證據尚不充分，似不能視爲定論，儒家學說大體係本之周代文化，故儒家的思想與周代文化之關係，較之與殷代文化更爲密切。更就孔子學說內容觀之，處處注重人事，不帶宗教色彩。所以孔子之「儒」，與教士之「儒」或術士之「儒」，似無關係。雖然如此，「儒」者的地位在當時並不甚高，故有以「儒」爲戲者（《禮記．儒行篇》）。孔子提高儒家之地位，不僅在儒學，而在儒行。即以其偉大的人格表現於行爲，而取得社會之信仰。《禮記．儒行》一篇，歷述儒家之自立、容貌、特立、剛毅、舉賢、任能、交友等，足見儒家學說之特別注重品行道德。若就儒家之教育學說分析言之，可得下列各點：第一、儒家認定教育能力偉大。論政治，以教育爲基礎，謂政治之主要工作爲化民成俗，而「化民成俗，必由於學」（〈學記〉）。第二、儒家說「教」之意義，見於《中庸》。《中庸》首章說：「天命之謂性，率性之謂道，修道之謂教。」可見儒家之所謂教，即是教人恢復本來善性之意。第三、儒家所說之教育目的，見於《大學》。《大學》首章說：「大學之道，在明明德，在新民，在止於至善。」明明德係復性的功夫，即上文所謂恢復善性之意；新民則為化人的功夫，即是不但恢復一己的善性，並須使他人亦能恢復善性；止於至善，則為盡性的功夫，即是要做到最完善之地步，能使天稟之善性全然復現；《中庸》所謂至「誠」，《論語》所謂「仁」，即指此。第四、儒家論教學原則，見於《禮記》之〈學記〉、〈中庸〉、〈大學〉諸篇。重要者有三：一曰感化原則。儒家言教育，極重道德。道德教育，最重人格感化，彼等以為只要個人人格高尚，能盡己之性，則他人當受其感化而同歸於善。《論語》說：「一日克己復禮，天下歸仁焉。」《周易．繫辭傳》：「君子居其室，出其言，善則千里之外應之。」又〈大學〉言齊家、治國平天下之道，本之於修身。可見儒家講道德教育之注重以身作則。二曰經驗原則。事物須經過體驗，方能知其眞實意義而有所成就，故〈學記〉曰：「玉不琢，不成器，人不學，不知道……雖有嘉肴，弗食，不知其旨也；雖有至道，弗學，不知其善也。是故學然後知不足，教然後知困。知不足，然後能自反也；知困，然後能自強也，故曰：教學相長也。」三曰心理原則，謂教學當適合學者心理。所謂適合學者心理，第一、適合時機；第二、適合個性；第三、注重啓發。〈學記〉曰：「大學之法，禁於未發之謂豫，當其可發之謂時，不陵節而施之謂孫，相觀而善之謂摩，此四者教之所由興也。發然後禁，則扞格而不勝；時過然後學，則勤苦而難成；雜施而不孫，則壞亂而不修；獨學而無友，則孤陋而寡聞；燕朋，逆其師；燕辟，廢其學；此六者，教之所由廢也。」此言教育之必須適合時期也。又曰：「學者有四失，教者必知之。人之學也，或失則多，或失則寡，或失則易，或失則止，此四者，心之莫同也。知其心，然後能救其失也；教也者，長善而救其失者也。」此言教育之必須適合學者之個性也。又曰：「君子之教喻也，道而弗牽，強而弗抑，開而弗達。道而弗牽則和，強而弗抑則易，開而弗達則思；和易以思，可謂善喻矣……善學者，師逸而功倍，又從而庸之；不善學者，師勤而功半，又從而怨之。善問者，如攻堅木。先其易者，後其節目，及其久也，相說以解；不善問者，反之。善待問者，如撞鐘，叩之以小者則小鳴，叩之以大者則大鳴，待其從容，然後其聲；不善答問者，反此。此皆進學之道也。」此言教學之必須相機啓發，不可專事注入也。凡上所言，均與現代之教學原則相合，當時能否依此實行，雖不可知，然能有此見解，誠為難得。

儒家重要代表為孔子、孟子、荀子。三子學說雖各有不同，但大致相差不遠。孔子學說最要的為「仁」，孟子為「仁義」，荀子為「禮法」。孔子謂「性相近，習相遠」，孟子謂「性善」，荀子謂「性惡」，此又三家論性之不同點，三子均重視教育，對於政治則孔孟主張法古，荀子主張法後王。

(一) 孔子（民元前二四六二至二三九〇年）

孔子名丘，字仲尼，魯國人，生於春秋末周靈王二十一年，卒於周敬王四十一年，計七十三歲。他年方十五，便志於學。少而好禮，遠近聞名。仕魯為司寇，會齊侯於夾谷，守禮不懾；墮三都，強公室，魯國大治。齊人歸女樂，季桓子受之，三日不朝，遂行。周遊列國，畏於匡，微服過宋，厄於陳蔡，不見用於當時。乃返魯，刪《詩》、《書》，訂《禮》、《樂》，贊《周易》，作《春秋》，以教後世（見《史記・孔子世家》）。《論語》、《孝經》雖非孔子所著，亦足代表孔子思想，可與六經參考互證。孔子之貢獻，在綜合過去之學說，發揚光大，融會貫通，以成一家之言，對於中國之政治、社會、倫理、教育各方面，影響甚大。自漢至清末二千餘年間，中國之政教各方面幾無不以孔子學說為中心。

孔子學說，具見於《論語》。「《論語》者，孔子應答弟子時人，及弟子相與言而接聞於夫子之言也。當時弟子各有所記，夫子既卒，門人相與輯而論纂，故謂之《論語》。」（《漢書・藝文志》）《論語》一書，討論中心在於人生問題。依孔子之意，人生究竟在於求仁，故曰：「求仁得仁」，故曰：「仁以為己任」，故曰：「志士仁人，無求生以害人，有殺身以成仁。」仁為心之本體，其表現於社會方面者為博愛，故仁者以平天下化萬民為己任。其表現於個人方面者，為樂觀的人生，奮鬥的人生。「發憤忘食，樂以忘憂，不知老之將至」，為孔子人生觀之最好寫照，即樂觀奮鬥之人生觀也。茲將孔子教育學說要點略述於後。

1. **教育目的**　孔子以教育目的在於明道，故曰：「士志於道」，「道二，仁與不仁而已」，故明道即是「求仁」，蓋教育目的即人生目的也。《論語》一書，對於「仁」的討論極多，計有五十八章，「仁」字出現凡百有五次，可見「仁」之意義極爲重要，實爲孔子人生哲學之核心。「仁」字究作何解釋？戴東原《孟子字義疏證》說：「仁者，生生之德也。民之質矣，日用飲食，無非人道，所以生生者一，人遂其生，推而與天下共遂其生，仁也。」程明道《識仁篇》曰：「醫家言手足痿痹爲不仁，此言最善名狀，仁者以天地萬物爲一體，莫非己也。」據戴氏之意，「以生生之德」爲仁；據程氏之意，以「感覺明敏與物同體」爲仁；此二義並不相違，而實相輔相成。蓋「生生之德」，在萬物各遂其生；萬物各遂其生，便是感覺明敏，與物同體，無所不愛矣，故「仁」之本義，實爲「生生之德」。若就「仁」之發動而言，則對父母爲孝，對兄長爲弟，對朋友爲信，對君爲忠，對人爲愛，故「博施濟衆」，「己欲立而立人，己欲達而達人」，均爲仁者之事。若就做到「仁」之方法而言，則爲「博學而篤志，切問而近思」，則爲「克己復體」，則爲「居處恭，執事敬，與人忠」，則爲「非禮勿視勿聽勿言勿動」，則爲「里仁爲美」，「以友輔仁」。所以「仁」之一字，實爲「統攝諸德，完成人格」之總名。（蔡元培語，見《中國倫理學史》）

孔子以「仁」與「聖」，爲教育之最高理想。而「仁」與「聖」，孔子不輕許人，對於自身，亦認爲望而未及，故曰：「若聖與仁，則吾豈敢」；對於其學生，只許顏回，以爲「其心三月不違仁」。可見做到「仁」的工夫，實不容易。春秋時賢者如令尹子文，孔子僅許以忠，而不敢許以「仁」；成就偉大事業之管仲，孔子只說「如其仁」。「仁」之工夫，做到好處，很不容易，而入手做去並不難。故曰：「修道以仁，仁者人也，親親爲大。」（《中庸》）又曰：「仁遠乎哉？我欲仁，新仁至矣。」「仁」的工夫做到至善處，便是「聖」，「聖」在「仁」之上。子貢曰：「如有博施於民，而能濟衆，何如？可謂仁乎？」子曰：「何事於仁，必也聖乎，堯舜其猶病諸」，可見作聖的工夫更難。孔子教人以「仁」，而罕言「聖」者，誠以其不易言也。

孔子教人以「仁」爲目標，誠恐其過於抽象，故又提出一更具體之目標，便是教人作「君子」。「君子」一名詞，在《論語》及《易經》兩書出現之次數極多，常與「小人」爲對立之名詞。分析其意義有兩種：其一、君子指在位而握政權之人，小人指從事耕種之民衆，故曰：「負也者小人之事也，乘也者君子之器也。」（《易之事，而不之教。其二、君子指有道德之人，小人指無道德之人。故曰：「君子成人之美，不成人之惡，小人反是。」「君子泰而不驕，小人驕而不泰。」「君子和而不同，小人同而不和。」（見《論語》）綜合《論語》、《易經》）又曰：「君子學道，則愛人；小人學道，則易使也。」（《論語》）樊遲請學稼及爲圃，孔子以爲係小人

《易經》言及君子者各條，大都係指道德完美、可以爲學者取法之人。

《易經》之言君子者，曰：「君子進德修業。忠信，所以進德也。修辭立其誠，所以居業也。……君子進德修業，欲及時也。」「君子敬以直內，義以方外。」「君子學以聚之。問以辯之。寬以居之，仁以行之。」「君子黃中通理，正位居體，美在其中而暢於四支，發於事業，美之至也。」「君子以多識前言往行，以畜其德。」「君子以愼言語，節飲食。」「君子以懲忿窒欲。」以上所言，均係指君子修善之道，應爲學者所遵循也。

《論語》之言君子者，曰：「君子義以爲質，禮以行之，孫以出之，信以成之。」「君子之於天下也，無適也，無莫也，義之與比。」「君子喻於義。」「君子義以爲上。」「君子博學於文，約之以禮。」「君子無所爭，必也射乎！揖讓而升，下而飲，其爭也君子。」「君子泰而不驕，矜而不爭，貞而不諒，周而不比，和而不同，群而不黨。」「君子求諸己。」「君子先行其言，而後從之。」「君子欲訥於言而敏於行。」「君子於其言，無所苟。」「君子恥其言而過其行。」「君子敏於事而愼於言。」「君子可以託六尺之孤，可以寄百里之命，臨大節，而不可奪。」「君子坦蕩蕩。」「君子不憂不懼。」「君子道者三：仁者不憂，知者不惑，勇者不懼。」「君子有三畏：畏天命，畏大人，畏聖人之言。」「君子食無求飽，居無求安。」「君子憂道不憂貧。」「君子謀道不謀食。」以上係言君子必備之條件及修養之道。

孔子以君子爲教育之具體目標，故對於「何以謂之君子？」及「如何才能爲君子？」說得詳細而具體，易爲學者取法亦常以君子許其學生。故「君子」一目標，非若「聖人」之難及也。故曰：「聖人吾不得而見之矣，得見君子，斯可矣。」孔子之言君子，雖多注重個人修養，而君子之工作決非止於個人修養，終極目的在於治國平天下。故曰：「君子以振民育德。」（《易經》）而振民育德，必自個人修養始。個人修養之要點，爲注重言

行，言無不善，行無不佳，則化民甚易。故曰：「君子居其室，出其言，善則千里之外應之，況其邇者乎？居其室，出其言，不善則千里之外違之，況其邇者乎？言出乎身，加乎民，發乎邇，見乎遠。言行，君子之樞機；樞機之發，榮辱之主也。言行，君子之所以動天地也，可不慎乎？」（《易經》）

總括言之，孔子之人生哲學，以「仁」為其基本概念，「仁者」，「生生之德」，通於宇宙。故《易》曰：「天地之大德曰生。」程明道曰：「生生之謂易。」（《二程語錄》卷八）按「生生之德」即是易，易即是演化之道。生物之演化，莫不賴陰陽之結合；宇宙本身如人一樣，亦莫不繼續在演化中，其演化亦包括有陰陽二力。《易經》即以陰陽動靜說明宇宙人事之變化。故曰：「一陰一陽之謂道，繼之者善也。成之者性也。仁者見之謂之仁，知者見之謂之知，百姓日用而不知。」故陰陽變化之道，在人如此，在物亦如此；雖見仁見知，各有不同，而其理則一也。此孔子之人生觀之可通於宇宙觀也。

「仁」之概念與宇宙之關係既如上述，其應用於人事社會方面，則為「萬物各遂其生」，則為「仁民愛物」。而修養之道，在於懲忿窒欲，誠意正心。正己而後正人，由修身齊家治國以至平天下，而君子之事畢矣。此孔子人生哲學之可通於政治哲學也。

孔子之論教育，以「聖」與「仁」為抽象目標，以君子之言行為具體目標；其論教育之功用則由個人之改進，推而至於國家社會之改進。就個人言，一言一行，均是教育；就國家社會言，化民成俗，亦是教育。故曰：「政者正也。」「苟正其身矣，於從政何有；不能正其身，如正人何？」正身者，個人教育也；正人者，化民教育也，是個人教育可通於國家教育，亦即孔子教育哲學之可通於政治哲學也。

2. **教育資料**　儒家教材，史稱其為六藝。司馬談《論六家要旨》云：「夫儒者以六藝為法，六藝經傳以千萬數，累世不能通其學，當年不能究其禮。」《史記・孔子世家》云：「孔子以詩書禮樂教弟子，蓋三千焉，身通六藝者七十二人。」是孔子所用教材為六藝，蓋無疑義。然所謂藝者，是否指《周禮》所載禮樂射御書數之六藝，《漢書・禮樂志》云：「樂以治內而為同，禮以修外而為異；同則和親，異則畏敬。畏敬之意難見，則著之於享獻辭受登降拜跪；和親之悅難形，則發之於詩歌詠言鐘石管弦。」是故禮樂者，周代之文化教育也；射御者，周代之軍事教育也；書數者，周代之實用生活教育也。（鄭注：書爲六書，爲象形、會意、轉注、指事、假借、諧聲，按即現在之識字教育；數爲九數，是方田、粟米、差分、少廣、商功、均輸、方程、贏不足、旁要，按即現在之算術。）孔子之教材，是否因西周之舊？按《論語》一書，言詩書禮樂者次數極多，可見詩書禮樂確爲孔子所用之教材。射御方面，言及者僅五次，曰：「射不主皮，爲力不同科，古之道也。」曰：「君子無所爭，必也射乎！揖讓而升，下而飲，其爭也君子。」此兩處皆言習射之德育意義，非單純之軍事教育也。「吾何執，執御乎？執射乎？吾執御矣。」此孔子答覆達巷黨人所謂「博學而無所成名」之慨歎辭，非說明射御之意義也。他如「子適衞，冉有僕」及「樊遲御」，皆係記事之文，可以證明孔子及門人能射能御。至射御是否爲孔子教授之課程，尚待考證也。《禮記．內則》謂年十五學射御，〈曲禮〉、〈少儀〉均言問大夫之子，長曰「能御矣」，幼曰「未能御也」，或者射御係技藝課目，爲少年所已習，非孔子教學之主課也。至於書數兩藝，《論語》全未提及。《禮記．內則》云：「六年教之數與方名，十年學書計。」是書數兩藝，係童年功課，孔子所教，均係大學生，當非孔子所教之課程也。

如上所述，孔子所教之六藝，似非《周禮》所言之六藝。如前所引《史記．孔子世家》及司馬談《論六家要旨》，其中所謂六藝，就語氣言，亦似係指六經。漢劉歆《七略》，有〈六藝略〉，其所謂六藝者，六經也。班固云：「古之儒者，博學乎六藝之文。」（《儒林傳》）又云：「儒家者流，游文於六經之中。」是六藝者，六經也。六經者：《詩》、《書》、《禮》、《樂》、《易》、《春秋》也。孔子以前，貴族教育已有用之爲教材者。《國語》楚莊王使士亹教太子，有《詩》、《書》、《禮》、《樂》、《春秋》、《故志》等。然此種典籍學問，限於貴族得之甚難。韓宣子係晉世卿，到魯觀太史書，始得見《易象》與《春秋》，曰：「周禮盡在魯矣！」季札到魯，始見各國之詩樂，可見經典學問得之之難（見《左傳》）。魯國爲當時文化中心，孔子以世族之後，生長於魯，得獲各種典籍學問，以之教人；典籍學問，遂不限於官府，而得流傳民間。《莊子．天運篇》

載，孔子謂老聃曰：「丘治《詩》、《書》、《禮》、《樂》、《易》、《春秋》六經，自以為久矣，熟其知故矣，以干七十二君，論先王之道，而明周召之跡，一君無所取用，甚矣夫人之難說也。」是明言孔子以六經為課程。《論語》中《詩》、《書》、《禮》、《樂》、《易》均曾述及，但未言《春秋》；孟子則屢言《春秋》之重要，荀子〈勸學篇〉、〈儒效篇〉、〈大略篇〉曾言及各經。則六經為孔子之教材，似可為定論也。

六經雖為孔子之教材，而孔子之教材不限於六經。《論語．鄉黨》一章，備述孔子之容貌行動，是孔子以「行為」為教也。《史記．孔子世家》記載孔子厄於陳蔡之間，因困厄而與學生討論其道之是非，是孔子之因事而施教也。《論語》記子在川上曰：「逝者如斯夫，不舍晝夜。」是孔子因自然現象而施教也。故孔子之教，隨時隨地，因人因事，而各有不同；其教材為活動的，非專限於六經也。

《論語》一書中，無以教育二字聯用者，但教育的資料，即是學習的資料，故分析《論語》「學」之內容，即可知教材之概要。《論語》中論學者如下：子貢曰：「賢賢易色，事父母能竭其力，事君能致其身，與朋友交，言而有信，雖曰未學，吾必謂之學矣。」子曰：「弟子入則孝，出則弟，謹而信，汎愛衆，而親仁，行有餘力，則以學文。」子路曰：「有民人焉，有社稷焉，何必讀書？然後為學？」子曰：「若聖與仁，則吾豈敢？抑為之不厭，誨人不倦，則可謂云爾已矣。」公西華曰：「正唯弟子不能學也。」子曰：「君子博學於文，約之以禮。」根據上面的引證，是「學」之內容可析為兩類：一曰讀書學文，文即詩書六藝之文，學文以求知也；二曰敦品勵行，即孝弟忠信，為之不厭，誨人不倦等是也。就兩方面之分量言，則《論語》討論「讀書學文」之章節，遠不及討論「敦品勵行」者之多。足見孔子之謂學，特重行為方面，故敦品勵行實為課程之核心。

孔子高足學生，雖均通六藝，而各有所長，就其所長，分為四科：德行，顏淵、閔子騫、冉伯牛、仲弓；言語，宰我、子貢；政事，冉有、季路；文學，子游、子夏（《論語．先進》）。關於德行方面，《論語》記錄極多，如孝弟忠信，如為仁作聖，均係德行方面者。政事方面，孔子注重正名立信，足食足兵，而基本方案在於德化。故曰：「為政以德，譬如北辰，居其所，而衆星共之。」春秋時代，各國交涉頻繁，外交文書辭令，必須適合情境尤須語有本源，或本諸《詩》，或源於《禮》，方能使於四方，不辱君命。放辭令亦爲四科之一。文學科之文，係指詩書六藝之文。六藝之中，以《詩》、《書》、《禮》、《樂》爲最常見，在《論語》中出現之次數最多，在當時或較《易》與《春秋》爲更重要。

3. 教育方法　孔子爲偉大之教育家，一言一動，均可爲法，從之遊者，受其偉大人格之感召，而潛移默化；故孔子教育方法之第一特點，爲人格感化。人格感化者，即以身作則，不言之教也。顏淵喟然嘆曰：「仰之彌高，鑽之彌堅，瞻之在前，忽焉在後。夫子循循然善誘人，博我以文，約我以禮，欲罷不能，既竭吾才，如有所立。卓爾，雖欲從之，末由也已。」子貢曰：「見其禮而知其政，聞其樂而知其德，由百世之後，等百世之王，莫之能違也；自生民以來，未有夫子也。」有若曰：「豈惟民哉！麒麟之於走獸，鳳凰之於飛鳥。泰山之於丘垤，河海之於行潦，類也；聖人之於民，亦類也；出於其類，拔乎其萃，自生民以來，未有盛於孔子也。」（《孟子・公孫丑》上）此皆學生景慕其人格之偉大有感而言也。

孔子教育方法之第二特點爲注重樂觀的修養。孔子的人生觀是積極的、樂觀的。他以爲學養到了好處便有至高無上之樂。故「學而時習之」，則樂；「發憤忘食」，則樂；「一簞食，一瓢飲，在陋巷，人不堪其憂」，則樂；「飯疏食，飲水，曲肱而枕之」，則樂；是有修養者，無時無地而不樂也。子路、曾皙、冉有、公西華侍坐，孔子令各言其志，子路、冉有、公西華均言從事於一國之政治，獨曾皙不然，曰：「莫春者，春服既成，冠者五六人，童子六七人，浴乎沂，風乎舞雩，詠而歸。」而孔子獨贊美曾皙，蓋以其能領會人生之樂趣也。宋儒講學，謂須尋孔顏樂處，即指此樂也。

孔子教育方法之第三特點爲注重個性。注重個性者，謂能適應個別之需要而予以特殊之指導也。《論語・爲政篇》記載孟懿子、孟武伯、子游、子夏同爲問孝，而孔子之答各有不同；〈顏淵篇〉記載顏淵、仲弓、司馬牛同爲問仁，而孔子之答亦復各異；蓋其所答係適應個別之需要，長善而救其失也。關於此點，孔子對公西華曾有說明。公西華因子路問「聞斯行諸」，孔子答以「有父兄在」；冉有問「聞斯行諸」，孔子答以「聞斯行之」；

故疑而請問。孔子告之曰：「求也退，故進之；由也兼人，故退之。」是明示適應個性之理也。

孔子教育方法之第四特點爲注重啓發教授。啓發教授者，啓發其思考，予以指導，使其能自行領會也。孔子曰：「不憤不啓，不悱不發，舉一隅不以三隅反，則不復也。」朱註：「憤者心求通而未得，憤則已用力於思，故可啓以開其意。悱者口欲言而未能，即已得其意而未能發表，故可發，以達其辭。」孔子又曰：「吾有知乎哉？無知也！有鄙夫問於我，空空如也，我叩其兩端而竭焉。」叩兩端而竭焉，即反詰正反兩端而窮追之，以使其自行發現錯誤與眞理。焦循《論語補疏》云：「兩端即《中庸》，『舜執其兩端，用其中於民』之兩端也。鄙夫來問，必有所疑。惟有兩端，斯有疑也；故先叩其兩端，謂先還向其所疑，而後即其所疑之兩端，而窮盡其意，使知所向焉。蓋凡事有兩端……一理財也，行之則頭會箕斂之流出，不行則度支或不足。一議兵也，行之則生事無功之說進，不行則國威將不振。凡若是，皆兩端也，而皆有所宜，得所宜則爲中。」兩端爲一正一反，中則爲合也；即兩端而竭之，窮究正反以求合，是最適宜之啓發教授也。

4. 教育之功用

教育之功用，即學之功用。自施教者而言，爲教；自受教者而言，即爲學。孔子曰：「好仁不好學，其蔽也愚；好智不好學，其蔽也蕩；好信不好學，其蔽也賊；好直不好學，其蔽也絞；好勇不好學，其蔽也亂；好剛不好學，其蔽也狂。」仁、知、信、直、勇、剛，皆美德，然徒好之，而不學以明其理，則其蔽爲蕩、愚、賊、絞、亂、狂，蓋好仁者不好學，則不知裁度，或至愛無差等；好知不好學，則妄然自用，或至窮極高廣而無所依止；好信不好學，則唯重然諾而不明是非，或至有害於事；好直不好學，則或至父子不相隱，其父攘羊而子證之；好勇不好學，則勇或不用於禮義戰陣，而用之於私利爭奪；好剛不好學，則獷悍之性，或至躁率輕慓，立言制行，多所我牴觸於人。故天生美質，未可逕情直行，而必有賴於學，方可完成，此學之功用也。

教育之功用非常偉大，故性雖相近，而習可相遠，習即教育之結果也。但教育功用是有限度，故曰：「上智與下愚不移。」蓋下愚雖受教育之影響，可以消滅其愚，而終不能變智；上智雖受外界之影響，而發展或有遲速，而依然不失其爲上智。中人以上，可以語上；中人以下，不可以語上。教育之效能，實有一定之限度，而非萬能也（見余家菊：《孔子教育學說》）。

總結　孔子教育學說，以仁爲核心，以六藝之文、忠恕之道爲教材，以人格感化與樂觀的修養爲教育之基本方法；言近而旨遠，深入而淺出，誠東方之大教育家、大哲學家也。

(二) 孟子（民元前二二八三至二二〇〇年）

孟子名軻，鄒人，生於戰國時周烈王四年，死於赧王二十六年，計八十三歲。他承孔子之後，於先聖之學說益推闡之，以應世用。但他亦有創見：第一、承子思性說，而確言性善；第二、循仁之本意，就其發動方面，而配之以義，以爲實行道德之作用；第三、本仁義而言王道，以爲經國之大法；第四、他的新教育學說。

性善說　子思以誠爲性之本體，孟子更進而確定之，以爲誠則無不善。孟子從日常經驗，觀察得人心同具有善端，如惻隱之心、羞惡之心、辭讓之心、是非之心，是人人同有的，便是人人同具善端，同具良知良能。人既同具善端，所以還有爲惡者，是由於不能把這種善端發展出來，所以不能發展出來，或由於外力的影響，或由於自暴自棄。

仁義說　性善，故以仁爲本質。仁向外發動，均各得宜，就叫做義。仁係心之本體，義係心之用。故曰：「仁，人心也。義，人路也。」又曰：「仁，人之安宅也。義，人之正路也。」做人之道無他，在求其放心，存其善端（仁），擴而允之，由己及人，由近及遠（義），所謂修身齊家治國平天下，均不外此理。

教育學說　孟子之教育哲學全根據於性善之說。其要點有四：第一、注重自動。他相信性善，故教育不須強迫，只要啓發他，使他能自動。故曰：「君子深造之以道，欲其自得之也；自得之，則居之安；居之安，則資之深；資之深，則取之左右逢其源。故君子欲其自得之也。」他又說君子之所以教者五：其中第一種是「有如時雨化之者」，這便是描寫自動的教育。他所說的揠苗助長，便是描寫被動的教育。第二、注重養性。人性是善的，教育的作用即在保存此善性。故曰：「人之所以異於禽獸者幾希，庶民去之，君子存之。」存之，便是存此善端。第三、注重因勢利導。他以爲教育須指導本能之活動，（性之活動）使向正軌，不應去壓抑他。好貨、好色、好樂，孟子都以爲其本身不是壞事，教育應該指導他們，便合禮法，而禮法又是本乎人情的，由此可見他的教法特別注重因勢利導。第四、注重啓發的教授。孟子善辯，與人討論問題，多用反詰法，第一步在層層的問難，使他自己發現錯誤；第二步在層層開導，使他自己發現眞理。他與告子論性，與陳相論許子之道，均用此法，頗與蘇格拉底的對話法相似。

(三) 荀子

荀子名況，字卿，趙人，生死年代，各家說法不一，大約係後孟子五十餘年生，享壽亦在八、九十之間。他眼看戰國紛亂狀況，乃述孔子之道，禮樂之治，以爲救世之方。總其學說，最要之點有四：一爲論「天」，二爲論「性」，三爲論禮法，四爲論教育。他的學說雖有矛盾之處，但其思想都得之經驗，所以獨到之處甚多，切實易行，尤爲特點。

論天　荀子論治論學，最注意人事，把墨家所謂「有意志的、能賞善罰惡的天」的觀念，完全打破。他以爲天不能爲福爲禍於人，人須征服天行，以爲人用。他的〈天論篇〉開首就說：「天行有常，不爲堯存，不爲桀亡。」又說：「疆本而節用，則天不能貧；養備而動時，則天不能病；修道而不貳，則天不能禍。」又說：「君子敬其在己者而不慕其在天者，小人錯其在己者而慕其在天者。」又說：「大天而思之，孰與物畜而制之？從天而頌之，孰與制天命而用之？」這是儒家的人事主義，與西洋之「征服天行主義」，大體相合。

論性　荀子論天，極力推開天道，注重人治；論性，也極力壓倒天性，注重人爲。他以爲人的天性有種種情慾，要是順情慾做去，定是惡的，可見人性本惡。因爲人性惡，所以須有禮義法度「以矯飾人之情性而正之，以擾化人之情性而導之」，方纔可以爲善。可見人之善行，全靠人爲，所以他說：「人性惡，其善者僞也。」（僞與爲通）

論禮法　人性既是惡的，要人的行爲變善，社會變好，非有禮法不可（荀子所謂禮，包括法家之所謂法）。所以他在〈禮論篇〉說：「禮起於何也？曰人生而有欲；欲而不得，則不能無求；求而無度量分界，則不能不爭；爭則亂；亂則窮。先王惡其亂也，故制禮義以分之，以養人之欲，給人之求，使欲必不窮乎物，物必不屈於欲，兩者相持而長，是禮之所起也。」由此可見荀子是以禮爲維持社會安寧，節制人欲之具。

論教育　荀子的教育學說，全係根據上列三項。他說性惡，所以他的教育學說，第一、注重「積善」。〈勸學篇〉說：「積土成山……積水成淵……積善成德。」第二、注重變化氣質。故曰：「君子之學也，入乎耳，著乎心，布乎四體，形乎動靜。」第三、注重有恆。故曰：「鍥而舍之，朽木不折；鍥而不舍，金石可鏤。」第四、注重環境。故曰：「蓬生麻中，不扶而直。」又曰：「君子居必擇鄰遊必就士。」第五、注重音樂。他以爲音樂能感動人之善心，使夫邪汙之氣無由得接。第六、他注重「禮」，故說教育之目的止乎禮。〈勸學篇〉說：「禮者，法之大分。類之綱紀也，學至乎禮而止矣。」第七、他提倡征服天行，故講教育注重德操。〈勸學篇〉說：「德操然後能定，能定然後能應。」能應即是能應付外界，征服自然之意。由此可見荀子的教育學說，是以「明禮、能應」爲目的，以積善、變化氣質、注重有恆、利用環境及音樂爲方法。

(四) 總結

孟荀雖均尊孔，而與孔子之學說不全相同。由孔子而轉到孟荀，其中尚有一過橋，即《大學》、《中庸》是也。相傳《大學》爲曾子所作，《中庸》爲子思所作，雖不必可信，但此兩書實是代表孟荀以前的儒者思想。書中有三大特點：一爲有系統，有條理；二爲注重方法之研究（格物、修身、治國之方法）；三爲注重心理之研究（感情、思考各方面）。孟荀繼承其後，故其學說均有條理系統，對於方法上、心理上論述尤詳。對於此兩者，孔子少說及。

三、墨家的教育學說

墨家教育以宗教爲源泉，而用人格的注射以保存其活力。宗教爲感情之產物，墨家雖非純粹宗教家，但其講教育，全以情育爲中心，而其領袖又有極高尚之人格、犧牲之精神，故徒屬甚多、影響甚大。但是因爲「其道太苦」，所以其偉大領袖死了以後，其勢力亦漸減少。

墨家的代表爲墨子。墨子名翟，魯人，或曰宋人，生死年代不詳，大約略後於孔子。他所倡學說與儒家相反之處甚多。儒家不信鬼，而墨子倡「明鬼」；儒家言厚葬久喪，墨子言「節葬」；儒家重禮樂，墨子倡「非樂」；儒家注重動機，墨子注重功用。

(一)墨子的應用主義（又可叫做實利主義）

他見儒家流弊在注重儀文禮節而少實用，所以他竭力反對其說，而提倡應用主義。他說：「義，利也。」意以爲凡事如是做去，便可有利的，即是「義」，因爲如此纔有利，所以「應該」如此做。義所以爲「宜」，正因其爲利。

(二)墨子的宗教

墨子學說以有神論爲基礎，〈明鬼〉一篇，言之甚詳。其中有一段，言天下之所以亂，由於人之不知有鬼及鬼之能賞賢而罰暴。使天下之人，皆知鬼之能賞賢而罰暴，則天下必安。據此，則墨子以爲天下之罪惡，均由於無神論，故有提倡有神論之必要。

(三)墨子的教育學說

第一、墨子以爲教育須教人法天。何以須法天？法父母，則父母有不仁者；法君，則君有不仁者；故法天最好。「天之行廣而無私，其施厚而小德，其明久而不衰，故聖王法之。既以天爲法，動行有爲必度於天，天之所欲則爲之，天之所不欲即止。」據此，則墨子以天爲神靈，不如儒家之視爲理法了。第二、墨子以爲教育須教人兼愛。他以爲天下之亂，均因人類之不相愛。若使人類兼相愛，則國與國不相攻，家與家不相亂，盜賊無有，君臣父子皆能孝慈，若此則天下治。第三、墨子以爲教育須教人勤儉。他要達到其兼愛之主義，自然要去爭奪之原；爭奪之原，常在於窮乏；窮乏之原，在於奢侈。所以他提倡節用以糾奢，爲〈非命篇〉以明人事之當盡，工作之當勤。又以厚葬久喪與勤儉相違，故提倡節葬，以糾正其失；又以當時之人沉迷於聲色，故提倡非樂，以糾正之。雖有矯枉過正之處，大體均爲當時救時良藥。

四、法家的教育學說

法家立法以制馭人民。其術似與教育異，實際不然，他們也是要以法來達到教育之目的。《韓非子．五蠹篇》說：「今有不才之子，父母怒之弗爲改，鄉人譙之弗爲動，師長教之弗爲變……州部之吏，操官兵，推公法，而求索奸人，然後恐懼，變其節，易其行矣。」由此可見法家亦言教育。但教育材料、教育人員，則與各家所主張者不同。《韓非子》說：「無書簡之文，以法爲教；無先生之語，以吏爲師。」據此，則法家所提出之教材，唯有法律；所提出之教員，即爲現職官吏。法家的教育目的，也在「施於國以成俗」，法治爲教育之一手段。其與儒家不同者，儒家之教育，教人做人；法家之教育，教人做他們理想中所規定之國民。

㈠管子

管子名夷吾，字仲，齊人，生於春秋之初。其所著書，雖非純粹法家之言，但趨向於法家者爲多，故以之爲法家代表。（《管子》一書並非管子所著，但以其爲戰國時作品，可以代表當時之思潮。）他的教育學說有三特點：第一、注重道德與生計之關係。他以爲民之所以不道德，不但是失教的緣故；物質的匱乏，生計的艱難，實爲其大原因。要教育人民，須先富足人民。所以他說：「倉廩實而知禮節，衣食足而知榮辱。」又說：「治國之道，必先富民，民富易治，民貧難治。」要使民富，在爲民者各勤其職，所以他說：「農有常業，女有常事。一夫不耕，或受之饑；一婦不織，或受之寒。」據此，則管子學說實有點近於西洋的功利主義。第二、主張人民從職業上劃分區域，以施教育。所以他說：「士農工商四民者，國之石民也，不可使雜處；雜處則其言哤，其事亂。是故聖王之處士必於閒燕，處農必就田野，處工必就官府，處商必就市井……少而習焉，其心安焉，是以不見異物而遷焉。是故，其父兄之教，不肅而成；其子弟之學，不勞而能。是故，士之子常爲士……農之子常為農……工之子常為工……商之子常為商。」(〈小匡篇〉)第三、主張軍國民教育。他說:「作內政而寓軍令焉……內教既成,令不得遷徙。故卒伍之人,人與人相保,家與家相愛,少相居,長相遊,祭祀相福,死喪相恤,禍福相憂,居處相樂。行作相和,哭泣相哀。是故夜戰,其聲相聞,足以無亂;晝戰,其目相見,足以相識。驩欣足以相死,是故以守則固,以戰則勝。」這個很有點像斯巴達的教育。

管子學說影響於當代甚大。孟子雖鄙管子,但談政治亦採用其道德生計相關之說。他如荀子言禮法,李悝言盡地力,商鞅言勵農戰,韓非子言法治,均與管子學說有關。

(二) 商君

商君名鞅,衛人,仕秦,係政治家,其學說也與教育有關。第一、他排斥舊道德,他以國家為主體,以人民對於國家之公德為無上之德,所以凡襲私德之名號,以間接為害於國家的,均竭力排斥。第二、他尚實利,故重農。第三、他尚武,故重戰。從他的政治主張之下所產生的教育,是實利的、軍國的、殘酷的。

(三) 韓非子

韓非子,韓之庶公子,集管、商、孟、荀諸家之學說,以己意整理之,而獨創一家之學說。察其內容,則多與商君學說相近。他信荀卿之說,以為人性是惡的;要制止惡性之表現,圖社會之安寧,必須嚴法律,重刑罰。他以法律為教育之手段,為治國之根本,所以捨了法律,便無所謂教育。

五、陰陽家的學說

《漢書.藝文志》曰:「陰陽家者流,蓋出於羲和之官。敬順昊天歷象,日月星辰,敬授民時,此其長也;及拘者為之,則牽於禁忌,泥於小數,舍人事而任鬼神。」陰陽家在戰國時很有勢力。他們以五行、四方、四時、五音、十二月、十二律、天干、地支及數目等互相配合,以立一宇宙間架;又以陰陽流行於其間,使此間架活動變化,而生萬物;注重「天道」與「人事」之交互影響,於其成家之時,即似有與儒家混合之趨勢。及至秦漢陰陽家之言多混入儒家。西漢經師如董仲舒、京房等，均採陰陽家之言以說經，尤喜言災異。君主亦多遇災而懼，所謂三公之職，除治政事外，尙須「調和陰陽」。到東漢，更變爲讖緯之學，影響後來的儒家實在很深，尤其重要的，是陰陽家對於我國民族習慣的影響。民間許多迷信，均是從陰陽家得來的。司馬談謂：「陰陽家大祥而衆忌諱，使人拘而多所畏」，是很正確的評論。

問題思考

一、東周政治社會的變遷及其對教育文化的影響。
二、春秋戰國學術思想發達的原因及與教育的關係。
三、儒家教育學說的要略。
四、孔、孟、荀三氏教育學說的比較。
五、孔子教育思想的分析。
六、道、儒、墨、法、陰陽五家教育作風的比較。
七、墨家、法家教育主張的評論。

第六章　結論

一、西周及西周以前之教育

西周以前一千餘年，教育史料甚少，教育制度與實施情形，不得而知。但根據已有之史料及新近出土之資料，證明其時文化已有相當進步，正式的教育已經開始。西周繼起，在文化與教育兩方面，均集過去之大成。教育制度，在《周禮》、《禮記》等書中，均有較詳之記載。是否全係事實，或一部分屬之傳聞，現在無從考證。但下列結論，似可成立：一曰教育與政治，未曾顯明分化，教育爲政治工作之一部分，以推行政令、化民成俗爲主旨，故政治機關即是教育機關。二曰教育以家族爲核心，故明倫養老爲教育之主旨。三曰儀式教育之注重，觀《儀禮》、《禮記》諸書對於儀式記載，即可知矣。四曰軍事教育之注重，射御在課程中占很重要之地位。

二、東周之教育即春秋戰國時代之教育

此期爲中國社會一大變動的時期，此種巨大的變動，發動於春秋，完成於戰國，而以秦代作一結束。爲適應此種變動，教育亦與之俱變。具體的表現便是官學的崩潰，私學的代興，與養士制度的繼起，各家學說的競興。這幾種變動的意義是非常重要的，茲綜述於後。

(一)養士的教育

春秋以前，學在王官，宦就是學，學就是宦，故〈曲禮〉曰：「宦學仕師。」鄭注：「宦，仕也。」《說

文》：「仕，學也。」章太炎說：「古時非士無學，非學無仕。」又說：「不仕則無所受書。」胡適謂：「古代書冊司於官府，故教育之權，柄於王官，非仕無所受書，非吏無所得師。」（見〈諸子不出於王官論〉）可見春秋以前，未有不農不工不商不仕，而只以講學為職業的「士」。古代除貴族世以做官為生者外，亦有出身微賤而為官者，此等人物，在未仕時，均或農、或工、或商，以維持其生活。孟子說：「舜發於畎畝之中，傅說舉於版築之間，膠鬲舉於魚鹽之中，管夷吾舉於士，孫叔敖舉於海，百里奚舉於市。」（《告子》下）所以古代似無非農非工非商非官，而以治學為業之士（古代之所謂士係士大夫之士，或軍士之士）。馮友蘭以孔子為此士階級之創立者（《中國哲學史》七十五頁）。士的階級是否為孔子所創立，尚待考究，但在春秋戰國之時，官學既經崩潰之後，於是平民與貴族之中，有一部分俊秀之士，專門研究學術，諸侯予以特別優遇而供養之，遂成為一種非農非工非商之特殊士的階段，似可為定論。此後二千餘年的教育，主要的均是士階級的教育。國家只注意士之拔選，士之供養，而如何去教育，並不十分注意。所謂「只問收穫，不管耕耘」的教育政策，便在戰國時代植其基。此種士的階級，只能做兩種事情，即做官與講學。雖到現在，所謂新式學校，士的出路還是以做官與當教育者為多。這種「士」的教育為中國教育之骨幹，士子拔選制度之好壞，士風的美惡，常足以為測定政治理亂的標準。養士教育之重要可想而知了。

(二) 士的學派

秦漢而後，士子學說之分派，大體均在儒家系統之下。春秋戰國之時，如前節所述，儒家僅為學派之一，與儒家並駕齊驅者尚有墨、法、道各家。各家學說之歧異，係因各家之背景不同，觀點不同，故解決當時社會問題之理論與辦法亦不相同。當時學派的分裂，似與地域有關。前所述之各家，就地域言，可分兩派，即南派與北派。南派以老莊為代表，好為形而上學之研究，以宇宙之本體為道，對於教育主張恢復自然的人與自然的社會，態度為消極的。如《孟子》中所言之許行為神農之言，自食其力，亦南方思想之支流也。北方思想又分三派：第一為儒家，以孔孟為代表。他們以經驗世界為其世界觀之基礎，以宇宙之法則為道，對於教育主張「克己復禮」，發展善性。第二爲墨家，以墨子爲代表。他們以天爲有意志、有人格之神，對於教育主張刻苦兼愛和實用。第三爲法家，以商韓爲代表。他們對政治重法治，對教育重狹義之功利。以上各派思想在當時影響最大者爲法家，對後代影響最大者爲儒家。茲分論於下。

㈢ 各家學說對於後代之影響

老子苦禮法之拘束，倡言恢復自然，崇尚無爲。無爲主義頗影響於漢代初期政治，其消極態度頗影響於魏晉六朝之士子，其宇宙論頗影響於宋代之理學，至對於一般社會之影響，則爲混合佛老兩家而成立之因果報應說。商韓功利論，偏重刑法，殘忍過甚，與吾國民族心理不合，故其說不能久行；但中國之法律政治，亦受其影響。墨子重兼愛，當時勢力甚大，與儒家抗衡，並稱爲當時之「顯學」，但因「其道太苦」，而吾國人宗教信仰薄弱，故其說不能久行。陰陽家牽於禁忌，泥於迷信，對中國一般民衆影響甚大，對於知識分子影響則較小。儒家立論到處本家族精神，倡中庸主義，論道德以孝弟爲本，論教育以明道復性爲本，論政治以禮樂爲本。雖倡尊君，同時又注重民意；雖重禮儀，而同時又顧及人情；雖重感化，而不廢除刑法；雖重道德，而不毀棄功利；雖致恭祭祀，而不迷信鬼神。他的哲學閎深，不及道家，法理精覈，不及法家，人類平等觀念，不及墨家；但以其適合中國民族心理及社會情形，故其學說能久行於中國。自漢至清，所有政治倫理教育思想，莫不受其支配。

問題思考

一、西周與東周教育之比較？

二、何謂養士教育？及士的學派？

三、春秋戰國各家並立，何以儒家獨支配後來的教育思想？

第三編　秦漢至清咸豐末年之教育
——中古教育
（民元前二一五七至五一年，西元前二四六至一八六一年）

本編敘述自秦漢至清咸豐末年之教育，為時約二千一百年，計分兩期：第一期為秦漢魏晉南北朝，起自民元前二一五七年至一三二四年，為時約八百餘年。就政治言，前半期四百餘年為統一時代，後半期三百餘年為分裂時代；就學校教育言，前半期頗為發達，後半期益形衰落；就教育思想言，前半期純以儒家為重，後半期則儒玄並立；就選舉言，前半期為鄉舉里選之制，平民亦有入選機會，後半期實行九品中正之制，評選重門第，平民入選之機會較少。此本期教育前後不同之點也。

第二期為隋唐至清咸豐末年，起自民元前一三三三年至五一年，為時一千二百餘年。除唐宋間之五代不計算外，經歷六個朝代。就學校制度論，大體係因襲第一期之舊，而規制更為詳密；就選士制度言，則第一期以選舉為主，第二期以考試為主，科舉考試遂為一千二百年間高等教育之核心，蓋自科舉制盛行，而官學之地位，亦日趨於下，致為科舉之附庸，此教育制度上一大變也；就教育思想言，隋唐統一南北二派經學家之學說，作為經典考試之標準，於教育理論殊無貢獻。宋代名儒，融化佛老思想，倡為義理之學，於教育理論，貢獻甚多；至於清代，漢學復興，考證精勤，於整理古代書籍貢獻極大。顏習齋、李恕谷之實利主義，在中國教育史上，尤放異彩，此一千二百年中教育思想之演變概況也。

秦漢至清末一千二百餘年間，教育制度與思想，雖有上述之種種變遷，然就大體言，均係以儒家學說為中心，以漢制為基礎，未有根本之變動。

第七章 秦漢魏晉南北朝之教育

（民元前二一五七至一三二四年，西元前二四六至五八八年）

第一節 政治與教育

一、秦漢之政治（民元前二一五七至一六九三年）

春秋戰國紛亂的局面，至秦漢而得統一，秦漢為漢民族極盛時代，在中國歷史中所占地位異常重要。夏曾佑曰：「中國之教，得孔子而立；中國之政，得秦皇而後行；中國之境，得漢武而後定：三者皆中國之所以為中國也。自秦以來，垂二千年，雖百王代興，時有改革，然觀其大義，不甚懸殊。譬如建屋，孔子奠其基，秦漢二君營其室，後之王者，不過隨事補置，以求適一時之用耳，不能動其根本之理。」（夏曾佑：《中國古代史》，二二五頁）蓋春秋戰國為中國社會變動最大的時候，至於秦漢則此種變化已經完成，適應此種新社會之制度已逐漸成立。秦之統一局面雖僅十五年，而十五年中，秦之政體對於後來中國影響極大；廢封建立郡縣之制，一也；官制，如相國、丞相、太尉、御史大夫等之重要官職，均自秦定，二也；朝儀刑法，多沿襲秦代，三也。漢之政制，大體均因秦之舊，而將其過於殘酷者廢除，所謂僅去其「太甚」者，根本上並無變更。例如封建之制，漢初雖略實行，而終於廢止；叔孫通之定朝儀，尊君抑臣，雖稱雜采古禮，實際多襲秦儀（同上，二三二頁）。蕭何作律，雜摭秦法。可見秦漢之政制是相沿而來，其精神實質均是一貫的，並無根本差別。

論者謂秦之政治本之法家，漢之政治本之儒家；其實，秦代非純粹法家之政治，漢代亦非純粹儒家之政治，蓋兩代均係雜采儒法兩家之說，冶爲一爐，在分量分配上或有區別，在根本性質並無區別也。秦代政制，發端於商鞅，完成於李斯，李斯係荀卿之學生，儒家之支派也。即就政治實施方面，如大一統，尊天子，抑臣下，制禮樂，齊律度，同文字，重博士，無不同於儒術。顧亭林云：「秦始皇刻石凡六，皆鋪張其滅六王，併天下之事。其言黔首風俗，在泰山則云：『男女禮順，愼導職事，昭隔內外，靡不清淨』，在碣石門則云：『男樂其疇，女修其業』，如此而已。惟會稽一刻，其辭曰：『飾省宣義，有子而嫁，倍死不貞。防隔內外，禁止淫佚，男女絜誠。夫爲寄豭，殺之無罪，男秉義程，妻爲逃嫁，子不得母，咸化廉清』，何其繁而不殺也……然則秦之任刑雖過，而其防民正俗之意，固未始異於三王也。」（《日知錄》，卷十三，頁二）

漢代之政治，亦以儒法兩家思想爲中心，自漢武帝特別提出尊儒之口號，一切制度，無論其內容沿革如何，均以儒家理論解釋之，故儒家在漢代之權威極大。其實漢代之儒家思想，乃包有法家思想及陰陽家之思想在內。在政治行動方面，漢代君主多能勵精圖治，努力向外擴充（其時匈奴族亦極強盛，設無漢代之威力，則南北朝之局面，早已實現），故秦漢實爲漢族極盛時代。

二、魏晉南北朝之政治（民元前一六九二至一三二四年）

秦漢爲漢族極盛時代，魏晉南北朝爲漢族初次衰落時代。東漢之末，魏、蜀、吳三國並立，互相爭雄，在其前半期尚能對付外族，在其後半期，對外便覺衰弱。司馬氏相魏，統一吳、蜀之後，便取而代之，是爲西晉。西晉立國未久，外憂內患，相繼而起，昏主庸臣，接續而來。故開國之時，即有衰落之兆。永嘉之亂，懷愍二帝被擄，西晉淪亡。元帝改都建康，是爲東晉。自東晉之亡，（民元前一四九二年）南北對峙，史家稱爲南北朝。南朝爲宋、齊、梁、陳，係代表漢族者；北朝爲北魏、北齊、北周，係代表北方各族者。南北爭持，表現極端紛亂局面。這種紛亂局面，實際亦種因於兩漢。西漢併呑中國四傍之他族，北則鮮卑、匈奴，西則氐、羌，中國以是得成大國，而其致亂則亦因之。蓋漢人每於戰勝之後，必虜掠其民，致之內地，不加教養；而縣官豪吏，皆得奴使之，積怨既久，遂至思亂。居腹心之地，掩不備之衆，其事比禦外尤難。故五胡之亂，垂三百年而後定也（夏曾佑：《中國古代史》，三九五頁）。

在此紛亂局面之下，人民備受痛苦之中，亦有許多意外之收穫。第一、北方民族入據中原，受中國文化之薰陶，而完全同化於漢族。例如後魏拓跋氏，本來是東胡族鮮卑之苗裔，到孝文帝時，遷都洛陽，禁止其國人胡服胡語。其他如慕容氏、宇文氏亦然。宇文氏建北周，其官制公牘，皆用中國三代式。第二、南北朝分立以後，中州士女，紛紛渡江避亂，由是南方文化跟著發達；那時南邊如福建等處，皆南越蠻族之地，自從華族向南移民，這些地方就開化了。故今之福州亦曰晉安，泉州亦曰晉江，即由晉時民族遷徙到此而得名。因此中華民族一方面因亂南遷和南方民族相混合，他方面又在北方和胡族混合，胡族自己亦棄野性而習中國文化，於是中華民族之集團更加擴大，而中華民族意識亦更堅強，這未始不是民族衰落期中之幸事。（盧干道：《中國民族之史的觀察》十五頁，見《科學的民族復興》）

當時思想界，在形式上尚是宗主儒家；在實際上，儒家勢力已隨政治紊亂而衰微，繼起者就是清淡一派的思想。清淡之風起於魏，流行於南朝，其思想係攙合老佛而成的一種消極主義。就好的方面說，所表現者是一種曠達的人生觀；就壞的方面說，所表現者是一種厭世的、放蕩的、自私自利的人生觀。夏曾佑說：「六藝隱而老莊興，經師亡而名士出，秦漢風俗，至此一變」，誠爲確論。（夏曾佑：《中國古代史》，三九八頁）

如上所述，秦漢爲漢族最盛之時，中心思想爲儒家及法家；魏晉南北朝爲漢族初次衰落之時，流行的思想是佛老。政治之由盛而衰，與學術思想之轉變發生連帶關係；對於教育之影響如何，茲分述之。

三、秦漢之教育

論者謂秦代以法家思想爲中心，焚書坑儒爲秦代反對儒家教育之顯明證據。秦始皇所坑何儒，爲歷史家爭論之問題。或者謂儒爲誦法孔孟之儒，故坑儒爲反對孔孟之明證；或者謂儒爲術士或望氣者之流，故所坑儒非眞儒（陳東原：《中國古代教育》，一三〇頁），即非反對眞儒也。《史記》載始皇三十四年置酒咸陽宮，博士七十人陪著。在座一位淳于越博士，勸他封子弟功臣，很激昂的說：「事不師古，而能長久者，非所聞也。」始皇已大怒了。丞相李斯更奉承他說：「諸生道古以害今，虛言以亂實，人善其所私學……入則心非，出則巷議。如此弗祭，主勢降乎上，黨與成乎下。」始皇因此便下毒計，誘坑諸生七百人於驪山。是始皇所坑者，確爲儒士。大約當時儒士有很多的派別，始皇所坑者爲反對當時政制之儒士，非一切儒士也。至於焚書一事，當然是文化上的大損失。然將經書殘缺之原因全歸於焚書，似又太過，李斯主張：「史官凡非秦紀者皆燒之；非博士官所職，天下敢有藏《詩》、《書》百家語者，悉詣守尉雜燒之；有敢偶語《詩》、《書》者棄市，以古非今者族。」（《史記．始皇本紀》）據此，則始皇所燒的書，大部分是民間的書，並沒有把全國的書籍完全燒毀。蓋一則博士官所職的還藏於官府；二則《漢書．藝文志》還舉出例外，就是「《易》爲卜筮之事，傳者不絕；《詩》三百五篇，以其諷誦，不獨在竹帛」，都是完整的。後來項羽屠咸陽，燒秦宮室，火三月不絕，致官府之書又灰飛燼滅。所以秦人一炬，民間沒有完書；楚人一炬，連官府也沒有完書。經書殘缺不全，始皇與項羽應分負其責，不能專責始皇也。

始皇對於文化與教育，雖有焚書坑儒之罪惡，但亦有他的功勞。最大者爲文字之改革與統一。戰國之時，「田疇異畝，車塗異軌，律令異法，衣冠異制，言語異聲，文字異形。」秦始皇帝初併天下，丞相李斯乃奏同之，罷其不與秦文合者，作〈倉頡篇〉，中車府令趙高作〈爰歷篇〉，太史令胡母敬作〈博學篇〉，皆取史籀大篆，或頗省改，所謂小篆者也（許愼：《說文序》），獄吏程邈又作隸書。秦代於短短十五年間，即有四次的文字改革，都是由繁趨簡，由難趨易，由雜亂而趨統一。文字的簡便統一，是促進教育的必要條件。顧亭林《日知錄》「小學〈急就篇〉」一條，證明〈急就篇〉是漢、魏以後的小學教材；而黃汝成案語，推溯〈爰歷〉、〈博學〉諸篇今雖不傳，然亦與〈急就篇〉一樣，是便利小學的。王國維《《史籀篇》敘錄云：「《史籀》十五篇，古之字書，後人用句自史籀二字以名其篇，非著書者之名，其書獨行於秦，非宗周時之書。」又云：「其書秦人作之以教學童者」，是秦時已有趨向統一之小學教科書了，此爲秦代對於教育的第一大貢獻。

秦代對於教育的第二貢獻，是兎毫筆之創用。古代的筆，以枯木爲管，鹿毛爲柱，羊毛爲被；而兎毛竹管，則創始於蒙恬（見《中華古今注》）。案商、周時代，有用刀簡的，有用漆書的，自秦代創兎毫筆，書寫更便利，促進文化教育之力更大。

漢代對於教育之貢獻，較秦尤多。秦代建國時期甚短，對於政制雖略具規模，而教育制度方面可考者少。漢之政制，因秦之舊，對於教育則規劃較詳：第一、承秦之統一政策，厲行思想統一運動，而確定以儒家之學說爲宗；第二、改進戰國之養士政策，而確定選士制度；第三、設學校，立博士，整理經籍，樹立中國學校制度及學校課程之基礎；第四、鼓勵私人講學，樹立私學之基礎。

綜合言之，春秋戰國爲舊制度崩潰時期，秦漢爲新制度完成時期。春秋戰國各家學說並興，互相攻擊，莫衷一是；秦漢則選擇一種或數種學說而調和之，以樹立中心思想。春秋戰國各種新制度，雖均已萌芽，而各自爲政，無統一之辦法；秦漢則根據實際情形，雜采儒法兩家理論，而完成之，統一之。故秦漢之政制，確樹立二千年中國政制之規模。中國政治社會，經過春秋戰國急變時代，至秦漢以後，則有靜止狀態。農業技術、農村組織，均無巨大之改變。農業爲經濟重心，商業亦有相當重要。歷代多採取重農抑商政策，然農民問題並不因此而解決。所以二千年來，中國有兩個主要問題：對內爲農民問題——糧食問題、土地問題；對外爲異族侵略問題。大亂的因素，似以此兩種爲最要。教育與政治有密切的聯繫，可以互相影響，春秋戰國紛亂的局面，結果促進教育學術之發達；秦漢而後，紛亂局面不惟不能促進教育、學術，反而使教育、學術衰落，可見單純的紛亂並不一定是進步的原因。二千年來教育盛衰，繫於政治；而所謂「盛」，所謂「衰」，大部係指「士子階級」的教育。士子階級的教育思想常足以影響政治社會；至於平民教育，二千年來均無人過問，而讓其自生自滅。

四、魏晉南北朝之教育

此時期，在民族政治與教育學術兩方面，均爲衰落時代。就學校教育論，制度雖仍是兩漢之舊，大都有名無實。博士粗疏，本無以教弟子，弟子亦爲避役而來，非以求學爲目的。上下相蒙，無復教育意味。就選舉論，重家世門第，而忽視眞實人格與才能，所謂「上品無寒門，下品無世族」，已失選士眞義。就私人學術而論，少傑出之經師，無偉大之學者。就士風論，委靡頹唐。清談放蕩，處處表現亡國現象。其詳當於次節論之。

第二節　學校教育

一、秦代之學校教育（民元前二一五七至二一一八年）

秦代建國時期甚短，學校教育如何，以史料之缺乏，無從稽考。唯有兩事值得注意：一爲學術專官之設置，一爲吏師制度之成立。始皇置博士官七十餘人巡遊郡縣，每與儒生博士同往。對於博士，可謂重視。《漢書・百官表》說：「博士秦官。掌通古今，秩比六百石，員多至數十人。」似博士爲秦代所設置的官職，但據《史記・循史列傳》，公儀休爲魯博士；《龜策列傳》，衞平爲宋博士；《漢書・賈山傳》，賈袪爲魏王時博士弟子；《宋書・百官志》說：「六國時往往有博士。」則博士或不始於秦。秦博士職掌，據《史記・始皇本紀》係或掌書籍，或議政事，或備詢問。秦亡以後，陳涉以平民起兵，而孔鮒爲博士（見《史記・孔子世家》及〈儒林傳〉）。漢興，博士以明經爲主要職務。所以博士爲學術專官，在秦漢教育史中，地位甚爲重要。

史師制度之創立。秦以專制立國，法令爲要，所以李斯奏有云：「若有欲學法令以吏爲師。」又云：「今天下已定，法令出；百姓當家則力農工，士則學習法律辟禁。」（見〈秦始皇本紀〉）可見秦代之重視法令教育。但秦代吏師的傳授，是否限於「法令」，頗費研究。章學誠說：「以吏爲師，三代之舊法也。秦人之悖於古者，禁《詩》、《書》而僅以法律爲師耳。」（《文史通義・史經篇》）依章氏之意，則吏師傳授限於法令。康有爲說：「秦焚《詩》、《書》，博士之職不焚；是《詩》、《書》博士之專職。秦博士如叔孫通有儒生弟子百餘人，諸生不習《詩》、《書》，何爲復作博士弟子？既從博士受業，如秦無以吏爲師之令，則何等腐生，敢公犯詔書而以私學相號聚乎？」（《新學僞經考》）依康氏之意，則吏師傳授不限於法令而兼及《詩》、《書》矣。漢初經學大師多是秦代遺留的博士，則《詩》、《書》或亦是當時之學科，不過此種學科，或係限於少數人之學習，非人人得而學習者。

吏師制度的創立，有兩個主要的原因：第一是受法家思想的影響。《商君書・定分篇》說：「聖人必爲法令置官也，置吏也，爲天下師，所以定名分也。」《韓非子・五蠹篇》說：「明主之國，無書簡之文，以法爲教；無先生之語，以吏爲師。」是很明顯的主張吏師制度。此種吏師制度，我以爲還是沿襲周制而來。周代官師不分，前已詳述，如《周禮・地官》說：「鄉大夫之職，各掌其鄉之政教禁令，正月之吉，受法於司徒，退而頒之於其鄉吏，使各以教其所治，以考其德行，察其道藝。」據此則周代吏師之教，也是以法令爲主體。所不同者，周代除法以外，尚有其他教材，而法家之主張，則教材限於法令。第二是受統一政局的影響。始皇既併六國，易封建爲郡縣，改諸侯爲守令，全國政令統於一尊，而各地昔日諸侯所遺留的「律令異法，衣冠異制」等，非加統一不可。促進統一最有效之工具，厥爲吏師制度。又戰國時各家學說並興，秦政統一之後，他們仍繼續存在自由評論，以阻政令。李斯所謂「人善其所私學，以非上之所建立」、「聞令下，則各以其學議之，入則心非，出則巷議」等，當係其時實際情形。欲取締私學，也非實行吏師制度不可。

二、**漢代之學校教育**（民元前二一一七至一六九三年）

漢代之教育政策，是繼承秦代之思想統一運動。所不同的，秦代之統一運動，包含法家的成分較多；漢代之統一運動，包含儒家之成分較多而已。漢初去戰國未遠學派紛爭，幾如戰國時代一樣。至武帝用董仲舒之建議，獨尊儒術，儒家學說遂爲中國二千年之正統思想。儒家思想所以能有此種權威，亦有其特殊原因：第一、儒家學說，前已論及，係採取折中主義，能應時代之需要，而融合各家學說之精華；例如在漢代，儒家能融合陰陽家、法家思想，在宋、明，能融合佛家思想，均其顯證。第二、儒家思想之出發點，就社會組織言，以家族爲本位，就經濟言，以農業爲本位。故言道德以「孝」爲基本，由孝而移作忠；言政治以重農爲本。孔子言足食，孟子言不違農時，荀子言彊本而節用，均爲重農主義。漢代之教育，注重「孝弟力田」，亦充分表現儒家政策。二千年來中國社會始終是家族的、農業的，故儒家思想最爲適合。

儒家思想的結晶爲經典，經典爲中國二千年學校的共同教材，首先訂立這種標準的是漢代。漢以前之教育，如夏商注重禮樂與軍事，西周注重六藝，戰國注重解決實際問題之奇才異能；至兩漢，則以經典爲學校的最重要教科，以研究經典爲士子進修的最重要途徑。

(一) 學校教材

經典爲中國二千年來之共同教材，而其來源傳授之研究，極感困難。茲述近人皮錫瑞之說（見皮著：《經學歷史》）以供參閱。皮氏謂：「經學開闢時代，斷自孔子刪定六經爲始，孔子以前，不得有經……孔子出而有經之名……《易》自伏羲畫卦，文王重卦，止有畫而無辭，亦如《連山》、《歸藏》止，爲卜筮之用而已。《連山》、《歸藏》不得爲經，則伏羲文王之《易》，亦不得爲經矣。《春秋》魯史舊名，止有其事其文，而無其義，亦如晉《乘》、楚《檮杌》，止爲記事之書而已。晉《乘》楚《檮杌》不得爲經，則魯之《春秋》亦不得爲經矣。古《詩》三千篇，《書》三千二百四十篇，雖卷帙繁多，而未經刪定，未必篇篇有義，可爲法戒。《周禮》出山巖屋壁，漢人以爲瀆亂不驗，又以爲六國時人作，未必眞出周公。《儀禮》十七篇，雖周公之遺，然當時或不止此數而孔子刪定，或並不及此數而孔子增補，皆未可知。觀孺悲學〈士喪禮〉於孔子，〈士喪禮〉於是乎書，則十七篇亦自孔子始定。《易》自孔子作卦〈爻辭〉、〈彖象〉、〈文言〉，闡發義、文之旨，而後《易》不僅爲占筮之用。《春秋》自孔子加筆削褒貶，爲後王立法，而後《春秋》不僅爲記事之書。此二經爲孔子所作，義尤顯著。」皮氏之意，以為六經皆自孔子，《詩》、《書》、《禮》、《樂》為孔子所刪定，而《周易》、《春秋》則為孔子之著作。孔子刪定六經的目的，在給後人以修己治人的軌範。六經而外又有《論語》、《孝經》，均非孔子自己所作，漢儒謂之傳而非經。按孔子所定謂之經，弟子所釋謂之傳，或謂之記，輾轉相援謂之說。所以嚴格說起來，《禮記》三傳均非經也。自孔子刪定六經，以授弟子，弟子分門傳授，流派漸多，但猶係一家之言，相去不甚遠，且其勢力亦不過與當時之墨家、法家相等（或者還在法家之下），並無絕對之威權。至於武帝黜百家，尊孔子，經籍之威權因以擴大。經學家盡力蒐集遺經，考證錯誤，箋釋意義，經術遂以昌明，武帝立《詩》、《書》、《易》、《禮》、《春秋》五經博士，其後五經博士分為十四，《易》立施（讎）、孟（喜）、梁邱（賀）、京（房）四博士（均出於田何），《書》立歐陽（高）、大小夏侯（勝建）三博士，《詩》立魯（申培公）、齊（轅固生）、韓大傅（嬰）三博士，《禮》立大小戴（德聖）二博士，《春秋》立嚴（彭祖）、顏（安樂）二博士（出自董仲舒與胡母生），此十四博士皆今文家，今文之經，均立學官，由博士傳授，於寫本皆用當時通行隸書，故謂今文。

古文有傳自民間的、有得之孔壁的，自劉歆起始盛行，在劉歆以前，皆未立學官，今文家指為偽造。當時古文家講《易》的有費直，講《書》的有孔安國，講《詩》的有毛公，講《左氏傳》的有劉歆，又有《逸禮》、《周官》等書。此等經傳，均以蝌蚪文書寫，所以叫做古文。《論語》、《孝經》，亦有今古文之別。講《論語》者有三家：《魯論》者魯人所傳，即今之篇次是也，夏侯勝蕭望之等傳之；《齊論》者齊人所傳，篇次較多，王吉貢禹等傳之；古《論語》出孔氏壁中，孔安國傳之。今文《孝經》傳自河間顏之，古文《孝經》自出孔壁。東漢時今古史家相爭甚劇烈，考其爭端，始自劉歆。歆增置《古文尚書》、《毛詩》、《周官》、《左氏春秋》四博士，既立學官，又創解說，後漢賈逵、馬融又遞為增補，以行於世。於是今古文二派，分道揚鑣，競爭日烈。

今古文家師法不同，議論自異。前漢今文字，多明大義微言，兼義理訓詁之長。武宣之間，經學大昌，家數未分，純正不雜，所以其學甚精而有用以〈禹貢〉治河，以〈洪範〉察變，以《春秋》決獄，以《詩》當諫，治一經有一經之益處（當時之書多散失，傳於今者，只有伏生《尚書大傳》、董子《春秋繁露》、《韓詩外傳》）。此其長處。其短處在好雜緯書，喜言災異，間有怪誕之譚。治古文者，多重經驗，惟其師法似不若今文家之謹嚴，其傳授淵源有難考證者。東漢時今古兩家各立門戶，今學以古學為變亂師法，古學以今學為黨同妒眞，相攻若讎，不相融合（古文學以馬融為代表，今文以何休為代表）。兩家著述甚多，詳於章句訓詁，一經說至百餘萬言。說〈堯典〉篇目兩字之誼至十餘萬言，分文析義繁言碎辭，毫無實用。經學之衰，實兆於此。末年有大經學家鄭康成（名玄）出。鄭氏師馬融，兼通今古二家之學：他的著述，參合二家之學，自成一家之言，以古學為宗，以今學附益其義。自鄭氏出，而今古文之爭暫息，經學遂由分離而趨統一。自是鄭注《易》行，而施孟梁邱京之《易》不行了；鄭《書》注行，而歐陽大小夏侯之《書》不行了；鄭《毛氏詩箋》行，而齊、魯、韓之《詩》不行了；鄭《禮》注行，而大小戴之《禮》不行了；鄭注《論語》行，而齊、魯《論語》不行了。自此，鄭注之《周易》、《尚書》、《毛詩》、《儀禮》、《禮記》、《論語》、《孝經》，遂為中國學校教科書的定本。（注釋：在南北朝隋唐多宗鄭玄、王肅。王肅之學雖亦出自馬融，但極力攻擊鄭氏。《古文尚書》，論者疑為王肅偽作，其書風行至於隋唐。宋元明多宗程朱，清代則又有漢學一派，其中又有專宗今文家者。）

(二) 學校制度

漢代學校，可分為官學與私學兩種。官學之由中央政府辦理者，稱為「太學」。太學之外，尚有鴻都門、四姓小侯等特殊學校。官學之由地方政府辦理者，稱為郡國鄉黨之學，計分四類：郡國曰「學」，縣曰「校」，鄉曰「庠」，聚曰「序」。私學亦分為兩種：一為「書館」，係私塾性質，為小學程度；二為著名經師設帳之所，生徒極多，係大學程度。茲將各種學校制度，分述於後。

1. **太學之創立與演變** 太學管轄，屬於太常；太常，為九卿之一，掌宗廟禮儀之事。九卿之上有三公，三公者在西漢為丞相、太尉、御史大夫，在東漢為太尉、司徒、司空，係主持中央政務者。漢因秦制，設博士官，屬於太常，所掌通古今，秩比六百石，雖各以經授徒，而無考試察別之法，尙無學校規制。武帝元朔五年（民元前二〇三五年）因董仲舒之創議，始置博士弟子五十人。惟其時尙無專門養士之所，所謂太學，儀以明堂辟雍爲代表，明堂辟雍共爲一所，爲祭祀及會士之用，非養士之地也（見馬端臨：《文獻通考》，卷三十一）。弟子員之受業，各從其所師之博士，不過歲時應試而已。成帝時，劉向請建太學，未果行。平帝元始四年，王莽奏起明堂辟雍靈臺，爲學者築舍萬區校地在「長安西北七里，有市有獄」（見《三輔黃圖》），規模之大，可以想見。東漢定都洛陽，建武五年（民元前一八八三年），重建太學。據《洛陽記》說在「洛陽故城開陽門外，去宮八里」；《水經注》說在國子堂東，設有內外講堂，長十丈，寬三丈，堂前置五經四部，又附建博士舍。明帝初成辟雍，欲毀太學而未果。安帝時（民元前一八〇五至一七九七年），博士倚席不講，朋徒相視怠荒，太學日久毀壞，黌舍變爲園蔬。順帝時重行修繕，共建兩百四十房，千八百五十室（見《漢書・儒林傳》）。其後因黨錮禍起，國政紊亂，太學也就衰落。

太學之教授　兩漢太學教授，稱爲「博士」。博士係秦官，漢仍用之。高宗即位，拜叔孫通爲博士，武帝建元五年（民元前二〇四七年）初置五經博士而總轄於太常，平帝時增五經爲六經，每經博士五人，東漢光武置今文學十四博士。博士的任用，有由徵召者，如文帝召賈誼爲博士；有由薦舉者，如梁邱賀薦施讎；有由選試者，如張禹試爲博士；有由賢良文學明經諸科進者，如公孫弘以賢良徵爲博士；有由他官遷調者，如匡衡以郎中遷博士，可見博士出身門徑頗多。博士職掌不專在教授弟子，國有疑事，掌承問對，間亦派使郡國，其任務或視察民間疾苦，或宣傳政府德意，或選舉賢才，或平決冤獄。蓋西漢博士，主通經致用，不專在經典文字之研究而已。博士待遇其秩初比四百石，宣帝時增加六百石，太學中復有博士舍，足供住宿。

太學之學生　太學學生稱爲「博士弟子」，東漢時，簡稱爲「太學生」或「諸生」。博士弟子的設置，始於武帝元朔五年（民元前二〇三五年），其名額爲五十人，昭帝時增爲百人，宣帝末增爲兩百人，成帝增爲千人，成帝末增至三千人，東漢順帝以後，太學諸生達三萬餘人，當時匈奴也遣子弟入學。太學生選補方法有兩種：(1)

是太常直接挑選，凡年十八歲以上，儀狀端正者都有資格。(2)由郡國縣道邑選送好文學、敬長上、肅政教、順鄉里、出入不悖所聞者。此種規定，不以貴族子弟爲限。郡國選博士弟子輒加遣送，蓋太學設於京師，道途遙遠，恐平民財力不足，故有遣送辦法，是太學之選擇學生，具有平民精神，非貴族特殊階級之教育也。

太學之考試 太學生分徑受業，考試的時限，武帝時定一歲輒課，東漢桓帝時定二歲一試。考試的方法，有口試、策試及對策數種。以口試誦說有法爲準，策試重章句師法。射策者「爲難問疑義，書之於策，量其大小，署爲甲乙之科，列而置之，不使彰顯，有欲射者隨其所取而釋之，以知優劣」（《漢書．蕭望之傳》，顏師古注）。修業年限殊無一定，以考試能否通過爲限。因爲考試嚴格，年限不定，所以太學生之年齡很是參差，故獻帝詔書中有「結童入學，白首空歸」的話。三萬太學生，有十八歲以下的「童子郎」，也有六十以上的老頭子。考試通過的，得補官職，如「文學掌故」、「郎中」等，不及格者仍舊留校。通過名額，舊例每第取十餘人，其於全體出路，相差甚遠。桓帝時更定課試之法，第之高下，以通經多寡爲衡，而廢止限定之人數。此後太學教育，偏重歲試。入學僅爲取得應試資格，但太學學生之出身，亦不全恃歲試。遊太學者同樣可受薦舉，應徵召，以進身爲吏，亦可於經學明習之後，授徒講學。

2. 郡國學校的起源與發展

漢代的地方行政制度，其初爲郡國制，封建與流官並存，在封建曰國，在流官曰郡。國的長官稱王或侯，郡的長官稱守。郡國所轄的縣邑，其長官稱爲令或長。其後諸侯王多以過失去國，封建制逐漸消滅，於是郡之上置州，設刺史（後改爲牧），由郡國制一變爲郡制。

漢代郡國學校的設立始於蜀郡守文翁。蜀郡即現在之四川省，在當時還是草昧的區域。景帝時文翁爲郡守，一方派遣郡縣小吏開敏有才者十餘人到京師留學，一方修起學宮於成都市中，招選各縣子弟以爲學宮弟子，於是教化大盛。武帝嘉獎，下詔令郡國模仿，都設置學官（見《漢書．文翁傳》）。但是正式郡國學制尚未成立，亦未曾普及於各縣邑，到平帝時王莽秉政，始成立了學校制度；凡郡國設立的學校稱學，縣設立的學校稱校，每一學或一校各置經師一人。凡鄉立的學校稱庠，凡聚立的稱序，每一庠或一序各置孝經師一人。此四類學校，以前兩類爲最普遍，眞如班固所謂：「學校如林，庠序盈門」（見〈東都賦〉）的景象。

3. 兩漢的特殊學校

中央政府設立之特殊學校有兩種：一曰鴻都門學，一曰四姓小侯學。鴻都門學設於東漢靈帝時代，其性質近似藝術學校。靈帝愛書畫辭賦，招致善尺牘及工書畫的數十人，待制鴻都門下，回而創設鴻都門學，詔州郡三公選派學生，並予以特別優待，頗引起當時士大夫之反感。四姓小侯學設於東漢明帝時代，實爲一種宮邸學校，爲外戚樊氏、郭氏、陰氏、易氏諸家子弟而設，置五經師。後復爲「功臣子孫、四姓末屬，別立學舍，蒐集高能，以授其業」，是爲貴戚學校之擴大。聲名既彰，外人羨慕，匈奴亦派遣子弟入學。

4. 兩漢之私學

以上所述，均爲漢代官學。漢代私學亦非常發達。就程度論，官學較專門；而私家教學，則自蒙學以迄專門各級學校皆有之。蒙學亦稱書館。王充《論衡・自紀》云：「六歲教書，恭愿敬仁順，禮敬具備……八歲出於書館，書館小僮百人以上，皆以過失祖謫，或以書醜得鞭。充書日進，又無過失，手書既成，辭書受《論語》、《尚書》，日諷千字，經明德就，謝師而專門，援筆而衆奇，所讀書亦日博多。」是爲私塾教育之描寫較詳盡者。

蒙學教授從識字寫字入手，字書似爲蒙學普通教本。《漢書・藝文志》謂《史籀》十五篇爲周時史官教學童書，至秦李斯作《蒼頡篇》，趙高作《爰歷篇》，胡母敬作《博學篇》，均爲字書。漢初，閭里之師合併《蒼頡》、《爰歷》、《博學》爲《蒼頡篇》。其後揚雄作《訓纂篇》，順續《蒼頡》，又易《蒼頡》中重複之字，成爲八十九章，五千三百四十字。其後班固繼揚雄之後，作十三章，共七千一百八十字，俱無重複。和帝時，賈魴作《滂熹篇》。後人遂以《蒼頡》爲上卷，揚雄之《訓纂》爲中卷，賈魴所作爲下卷，稱爲《三蒼》，或總稱爲《蒼頡》。其書久失，清光緒三十四（民元前四年）英人史坦因（A. Stein）在中國西部敦煌一帶發現漢代木簡多種，內有《蒼頡篇》四篇，均四字爲句之韻語（見羅振玉：《流沙墜簡》）。此外，漢代尙有七字及三字爲句之字書，亦葉韻易讀，創始於司馬相如之《凡將篇》。元帝時黃門令史游仿《凡將》之體作《急就篇》，內容總述五句後，便及姓氏、衣著、農藝、飲食、器用、音樂、生理、兵器、飛禽、走獸、醫藥、人事業等應用字（見陳東原：《中國教育史》，六十四頁）。此種字書，爲後代小學教本，如《千字文》、《百家姓》、《雜字便用》、《三字經》等先導，對於中國之普通教育，關係極爲重要。字書而外，漢代小學教科書，據《漢書》傳記所載，以《論語》、《孝經》爲最普通。

學童習完字書、《論語》、《孝經》之後，原可就業，其欲上進者，必須專經。官學名額有限，故私人設立大學程度之學校極爲普遍，私學之學生，名師之下，少者數百人，多者至數千人。若馬融、李膺、鄭玄等均係私人教學之最有名者，弟子常有數百千人。學生有兩種：一爲著錄弟子，只須錄其名在門生之列，不必親來受業，故著錄者能多至萬六千人；二爲及門受教者，名師之下，因爲及門者太多，故其教授方法，往往使高業弟子轉相傳授。西漢董仲舒「使弟子以次相受業，或莫見其面」，東漢馬融「門徒四百餘人，升堂進者五十餘生，乃使高業弟子以次相傳，鮮有入其室者」，故鄭玄在門下三年，未見其師。可見近日流行之「導生制」及「導師制」，在中國二千年前就已實行了。

漢儒講學重在發揮辯難，引證廣博，《漢書・儒林傳》贊曰：「一經說至百餘萬言。」桓譚《新論》：「一秦延君能說〈堯典〉篇目兩字之誼，至十餘萬言。但說『若稽古』，三萬言。」此雖特例，而漢代經師，注重引證辯難，則爲事實。王充《論衡・明雩篇》：「漢立博士之官，師弟子相問難。」張元講問，不食終日，及有難者，輒爲張數家之說，令擇從所安（見本傳）。諸如此類，均爲顯證。

三、魏晉南北朝之學校（民元前一六九二至一三三四年）

歷代官學之盛衰，均視政治之理亂爲轉移；治時官學多盛，亂時官學必衰。漢末獻帝時，曹操當政。令郡國修文學，縣置校官，令文有「喪亂以來，十有五年，後生不見仁義禮讓之風，吾甚傷之」之語。蓋當時大學雖有博士，而「無所教授，兵戎未戢。人並在公，而學者少」（見侍中鮑衡奏：《通志》卷五十七），可見當時官學已名存實亡。茲將魏晉南北朝三百七十年中之學校狀況概述於下。

(一)魏代學校教育

漢末魏、蜀、吳三國並立，計四十餘年，教育亦名存實亡。魏文帝黃初五年創立太學制課式法，立博士制，然三國紛爭，「中外多事，人懷避就。雖性非解學，多求詣太學。太學諸生有千數，而諸博士率皆粗疏，無以教弟子。弟子本亦避役，競無能學習冬來春去，歲歲如是。又是時朝堂公卿以下四百餘人，其能操筆者未有十人。多皆相從，飽食而退。」（見《魏志・王肅傳》）魏代教育的衰落可想而知了。吳、蜀兩國，教育資料可考者更少。劉備入蜀，時喪亂已久，學業衰廢，乃鳩合典籍，沙汰衆學，立太學，設博士，州設典學從事，博士有許慈等，典學從事有譙周，此為蜀之官學。孫權主吳，曾下詔立國學，置都講祭酒，以教諸子，然當時吏民頗以目前趨勢，去本就末，不循古道（見《吳志・孫休傳》）。蓋三國之學，雖有倣漢制，因時局不靖，極形衰落，無可記者。

(二)兩晉時代的學校（一百五十餘年）

晉代學校與漢代不同的，為「國子學」的設立。晉之大學有兩種：為貴族子弟而設者曰國子學，為平民而設者曰太學。國子學係依據《周禮》：「國之貴遊子弟國子受教於師」而定名，內置祭酒博士各一人，助教十五人，後減為十人，五品以上之子弟得入國學。太學一仍魏制，設博士員十九人。武帝時太學生達七千餘人，後經過八王五胡之亂，學校日就衰廢。東晉偏安江左，儒術不振。元帝於建康立太學，置博士五人，而「東序西膠，未聞於弦誦」（《晉書・儒林傳序》）。淝水戰後，時局小康，謝石請興復國學，普修鄉校，孝武納其言，增造廟屋百五十五間，增置大學生百人，太學與國子學並立。然而，「建學彌年，而功無可名，憚業避役，存者無幾，或假託親病，眞僞難知，聲實渾亂，莫此之甚。」（見《宋書・禮志》）東晉教育之衰落，可以想見。

州郡學校，亦甚衰落。提倡州郡學校者，西晉有王沈、虞溥，東晉有庾亮、范寧諸人，其制均語焉不詳。與東晉並立的，是五胡十六國。晉室東渡，大江以北，被蹂躪於北方諸蠻族，先後計百三十餘年，史家稱為「五胡十六國之亂」。當時學校教育自陷於若有若無之狀態，然諸蠻族之中，亦有慕中原之文化而興學者。例如前趙劉曜立太學、小學；後趙石勒立太學及宣文、宣教、崇儒、崇訓等十餘小學，並命郡國立學官；前秦苻堅廣修學宮，召郡國學生通一經以上充之。可見當時干戈擾亂，學制未全破壞。蓋因諸族濡染華風，每多好學，而北方經師，講學授徒，流風未滅，故漢族文化，因此而得擴張。

㈢ 南北朝的學校

東晉滅亡之後，一百七十年中，爲南北朝時代。因民族地理、歷史背景的差異，形成文化的不同。最顯明的是南朝偏重文學，北朝偏重經學。就文學而論，南北風氣亦不同：「長城飮馬，河梁攜手」，爲北人的氣概；「江南草長，洞庭始波」，爲南人的氣概。「江左宮商發越，貴於清綺；河朔詞義貞剛，重乎氣質。」（《北史．文苑傳》）就思想而論，南朝多好佛老之學，儒玄並設，而所重在玄，故儒術不振；北朝重經術，故經學較發達。南朝亦有經學家，而多參以玄學思想。南北文化既各具體系，所以當時學制，也有差別。

南朝的國學與州郡學 南朝教育的衰落，與魏晉同，值得注意的爲宋文帝之「四學制」。宋文帝在京師辦了四個大學。研究佛老學說的曰玄學，研究古今歷史的曰史學，研究詞章的曰文學，研究經術的曰儒學。自來中國太學均以經典爲課程，歷代沿襲少有變易，此時乃按照學科性質，分爲四類，雖受後代之批評，實爲進步之表徵。其後明帝立聰明觀，又稱東觀，亦分玄儒文史四科，科置學士十人。齊武帝詔立國學，罷聰明觀。梁武帝好學開設五館，每館置五經博士，充當館長，而以五經教授一人總其成，館內課程不外五經之術、六藝之文。學生只問程度，不限資格；果具才能，雖寒門子弟，皆有入館求學的機會。生徒入館求學，由館供給膳宿。館中亦有定期考試，倘能射策通明經術，即可委派官職。五館既不限資格，不限人數，所以四方學子負笈求學的非常踴躍。武帝倣三代視學之禮，親往省視，一則祭奠先師，一則獎勵勤勞，南朝學校教育之興盛，以此時爲最；可惜晚年迷於佛教，學校漸衰，迨侯景亂起，學校遂致停閉。此爲南朝國學興廢之大概情形。至於南朝州郡之學，史料較少。梁武帝時，曾分遣博士祭酒到州郡立學。此外，宋齊梁亦間有地方興學的記載，最具特色者爲梁邵陵王綸之於南徐州，他聘請馬樞講《維摩經》、《老子》、《周易》，道俗聽衆達兩千人，合儒釋道於一堂，爲融合三家學說之先導。

北朝的國學與州郡學　北朝學校較南朝為發達，主因似係北朝政局比較安定。南朝一百七十年中，更姓四次，太平時少，紛亂時多。北朝自魏武帝開國到東西分裂，統一中國北部將近一百五十年，所以對於教育比較容易建設，學校教育以魏孝文、宣武二帝為較興盛。魏自道武初年，始立太學，置五經博士，生員千餘人，後增國子太學生員至三千人，是為北魏太學的創始。魏武帝又於城東建立太學一所，令天下州郡選派才學之士，進京求學。當時人多砥尚，儒術轉興。太平眞君五年詔：「王公以下至於卿士，其子息皆詣太學。其百工伎巧騶卒子息，當習父兄所業，不聽私立學校，違者師身死，主人門誅。」（《魏書．世祖本紀》）原詔云：「所以整齊風俗，不軌則於天下。」這樣嚴格限制平民升學，禁止私立學校，在中國教育史中是少有的。其後孝文帝極慕漢族文化，遷都洛陽以後，事事模仿漢人，禁穿胡服，改用漢語，發敕立四門博士四十人，立國子、太學、四門小學、學校極興盛。《魏書．儒林傳》稱為「斯文鬱然，比隆周漢」。其後北魏東西分裂，互相征討，學校漸次衰廢。北齊高氏，雖稍稍修葺，而「國學博士，徒有虛名」「國子一學，生徒數十人」（見《北史．儒林傳》）。所謂學校，均係有名無實。北周宇文氏承西魏之後，學制稍具規模。太學之外，又有露門學、虎門學及通道觀等，露門、虎門兩學均為貴族子弟而設，通道觀與宋代之玄學館相似（《北周書．武帝紀》），這是北齊國學之特點。以上所述為北朝國學興廢之大概情形。

北朝州郡之學，亦以魏較為發達。獻文帝時定州郡學校制度，依郡之大小，定博士、助教、學生數之多寡。計每郡設鄉學一所，每所設正教、助教，正教以博士充當。大郡立博士二人，助教四人，學生一百人；次郡立博士二人，助教二人，學生八十人；中郡立博士一人，助教二人，學生六十人；下郡立博士一人，助教一人，學生四十人。學生先盡高門，次及中等，頗含階級意味。（見《魏書．獻文帝紀》及《高允傳》）北齊文宣帝亦詔修郡國學校，但「學生俱被差逼充員，士流及富豪之家皆不從調……縱有遊惰，亦不檢舉」（《北史．儒林傳》）。當時地方學校，亦僅存形式而已。

(四) 私學的概況

私人講學之風，發端於春秋戰國，盛於兩漢，至魏晉而漸衰落；南北朝官學時興時廢，私學稍稍興盛。

各代講學有名者：在三國時，魏有國淵、邴原、王裒，蜀有向朗，吳有虞翻。（見《三國志》）晉有范平、苑蔚、杜夷、劉兆、徐苗、束晳、汜毓、范宣等。（見《晉書》）南北朝時，南方有雷次宗、顧歡、臧榮緒、徐璠、關康之、沈麟士、劉瓛、庾承先、朱異、何胤、沈德威、伏挺、賀琛、孫揚等；北方有張偉、梁祚、常爽、劉獻之、張吾貴、劉蘭、徐遵明、董徵、李孝伯、劉昞、杜臺卿、刁沖、李鉉、張買奴、鮑季詳、鮑長暄、馬敬德、張雕、馮偉、馮充、熊安生等。（見《南北朝史》）當時南北學風不同，北方專研經術，南方兼講佛老，故講學以北方爲較樸實，人數亦以北方較多。據史傳所載，北方學者劉兆、張吾貴、劉蘭等，皆有門徒數千人，當時私學似較官學爲重要。

四、結論

在秦漢魏晉南北朝八百年中，前四百餘年爲漢族強盛、政治穩定時代，後三百餘年爲漢族衰落、政治紛亂時代。就學校論，兩漢爲興盛時代，魏晉以後爲衰落時代。學校制度，兩漢奠其基，分中央與地方兩種。魏晉以來仍是沿襲漢制，無大變更；其與漢代不同者有兩點：第一、漢代學校教材是限於儒家之經典；魏晉以後有以玄學、文學、史學與儒學並立者，教材已超出儒家經典之外，教育思想亦不全以儒家爲宗主。第二、兩漢之學校爲一般民衆之俊秀子弟而設，無階級的意味；而魏晉以後，則貴族與平民之學校有時分立，頗帶階級意味。此兩種變動，均是當時社會環境促成的：第一、因漢代儒家之治學，囿於訓詁章句，牽於五行災異，敏達之士厭其拘束而捨棄之。又加以時局不靖，禍亂頻仍，容易產生消極思想，因是佛老學說得以應運而興。佛老思想既流行於社會，因而影響到學校設科問題，故玄學得以抬頭。第二、自魏晉九品中正實行以後，門第家世益爲社會所重視，階級意識因而形成，對教育方面的影響，則爲貴族與平民教育之分化。所以魏晉以後，教育制度之兩特點皆社會環境促之使然。

第三節　選士制度

我國選士制度淵源於西周。西周之選士制度，前已述其大要。周室東遷以後，選士之制不見於史乘，代之興者爲養士之制。戰國之時，諸侯爭養士大有「得士者昌，失士者亡」的趨勢。從表面觀察，戰國養士之制，與漢代選士之制完全不同，從實際分析，則目的完全相同，方法僅略有差異。諸侯之養士，爲招納賢良，士子進身不外三途：一則自行請謁，二則由薦舉而謁見，三則由君主聞名而召見。此三者，皆由於有力者直接、間接之介紹，否則其名無由上達君主；此種介紹，即變形之選舉也。

我國選士之目的，在招納賢良，爲國家之官吏；但入官之途，非全賴選舉。西周及春秋之世，主要官吏，似多爲世襲。兩漢入官之途，可分爲四類：一爲世胄承襲或門蔭入仕，二爲輸財納粟，三爲由曾掾積資而升，四爲選舉。此四種制度，由漢至清末均存在，而注重之點，則各代不同。茲先述其大要。

門蔭入仕　因家世關係而入仕者，在兩漢甚爲普遍。如蘇武以父任爲郎，劉向以父任爲輦郎。任子而外，尚有因近親關係而入仕者，列傳皆備言之，以別於由鄉舉里選或辟召而出身者。魏晉九品取人，大概多以世家爲主。南北分裂凡三百年，而用人之法，多取之世族，如南之王謝，北之崔盧，雖朝代推移，鼎遷物改，猶昂然以門第自負，上之人亦緣其門第而用之。其時仕者，或從辟召，或舉孝廉，名義雖與兩漢無異，而實際從辟召舉孝廉之人皆貴胄也（《通考》，卷三十四）。故門蔭之制，在魏晉南北朝較兩漢更爲普遍。

輸財入仕　漢文帝從晁錯之言，令民入粟六百石爵上造，萬二千石爲大庶長，各以多少級數爲差。漢武帝時輸財得官者有卜式、黃霸等。魏晉南北朝均有納貲入粟授官之制。反對此制者各代均不乏人，而此制終未能廢。但由此進身者，爲數亦不甚多，居顯職者尤少。

積資而升　董仲舒對策，稱古之所謂功者以任官稱職爲差，非謂積日累久也。然則年勞之說，自西漢以來即有之矣。兩漢賢士長者，未嘗不仕郡縣。自曹掾、書史、馭史、亭長、門幹、街卒、游徼、嗇夫，盡儒生學士爲之。當時公卿大夫或出於文學，或出於吏道，亦由上之人並開二道以取人，未嘗自爲抑揚，偏有輕重，故下之人，亦隨其所遇，以爲進身之階。（《通考》，卷三十五）其以吏道出身者，升遷須歷相當時間，考核須有相當成績。至於北魏、崔亮立「停年格」，專以年資爲準，無復選賢任能之意矣。蓋守法之事，庸愚皆能之，知人之明，則賢哲亦不敢以自許，此年勞之制所以能久行於後世也。

選舉出身　選舉僅爲入仕之一途，其制可別爲兩類：一爲鄉舉里選，循序而進者，如孝廉茂才等是；一爲高才重名，躐等而升者，如賢良方正及被辟召之人士等是。前者爲地方之選舉，後者爲公卿之辟舉。有漢一代，兩制並行，得人爲盛；蓋其時之選舉只問才德，不言家世。魏晉以後，無論地方選舉或公卿保舉，均是不問才德，唯憑家世，故選舉之形式猶舊而精神全非。

官史選用，本爲政治問題，但中國之高等教育，均係爲官吏之預備，故選士之法，即選官之法，與教育、與政治，均有密切之關係。

一、兩漢之選士制度

秦代選士制度，史料甚少。《史記》載：「孫叔通，秦時以文學徵待詔博士。」（見本傳）可見秦代亦選用士子。其徵召辦法如何，無可考證，茲略而不言。漢初諸侯仍襲戰國餘習，爭相養士，故代相陳豨、吳濞、淮南、魏其、武安均好客養士。漢代諸皇，因欲招納賢良與共治國，選士制度因而產生。漢高祖十一年（民元前二一〇七年）下詔令郡國求賢，目的就是要賢人與之「共安天下」。詔書並規定：「其有意稱明德者，必身勸爲之駕；有而弗言，覺，免。」意謂，有賢者，郡守自往勸勉，令至京師，駕車遣之；有賢不舉，郡守應受處分。文帝二年因日食之故，下詔舉賢良方正、直言極諫者，設題指事，辦法已進一步，論者謂爲對策射策的起源，也是後世科舉的濫觴。因詔書中已說明：「悉思朕之過失，及知見之所不及均以啓告朕。」這明明白白是獎勵士子之上書言事。士子其上書的方法，表示見解能力，作進身之階，自較請人介紹之方法爲便當。就選士辦法言，實爲大進步。文帝十五年，便親策賢良。詔書指定被選士子就四項發言，即「朕之不德，吏之不平，政之不宣，民之不寧。」這封詔書是一篇完整的策題，二千年來的對策，均係沿襲此制。漢代策試與唐宋科舉制度不同之點，是漢代先選而後考試，唐宋之科舉制，純以考試爲選士之方法，不要經過選舉。唐宋科舉，明白規定以考試爲定士方法；漢之策試係爲求直言，或解決某項特殊問題而設，故胡致堂謂：「漢策問賢良，非試之也；延於大殿，天子稱制，訪以理道，其事重矣。」（《通考》，卷二十九）然此種區別，僅在禮遇之不同，而結果均係以考試爲去取。後代之所謂制科即沿襲此制而來，所以中國選士制度，實是自漢代奠定。

漢代選舉制度，自孝文開端後，其制度逐漸完成。就大體論，可分爲三類：一曰「賢良方正」，由公卿郡國選舉，天子策試者；二曰「孝廉茂才」，由州郡察舉不經考試者（後漢從左雄議，始加考試）；三曰「博士弟子」，係由學校升遷者。前一科始於文帝，後二科始於武帝。前二科必限於有資格、有名望的人，後一科限於年少的學生。前二科選舉取中以後，即有官做、有祿享；後一科被選後，不是拜官，而是遣往大學讀書。故嚴格的說，後一種尚不能稱爲選舉。

賢良方正爲前漢選士之一種重要制度，詔舉時期，並無規定；被舉賢良之資格，亦不一定。文帝十五年詔：「諸侯王、三公、九卿及主郡吏選舉之」；武帝建元元年詔：「丞相、御吏、列侯、中二千石、二千石、諸侯相、選舉之。」每次選進百餘人，而四方之士上書言得失自薦者每至。千數對策好的得高第，其不足采者輒報罷。前漢賢良對策有名者有晁錯、董仲舒、公孫弘等；後漢每遇天災天變，詔舉賢良方正，自光武成迄於桓帝，一百五十年間，共舉行十五次，故遠不若前漢之盛。

孝廉之選，目的在使各郡皆有選送，欲以扶植郡國之教化，改進地方政治。賢良方正注重文學及上層政治工作，孝廉則偏重行爲。漢高祖之立「三老」，文帝之獎勵孝悌、力田、廉吏，爲此制之開始。武帝元光元年規定郡國舉孝廉制度：「郡國口二十萬以上，歲察一人，四十萬以上二人，六十萬以上三人，八十萬四人，百萬五人，百二十萬六人，不滿二十萬二歲一人。不滿十萬，三歲一人。」後限以四科：一曰德行科，「德行高妙，志節清白」；二曰經學科，「學通行修，經中博士」；三曰法律科，「明習法令，足以決疑」；四曰政治科，「剛毅多略，遇事小惑」。孝廉之選，每歲一次，選後又不必對策，即可委任，被舉應甚多；然文帝時已有萬家之縣「云無應令」，武帝時也有「闔郡不薦一人」之事實。是當時察舉孝廉異常認眞，不肯隨便推薦。東漢時賢良方正雖不及西漢之多，而孝廉茂才則過之。西漢言吏曰廉，言民曰孝，茂才之舉，與賢良相近而次數甚少，東漢則孝廉專以察吏，茂才專以選民，名實微有不同。章帝時規定郡國二十萬口，歲舉孝廉一人爲率，並恢復西漢之四科，詔書謂：「刺史守相，不明眞僞；茂才孝廉，歲以百數。」范曄亦說：「州郡察孝廉秀才……榮路既廣，觖望難裁自是竊名僞服，寖以流競，權門貴仕，請謁繁興。」（《後漢書‧左雄傳》）是當時選舉，已發生流弊。安帝從左雄建議，規定年四十以上，方得察舉孝廉，而且還要「諸生試家法，文史課牋奏，副之端門，練其虛實」。孝廉之選，至此時，須「先試之於公府，又覆之於端門。」品行而外，又注重文詞。當時頗有反對之者，然經此改革，而選舉之得人獨多，最著者有陳蕃、李膺等，都是學行並茂。

如上述之「賢良方正」、「孝廉茂才」兩科，均爲漢代重要選舉制度，其特點厥爲選舉與考試並行，先選舉而後考試。此外，選舉科目尚多，就前後《漢書》所載，尚有「明德、明經、賢良、賢良文學、秀才、茂才異等、茂才特立之士，好文學敬長上肅政教茂才、淳厚、淳厚質實、淳樸遜讓、四行（淳厚、質樸、謙遜、節儉）。直言敢諫之士，有行義者、有道之士」等。綜觀各種科目，可知漢代選士，注重道德。黃炎培因此稱漢代教育爲德治時期之教育（黃炎培：《中國教育史要》），在上者雖然以此提倡，而「竊名僞服」者亦復不少。例如許武已作孝廉，兩弟未顯，欲令成名，遂故意分割家財，自取肥田廣宅，以劣少分給兩弟，鄉人皆稱弟克讓，而鄙武貪婪，於是弟等乃並得選舉，武遂將三倍於前之產業，還與兩弟，而聲明從前所爲係有意作僞，以成弟名（見《文獻通考》，卷三十四），可見漢末選舉制流弊漸多，其制不能不變。

除上述各科外，兩漢還有「公府辟舉」的辦法。凡做官到三公的時候，即可羅致天下名士以充幕府。此風始於西漢，至東漢而更盛興。《東漢會要．選舉》說：「公府有辟命，自西京則然矣，然東漢之世，公卿尤以辟士相高……而英才俊士以得所依秉爲重，是以譽望日隆，名節日著，而一洗末世苟合輕就之風。」可見公府辟舉制度確有好處，後來名公鉅卿之招致幕府人才，即沿襲此制，亦選舉之別開方面者。

二、魏晉南北朝之選士制度

漢末曹操秉政，下詔求賢，注重才能，忽視德行。建安十五年曹操下令求賢，中有：「未有行之士未必能進取，進取之士未必能有行也。陳平豈篤行？蘇秦豈守信耶？而陳平定漢業，蘇秦濟弱燕。由此言之，士有偏短，庸可廢乎？」其後又下令求逸才，內有云：「韓信、陳平負汙辱之名，有見笑之恥，卒能成就王業，聲著千載。吳起貪將殺妻自信，散金求官，母死不歸，然在魏，秦人不敢東向，在楚，則三晉不敢南謀。今天下得無有至德之人，放在民間，及果勇不顧，臨敵力戰；若文俗之吏，高材異質或堪爲將守，負汙辱之名，見笑之行；或不仁不孝，而有治國用兵之術。」（《漢魏六朝百三家名集》、《魏武帝集》）曹操之命令，與漢初求賢良孝廉之辭，顯然不同，因曹操當亂世，故特注重才能，一面也因漢末之「清議」偏重私德微行，即有奇才異能，一玷清議，便遭廢黜，曹操之令，蓋矯枉過正者。漢武帝求賢詔，亦有「馬或奔踶而至千里，士或有負俗之累而立功名。夫泛駕之馬跅弛之士，亦在御之而已」等語，則選舉之注重才能，非自操始也。曹操並非專事獎勵汙辱之行，彼任毛玠、崔琰爲東曾掾史，銓衡人物。毛、崔二人皆清廉正直，任才標準，極重儉約，「由是天下之士，莫不以廉節自勵」（《魏志．毛玠傳》）。

在制度方面，魏於選舉仍沿襲漢代，除詔公卿與賢良篤行之士外，亦令郡國察舉孝廉，但孝廉亦須試經。黃初二年令郡國口滿十萬者歲察孝廉一人，其有秀異，無拘戶口。黃初三年詔郡國所選勿拘老幼，「儒通經術，吏達文法」，到皆試用。可見魏代選舉，業已趨重考試。改進之動向，與東漢左雄之建議大體相同。

晉代沿襲漢制，曾詔王公卿尹及郡國守相舉賢良方正直言之士，詔州郡舉勇猛秀異之才。察舉孝秀，亦是漢魏相承的舊制。魏選孝廉，以經學爲重。晉代對於察舉之孝廉秀才，均須考試。秀才試策，孝廉試經，試經限於六藝，試策限於人事政治。這樣分科考試是唐宋科舉制度之先聲。東晉乘大亂之後，遠方孝秀，有不策試者。但爲時未久，考試之法即已恢復，試不中科，責其舉者，因此發生孝秀不敢應試的現象，因有「普延五歲許其講習」之規定。（《通考》，卷二十八）

南朝之選士，大體沿襲漢魏之舊。察舉孝秀，被選之後，加以考試。宋武帝永初二年有親策孝秀之舉；齊對秀才，以五問策之，五問並得爲上，四三爲中，二爲下，只得一問者不合格（《通考》，卷二十八，頁二十四）。梁代察舉孝秀頗多流弊，沈約上疏論其失，大意謂：「對策答問乃雕蟲小道，非關理亂得失，而士子衆多，略以萬計，常忠官少才多不須歲舉。」（《通考》，卷二十八）陳承前代亂離之後，選士一如舊制，無可觀者。

北朝選士之制，亦沿襲漢魏而來。北魏初，貢舉甚濫，舉來之人，多無實才。後乃嚴選舉與銓覈之制，以資整理。但爲時未久，選政即亂。其後武官得依資入選，人多官少，極感困難。吏部侍郎崔亮因定「停年格」，其制官不問賢愚，以停罷後歲月爲斷。雖復官需此人，停日後者終不得取；庸才下品，年月久者則先擢用。事無善惡，歲久先敘；職無劇易，名到授官。執案之吏，以差次日月爲功能；銓衡之人，以簡得老舊爲平直。此制好處，在銓選有客觀標準；然以賢愚無別，流弊極多。（《通考》，卷三十六）北齊沿北魏之舊，課試之法，中書策秀才，集書策貢士，考功郎中策廉良。策重文理，天子常服乘輿，出坐於朝堂中楹，孝秀各以班草對。北周之州郡舉人，一如前代，而頗重經學。

魏晉南北朝除沿襲漢制，察舉孝秀等科外，尚有一種新立制度，便是「九品中正」之制。此制創始於陳群。陳群是魏文帝的尚書，他以舊日選舉方法流弊甚多，蓋兩漢選舉根據鄉里的毀譽，毀譽每乏客觀標準，陳氏乃立九品中正之制以代之。州郡縣均置大小中正，各取本處人在諸府公卿及臺省郎吏有德充才盛者爲之，區別所管人物，定爲九等，以一爲最高，九爲最低。有言行修著者即與以升進，或以五升四，以六升五，倘或道義虧缺，即降下之，或自五退六，自六退七。中正之職，負考選與銓敘兩種責任。此制之特點有二：⑴設專官以司銓敘與考選；⑵明定等第以評量人物。此制自魏創始後，盛行於兩晉及南北朝，至隋，此制廢而科舉興。

九品中正之制，有近四百年之歷史，在創設之初，本爲整理選政，用意甚善。當時評品，極重鄉邑清議。例如陳壽遭父喪有疾，令婢丸藥，客見之，鄉黨以爲貶議，由是沉滯累年；張華申理之，始舉孝廉（《晉書．陳壽傳》）。溫嶠爲丹陽尹，平蘇峻有大功，司徒長史以嶠母亡，遭亂不葬，乃下其品。（《晉書．孔愉傳》）此可見中正之評品，根據清議，注重道德。但行之未久，流弊漸生，最重要的評論是不顧品行才能，而專以門第之高下爲準，故反對者甚多，而議論精刻者莫如劉毅。毅之言曰：「中正之設，損政者八，高下逐強弱，是非隨興衰，一人之身，旬月異狀，上品無寒門，下品無世族，一也。重其任而輕其人，使駁論橫於州里，嫌隙結於大臣，二也。優劣異地，首尾倒錯，三也。禁人訴訟，使受枉者不獲上聞，四也。采譽於臺府，納毀於流言，任己則有不識之蔽，聽受則有彼此之偏，五也。當官著效者，或附卑品；在官無績者，更獲高敘，抑功實而隆虛名，長浮華而廢考績，六也。不狀其才之所宜，而但第爲九品，以品取人，或非才能之所長；以狀取人，則爲本品之所限，七也。所下不彰其罪，所上不列其善，各任愛憎以植其私，天下之人，懈德行而銳人事，八也。由此論之，職名中正，實爲姦府；事名九品，而有八損。」（見《文獻通考．選舉》，卷二十八，引文係原文之節略）九品中正既有這麼多流弊，故施行時甚爲困難，不能不採用他法以資救濟。關於此點，馬端臨論之甚詳，他在《文獻通考》中說：「魏晉以來，雖立九品中正之法，然仕進之門，則與兩漢同一。或公府辟召，或郡國薦舉，或由曹掾積累而升，或由世胄承襲而用，大率不外此三四途；而諸賢都欲廢九品，罷中正者，何也？蓋鄉舉里選者，采毀譽於衆多之論；而九品中正者，寄雌黃於一人之口，且兩漢如公府辟掾屬，州郡選曹僚，皆自薦舉而自試用之。若非其人，則非特累衡鑑之明，抑且失侍毗之助，故終不敢徇其私心。中正之法行，則評論者自是一人，擢用者自是一人；評論所不許，則司擢用者不敢違其言；擢用或非其人，則評論者本不任其咎。體統脈絡，各不相關，故徇私之弊，無由懲革。又必限以九品，專以一人，其法太拘，其意太狹，其跡太露。故趨勢者不暇舉賢，如劉毅所云：『上品無寒門，下品無世族』是也。」

三、結論

選士制度在中國教育史及政治史占極重要的地位。二千年來中國政府決定的教育政策是，只問收穫，不管耕耘。就是說，政府只定課程標準及考選辦法，而如何去達到已定之標準，則多採取放任自由政策。漢代所定教育目標是「經明行修」，即是「通經致用，敦品勵行。」漢代的教育辦法，即係根據此種目標。注重明經，則設博士以教之；注重品行，則設選士科目以獎進之。故漢代教育的特點，為選舉制與學校制並行。選舉重品行，而品行之評判，不易有客觀標準，故輔之以考試。迄乎魏晉，承襲漢制，選舉與學校並行。因政治紛亂的關係，學校教育較為衰落；而選舉情形亦更紊亂。九品中正之設，本意在整理選政；然實行結果，流弊更大。蓋兩漢之選舉，平民得選者極多；而魏晉以來，評選多重門第家世，平民被選之機會極少。故梁沈約謂：「周漢之道，以智役愚；魏晉以來，以貴役賤。」又加以思想紛歧，士風墮落，文化與教育均形衰落，於是選舉制度應時代之需要不得不變為科舉制度矣。

第四節　教育思想

一、漢代之教育思想

兩漢之教育思想，以儒家學說為中心；儒家學說之要義備於經典，故經典的教育思想，即儒家之教育思想。但是，漢儒對於經典的解釋有派別不同，最顯著者為今文家及古文家兩派，前已述及。今、古文家師法不同，議論各異，然其對教育意見，頗為接近，均主張以明經為方法，修行為目的，他們以為修身齊家治國平天下之道，均載於經書，學者只要明經，則一切問題皆可解決，故經師在漢代教育史中占特殊重要地位。經師對於考證經籍，詮釋經意，雖有很大之貢獻，然以其思想囿於經籍，本人很少能有一系統之學說。其不全受經學的支配，能融合他人學說，自成一家之言者，有淮南王、揚雄及王充；其篤守經學而能略有創見者，為董仲舒。茲分述於後。

(一) 董仲舒（民元前二〇七一年至？）

景帝時為博士，武帝時以賢良應舉，對策三篇，為仲舒名著，又著《春秋繁露》。仲舒學說於中國教育思想影響甚大，茲分述之：第一、主張滅絕異學，尊崇孔道，以統一國民思想。《天人策》中說：「臣愚以為諸不存六藝之科，孔子之術者，皆絕其道，勿使並進。」他所言為武帝採用，結果致學術統於一尊。第二、立天人契合之說。儒家注重人事，不多言天道；仲舒雖係儒家而論天道，則雜有五行家的道理。他以人為一小宇宙，自然界（天）為一大宇宙。自然界之變異，無不與人事相關；人若做了惡事，則天示災異以為警戒。《天人策》說：「《春秋》之所譏，災害之所加也；《春秋》之所惡，怪異之所施也；書邦家之過，兼災異之變，以此見人之所為，其美惡之極，迺與天地流通而往來相應。」仲舒以為人道均本諸天道，故《天人策》說：「聖人法天而立道……春者天之所以生也，仁者君之所以愛也；夏者天之所以長也，德者君之所以養也；霜者天之所以殺也，刑者君之所以罰也。」此種學說有兩種影響：一在使人畏天敬天，生宗教之觀念；二在使人產生迷信；第三、對教育主張承天之道，積極指導。他說：「天令之謂命，命非聖人不行；質樸之謂性，性非教化不成；人欲之謂情，情非度制不節。是故王者上謹於承天意，以順命也；下務明教化民，以成性也；正法度之官，別上下之序，以防欲也。」這是他對教育之主張。他以性為可能性，即是可以為善，而不是善，其說與近日論性者頗相近。〈實性篇〉說：「善如米，性如禾。禾雖出米，而禾未可謂米也；性雖出善，而性未可謂善也……善教誨之所以然也，非樸質之所能至也。」第四、對於倫理，立純粹的動機論，排斥功利之說，故曰：「正其義，不謀其利；明其道，不計其功。」這種學說為宋儒所深信，在倫理學界影響甚大。

總觀上述四項，可知仲舒與中國學術思想之關係。論學術主張尊孔，此後論學，遂無人敢出孔子之範圍；論天道雜以五行學說，劉向繼之，災異之說遂大盛。這是就壞的方面講。至於論道德注重動機，論教育注重積極的指導，在當時實爲仲舒特見，對於後來頗有良好影響。

二 淮南王（民元前？至二〇二二年）

名安，淮南王長之子，文帝時長反，赦徙蜀。道死，安嗣。安曾集賓客著書言道德，號曰《鴻烈》，今稱爲《淮南子》。此處所言淮南王之教育學說，即是根據《淮南子》。漢初治尚黃老，是爲法家思想之反動，叔孫通鼂錯雖治法家，但多假託儒術。武帝時專崇儒術，法家思潮潛伏北部儒家思潮中，無復特異色彩；南部思潮則繼續存在，而與北方思想對抗。北方思想偏重實際，喜言政治道德之應用；南人偏重理想，喜討論宇宙本體問題和人生究竟問題。兩家論點，彼此不合。要從理論上把兩家來調和的，便是淮南王和揚雄。揚雄以北方思想爲根據而輔以南方思想，他以儒家雖本自然法則，以推演之於人事，對於宇宙本體，頗少研究，所以他的學說又採取老莊哲學之宇宙觀。淮南王則以南方思想爲根據而輔以北方思想，他以老莊哲學專論宇宙本體問題，對於人性未加研究，所以他的教育學說特別注重性之研究。他以性爲教育之中心。

他說性是清靜恬愉的，是善的，打破性之清靜恬愉的便是「慾」及「知」。教育之最好方法在於節慾。節慾之本，在於反性；反性之本，在於「去載」。「去載」即是去外界誘惑之物，能刺激人之嗜慾的。他以爲把外界誘惑之物乾淨去掉，性便能復反於清靜恬愉的態度，這便恰到好處，「性」便能與「道」契合（道是清淨幽冥，爲宇宙本體）。他在〈齊俗訓〉說：「率性而行之之謂道，得於天性之謂德。」便是說性的本體，若不爲物所蔽時，可與道合而爲一。

淮南王以反性爲修爲之極，所以他以無爲爲至善。善是靜而無爲，不善是躁而多慾；去慾便可爲善，但是他也認定去慾甚難，只要加以節制，使不至生邪氣以害性就行了。

淮南王之最大貢獻在調和儒道兩家學說。所著之書非出自一人之手，故論性有互相矛盾之處，於惡之起源亦未能說出。

㈢ **揚雄（民元前一九六四至一八九四年）**

字子雲，蜀人，生於西漢之末，作有詞賦《方言》；晚年治哲學，仿《易傳》著《太玄》，仿《論語》著《法言》。《太玄》屬於理論方面，論宇宙現象之原理；《法言》屬於實際方面，推定道德政治之法則。揚子融會南北思潮，創爲一家學說，較之淮南子更爲明晰切實。第一、論宇宙之本體。他以宇宙之本體爲「玄」（即老莊之所謂道），玄雖是虛靜，但其中實包有消長兩種動力。此兩種動力並存於本體，而得保其平衡。故本體仍爲虛靜，而兩者之潛勢力仍常存不失。第二、論性。揚子以宇宙之本體爲玄，人各爲一小玄體，與宇宙有同一之性質。玄之中由陰陽二動力互相攝而靜定，性之中亦有善惡二分子，具同等強度而成均衡狀態。所以他以爲：「人之性，善惡混。修其善，則爲善人；修其惡，則爲惡人。」他又以一種衝動能力爲氣，氣是爲善惡兩者所使用之馬，不動之時（平衡之時），則善惡混。故〈學行篇〉說：「天降生民，倥侗顓蒙。」即是說，生民之初是一種無我無知之狀，受了環境之刺激，則氣運而生善惡。所以修養的方法在善馭其氣。第三、論教育。揚子之學，在實踐方面，多襲儒家之舊。論修爲之法，從愼重言行，取法良師入手。他以爲求學最要緊的，就是要得一個良師；有了良師教導，則言行均將與之類化，而趨於善。在〈學行篇〉，他說：「螟蛉之子，殪而逢蜾蠃；蜾蠃祝之曰：『類我！類我！』久之則肖之矣。速哉，七十子之肖仲尼也……或問人可鑄與？曰：『孔子嘗鑄顏回矣。』」由此可見揚子之注重良師，注重無形感化。

㈣ **王充（民元前一八八五至一八一六年）**

字仲任，東漢人，班彪之弟子。著《論衡》八十五篇，《養性書》十六篇，今所傳者唯《論衡》。充爲漢代革新的思想家。漢儒普通思想，有兩種弊病足以阻礙學術之進步：一曰迷信，一曰尊古。《論衡》一書，在消極方面，竭力排斥當時關於陰陽災異及神仙之說，打破崇拜古人之偶像；在積極方面，則以其日常經驗爲根據，建立經驗派的哲學。

1. 宇宙論　漢代儒家，多以宇宙為有意志，故天人可以互相感應，充竭力反對此說。他說，凡有意志的，必有表現其意志之機關，例如人有意志，有慾望，表現之者為口眼。天地無口眼，即是無表現意志之機關，故可決其絕無意志。

宇宙本無意志，僅為渾然之元氣，由其無意識之動天地萬物，自然而生。物之生，各稟有一定之氣。要維持其氣，必有相當之形。形定於生初，一生之命運及性質均由是而定。所以他說：「俱稟元氣，或為禽獸，或獨為人，或貴或賤，或貧或富，非天稟施有左右也，人物受性有厚薄也。」又說：「器形既成，不可大小，人體既定，不可增減。」據此可知他是以為人物之命運及性質均定於生初之形，所以觀其骨相，而運命之吉凶，質之美惡，皆可得而知，《論衡》中〈骨相篇〉即專論此理。

2. 教育論　充無專論教育之文，但觀〈率性〉、〈本性〉、〈實知〉、〈知實〉諸篇，可以知道他對於教育之主張。〈率性〉、〈本性〉兩篇係充之性論。他綜合前人之說，以為孟子之所謂性善，是指中人以上的性；荀子之所謂性惡，是指中人以下的性；揚子之所謂善惡混，是指中人之性；故性實有上、中、下三等，而其所以有區別，則以稟氣有厚薄多寡之故。稟氣少，係消極的惡的原因；至於積極之惡，則因感受太陽之熱氣而來。此熱氣為毒氣，受此毒氣最多者，在蟲為蜂，在人為小人。性雖有善惡之分，均可以由教育而改變。故〈率性篇〉說：「其惡者，可教告率勉，使之為善。凡人君父審觀臣子之性善，則養育勸率，無令近惡；近惡則輔保禁防，令漸於善……人之性善可變為惡，惡可變為善。」使惡性變為善性，則莫如禮樂，故〈本性篇〉說：「情性者，人治之本，禮樂所山生也。故原性情之極，禮為之防，樂為之節。性有卑謙辭退，故制禮以適其宜；情有好惡喜怒哀樂，故作樂以通其敬。」充之意，是要以禮樂以陶淑情性，制止衝動，因而導人於善。

〈知實〉與〈實知〉兩篇，係王充之知識論。兩篇文章之內容，有消極、積極兩方面。在消極方面，他攻擊當時相信的「聖人前知千歲後知萬世，不學則知，不問自曉」，他舉了許多實例證明此說之非。在積極方面，他說知識是源於觀察、成於思考，絕不能憑空虛構，故〈實知篇〉說：「可知之事，思慮所能見也；不可知之事，不學不問不能知也。不學自知，不問自曉，古今行事，未之有也。可知之事，惟精思之，雖大無難；不可知之事，厲心學問，雖小無易。」又〈知實篇〉說：「凡論事者，違實不引效驗，則雖甘義繁說，衆不見信。」從此可見充之注重證驗，注重思考，絕無盲從盲信之弊。

3. 結論　充之最大貢獻，在其懷疑精神、獨立思考之精神。當時之人迷信孔孟，彼則問孔刺孟，攻擊其短。當時之人迷信圖讖，彼則竭力排斥。當時之人埋首於解經，彼則獨創新說。其新說以歷史與觀察之事作證，故無空疏之病。《論衡》中有〈變虛〉、〈異虛〉諸篇，以老子爲上德，充之思想又實趨於南方思潮。自此以後，學者疲於解經，南方思想愈熾，其結果引起魏晉六朝之清談。

二、漢代對於教育之貢獻

漢代對於教育最大之貢獻，爲確定以儒家爲中心之教育思想，樹立中國教育制度之基礎。除此而外，對於教育工具，亦有新的改進。第一爲紙的發明。按《後漢書・蔡倫傳》云：「自古書契，多編以竹簡，其用縑帛者，謂之爲紙。縑貴而簡重，並不便於人。倫乃造意用樹膚麻頭，及敝布魚網以爲紙。元興元年奏上之，帝善其能，自是莫不用焉，故天下咸稱蔡侯紙。」是紙之發明，爲教育用具之一大改進，尤便於教育之普及，蓋縑貴而簡重，均不易普及也。第二爲石經的刊立。我國刻石的起源雖早，而以石刻爲教育工具似自漢起，靈帝熹平四年刊經於石，稱爲「熹平石經」。魏唐各代，繼相倣效，石經遂爲經學考證之重要資料。石經刊立之初旨，在樹立標準，以校正經文異同。但以後之石經，似爲印刷之先導。拓石之事，雖不知起於何時，但《舊唐書・經籍志》言：「王世充得隋書八千餘卷，浮河覆舟。其書盡亡，而諸石經所榻墨本，亦蕩無復存。」可見在隋以前已有石拓，先於五代之板刻者數百年。諸見石刊之久已爲教育用具也。第三爲字體之改進。秦程邈作隸書，寫法已較簡便，東漢王次仲始以隸字作楷法，亦稱楷隸，後人謂之正書，亦曰眞書。正書較隸書寫法更爲便當。東漢末劉德昇作行書，行書較正書之書寫又更便當。正書、行書兩者皆自漢始，亦漢代對於教育之大貢獻也。

三、魏晉南北朝之教育思想

前已說過，漢代教育思想以儒家爲中心。漢儒治經，疲於故訓，學者已生厭倦之心；加以儒家大義，經新莽的僞託，使人益加懷疑。東漢外戚宦官，爲禍甚烈，士子受戮，人民受禍，士氣已經不振。迄乎晉代，北方野蠻民族侵入中原，政治紛亂，國難日深，佛教思想遂得乘虛而入。他的哲理與老莊相近，可以引起士子之信仰；他的人生觀有三世應報諸說，足以安慰受苦受難之人民。故佛老易於流行，儒家思想亦尙有相當權力，遂形成儒釋道三家思想並行局面。此三家思想之流行與地域有關，佛老爲南方思想，故在南方勢力較大；儒家爲北方思想，故在北方勢力較大。茲將各家學說及其影響，簡述於後。

(一) 經學家

當時經學家對於教育之主張，與漢代經學家相差不遠，大約是以明經修行爲教育之目的，而治國平天下亦本於明經修行。但同屬於經學家，亦有南北兩派。《北史・儒林傳序》曰：「江左：《周易》則王輔嗣（弼），《尙書》則孔安國（論者謂係王肅僞作），《左傳》則杜元凱；河洛：《左傳》則服子愼（鄭注《左傳》未成，以授子愼，見《世說新語》），《尙書》、《周易》則鄭康成，《詩》則並主於毛公，《禮》則同遵於鄭氏。」據此可知此代經學，是由統一趨於分離。北派治經多宗鄭氏，有漢代遺風；南派治經最喜治《易》，而好雜老莊學說；如魏之王弼，晉之向秀、郭象等，史皆稱其邃於《老》、《易》。彼等注《易》，儒玄雜糅，詞旨華妙，論者謂爲清談之始祖。北派治經，最喜治《三禮》，如後魏之徐遵明，北齊之李炫，後周之沈重，均爲治《禮》有名的人。總觀南北兩派經學，我們可得一種結論，即是北派注重實用，好研究古代文物制度；南派注重玄理，好研究宇宙人生之根本問題。李延壽《北史・儒林傳序》謂：「南人簡約，得其英華；北學深蕪，窮其枝葉。」此種論斷，頗爲扼要。但所謂英華，亦不過如皮錫瑞之所謂：「名言霏屑，騁揮麈之清談；屬詞尙腴，侈雕蟲之餘技。如皇侃之《論語義疏》，名物制度，略而勿講，多以老莊之旨，發爲駢儷之文。與漢人說經，相去懸絕。」據此以談，可知江左思想，全受清談家、佛家、老家之支配，即講經亦不能超出其範圍。

(二) 清談家

清談家起於魏初，盛行於南朝，其思想係雜糅而成。他們以道家之無為主義為本，於佛家僅取其厭世思想，於儒家僅取其階級思想及有命論（儒家言，人生須努力於應作之事，窮達死生是有命的可不計及）。有階級思想，「平等」、「利他」等觀念，均不能存在。有厭世思想，故佛家之苦行，道家之清靜，儒家之克己，均以為徒自拘束而必須去掉。信有命論及無為主義，故儒家之所謂積善，佛家之所謂濟度，均必須去掉其結果。至養成一種厭世的、放蕩的、苟且的人生觀。他們認定人生是無常的，人生是多痛苦的，故必須極力求娛樂；要求娛樂，必須排斥聖哲好名之觀念，打破舊日道德之束縛，縱情肆慾，純任自然，不加限制。他們雖主張縱情肆慾，卻反對侵害他人，因為侵害他人便是違反無為主義。他們雖抱厭世思想，卻反對自殺，因為自殺便是違背自然。

這種思想對於當時的教育，壞的影響甚多：第一、為養成懷疑的態度。他們主張無為，並懷疑歷史及古代學說，對於教育的功用和價值亦根本懷疑。第二、為養成當時人厭世的人生觀。對於一切，抱消極的態度，無奮鬥的精神。第三、養成無氣節的民風。他們排斥道德，反對禮教，結果至禮義廉恥淪亡，社會失其維繫。南朝所以不強，或者此亦為原因之一。

(三) 佛學家

漢魏以後，西僧來者益多。西晉時，衛道安、鳩摩羅什（西僧）、惠遠、法顯（法顯為中國僧人入印度之第一人）均深究佛理，從事佛教之傳播。宋、齊、梁、陳之間，印度及中國之僧往來甚密，譯經事業甚為發達；加以世亂時艱，人民都喜借此為安慰之具，故崇信者日多。北魏末，人民避賦役，多為僧尼，至二百萬人，寺有三萬餘所，即此可見當時佛教之發達。晉人、魏人所寫佛經甚多，至今猶有存在者。佛教既盛行，宗派亦漸多，當時最流行者有兩宗：一為成實宗，以姚秦之鳩摩羅什所譯之《成實論》為根據；一為俱舍宗，以陳之眞諦三藏所譯之《俱舍論》為根據。《俱舍論》以「無我」為立論主旨，《成實論》以成立經中實義為主旨，立空觀與無我觀。此二宗均是小乘，在當時勢力甚大。對於教育之影響，可分善惡兩方面：惡的方面，在養成人生消極的態度；善的方面，在引起哲理之研究，為宋明理學之先驅。當時的文學界，亦受其影響不少，如陶潛、謝靈運等均與僧徒來往，他們領會佛教旨趣胸懷灑落，故其作品每有一種特殊風味。

㈣ 儒家

前述魏晉南北朝之經學家，已非純粹之儒家。其以儒家思想為中心，反對當時清談之習，有振作之氣者，為晉之傅玄及北齊之顏之推。傅玄為晉初人，著《傅子》百二十卷，傅氏思想，在消極方面，反對當時清談氣習。他對晉武帝說：「近者魏武好法術，而天下貴刑名；魏文慕通達，而天下賤守節。其後綱維不攝，而虛無放誕之論盈於朝野，使天下無復清議。」在積極方面，他闡明儒家經濟政策及倫理哲學。他以為人類有「好善尚德之性」，又有「貪榮重利」之性，故教育與政治在「貴其所尚而抑其所貪。貴其所尚，則禮讓興；抑其所貪，則廉恥存」（見〈戒言篇〉）。

顏之推的思想（民元前一三八一年至？）見於《顏氏家訓》。此書關於讀書、習禮、處世、治家、交友種種要道一一舉說，實係一種家庭教育課本。顏氏貢獻，在消極方面為批評當時腐敗學風——奴化教育。在積極方面，第一、他主張教育子弟須從懷胎時教起，至少須從幼時教起。他說：「當撫嬰稚，識人顏色，知人喜怒，便加教誨，使為則為，使止則止……驕慢已習方復製之，捶撻至死而無威。忿怒日隆而增怨，逮於成長，終為敗德。」（〈教子篇〉）又說：「人在幼年，神情未定，所與款狎，熏漬陶染，言笑舉動，無心於學，潛移暗化，自然似之。」（〈慕賢篇〉）第二、他主張篤行。他以為教育意義，在誦習古人的嘉言懿行，以啓發其智識而指導其行為。上智之人或不待學習，而行為自然合乎軌則；一般之人，欲其多智明達，則非學習不可。他在〈勉學篇〉說：「夫所以讀書學問，本欲開明心目，利於行耳。未知養親者，欲其觀古人之先意承顏，怡聲下氣，不憚劬勞，以致甘腝，惕然慚懼，起而行之也。未知事君者，欲其觀古人之守職無侵，見危授命，不忘誠諫以利社稷，惻然自念，思欲效之也。」可見他的論教育是以篤行為中心。在整個士風委靡頹唐之中，而有顏氏之學，可謂「鳳鳴朝陽」者矣。

四、魏晉南北朝對於教育之貢獻

魏晉南北朝在教育之實施與制度方面，均係衰落時代；然其時對於教育，亦有相當之貢獻。第一爲審美的教育。當代文學、美術、音樂，均極發達，且有特殊之長處，足以引起審美的情感。第二爲音韻學。切韻之學與佛經同入中國，其書能以十四字貫一切音，文省而義廣，謂之婆羅門書，字母之法，權輿於此，可惜其書不傳。漢魏時代孫炎作《爾雅音義》，始創翻切，以兩字約成一音，其上一字與本字爲雙聲（同子音），下一字與本字爲疊韻（同母音）。其法甚爲簡便，今之注音字母，即原本於此。第三爲哲學。魏晉以來，研究佛老之學者頗多，其哲學思想似爲宋代理學之先導。

第五節　學風

學風爲教育的結果，社會環境的產物；但是某種學風既經成立，亦足以影響社會政治。所以學風與社會政治之關係很密切，而且互爲因果。討論學風，是以一般士子所表現的行爲與氣節爲準，而不是以少數特殊的人爲準。所謂優良風氣，是說大多數士子所表現的風氣是優良的；所謂卑劣的學風，是說大多數士子所表現的風氣是卑劣的。若以此爲準，我們可以說兩漢學風是優良的，魏晉南北朝的學風是卑劣的。兩漢所以強盛，魏晉南北朝所以衰落，原因雖然很複雜，學風的好壞也是重要原因之一。因爲秦漢以後，治人階級大多數是出於士子，所以士子的風節如何，是直接可以影響政治社會的。茲將兩個時代的學風分述於後。

一、兩漢的學風

兩漢學風與戰國時代不同。第一、漢代富於保守精神，一切均遵古訓；戰國富於進取精神，一切唯求合時宜。第二、漢代思想統一，學術定於一尊，故當時學者少革新之學說；戰國各家並興，因競爭而進步甚速。第

三、漢代學者多竭精力於訓詁；戰國學者注重實地之觀察，實際之應用。漢代思想雖傾於保守方面，然亦有其特殊之優點：

(一)通經致用之觀念

漢人治經，極重應用論政處事，以經典爲準則。例如平當治《尙書》，明《禹貢》，即以《禹貢》治水；董仲舒以《春秋》決獄；張湯兒寬以古義決獄；張敞爲京兆尹，每朝廷大議，敞引古今處便宜，公卿皆服；單于死，匈奴大亂，議者欲舉兵滅之，蕭望之引《春秋》不伐喪之議，因而中止。諸見漢代處事，極重經義。迄東漢，漸有注重章句而忽略微言大義之趨勢，「學」、「用」一致似不及西漢時。王充《論衡・程材篇》說：「儒生栗栗不能當劇，將有煩疑，不能效力。力無益於時，則官不及其身也。將以官課材，材以官爲驗。足故世俗常高文吏，賤下儒生。」此言儒生之缺乏實用政治知識技能也。王充雖不同意世俗之見，然亦確認儒生有短處。故曰：「夫儒生不覽古今，何知一永；不過守信經文，滑習章句，解剝互錯，分明乖異。」（《論衡》，卷十二〈謝短篇〉）可見「學」、「用」相違的現象，在東漢已相當的普遍。

(二)臨難不苟之精神

講學之注重實用方面，東漢或不如西漢；士子之節操方面，西漢似不及東漢。顧亭林在《日知錄》中說：「漢自孝武表章六經之後，師儒雖盛而大義未明；故新莽居攝，頌德獻符者徧於天下。光武有鑒於此，故尊崇節義，敦厲名實，所舉用者莫非經明行修之人，而風俗爲之一變。至其末造，朝政昏濁，國事日非；而黨錮之流，獨行之輩，依仁蹈義，捨命不渝，風雨如晦，雞鳴不已，三代以下，風俗之美，無尙於東京者。故范曄之論：『以爲桓靈之間，君道秕僻，朝綱日陵，國隙屢啓。自中智以下，靡不審其崩頹；而強權之臣，息其闚盜之謀，豪傑之夫，屈於鄙生之議（《儒林傳論》），所以傾而未頹，決而未潰。皆仁人君子心力之爲。』（《左雄傳論》）可謂知言者矣。」顧氏之論，確切合當時事實，東漢士子之臨難不苟、成仁取義之精神，千載之後，讀其傳記者，都不能不受其感動，茲略舉一二，以見一斑。

東漢士氣的具體表現，爲反對宦官運動。宦官專權，擅作威福，毒害生民。桓帝時，朱穆因奏劾宦官，以致下獄，而太學諸生劉陶等數千人，願黥首繫趾代穆輸作。其後黨獄興，李膺、范滂等二百餘人下獄，皆三木囊頭，暴於階下。中常侍率王甫命往訊，甫詰滂曰：「卿等更相拔舉，迭爲唇齒，其意如何？」滂曰：「滂欲使善善同其清，惡惡同其汙……今之修善，身陷大戮；身死之日，願埋首於首陽山側，上不負皇天，下不愧夷齊。」甫聞之，愍然改容。靈帝時，第二次黨獄興，死者百餘，死徙廢禁者六、七百人，事態較前嚴重，士氣更爲壯烈。事發時，李膺在家，人勸其逃走，膺曰：「事不辭難，罪不逃刑」，乃詣詔獄考死。吳導受詔捕范滂，抱詔書伏牀而泣。滂自詣獄，縣令郭揖出解印綬，欲與俱亡，滂不從，別母，母曰：「汝今得與李杜齊名，死亦何恨，既有令名，復求壽考，可兼得乎？」張儉亡命，望門投止。所過之處，莫不重其名行，破家相容。追捕後至，因而牽連受誅者以十數，連引收考，布遍天下。人望所歸，寧殄滅宗親以容之，東漢士氣之盛於茲可見。自經數次摧殘，士氣日漸消沉，而漢室亦與之俱亡矣。

二、魏晉南北朝之學風

魏晉開國，乃是「欺人寡婦孤兒，狐媚以取天下」，不顧道德信義，專用權謀。晉武平周以後，窮極荒淫，政治上立下很壞的基礎，而家教極壞，形成互相殘殺的局面。就一般士風而論，異常墮落。「風俗淫僻，恥尚失所，學者以莊老爲宗，而黜六經；談者以虛薄爲辨，而賤名檢」（干寶：《晉紀・總論》），以致「國亡於上，教淪於下，羌戎互僭，君臣屢易」（《晉書・儒樂傳序》）。當時士風之壞，已爲史家公認的事實。

當時士子受老莊學說之影響，均係抱著曠達的人生觀，虛無的宇宙觀。其表現於實際行動者有兩方面：一曰打破一切拘束，實行縱慾生活；一曰脫離現實問題，而以清談生活或文藝生活自娛。茲分述於後。

㈠ 清談生活

清談爲當時盛行之風氣（思想之分析見前節），妙闡玄言，不與世事。蓋此輩對於現實問題毫無辦法，乃以清談妙語，自欺欺人。此風起於正始，顧亭林說：「魏明帝殂，少帝即位，改元正始。一時名士風流，盛於雒下，乃棄經典，而崇尚老莊，蔑禮法而崇放達，視其主之顚危若路人然，自此以後，競相祖述，如《晉書》言王敦見衞玠，謂長史謝鯤曰：『不意永嘉之末。復聞正始之音。』沙門支遁以清談著名於時，莫不崇敬，以爲造微之功，足參諸正始。」（顧亭林：《日知錄》）可見清淡之風，在魏之正始即已盛行；其後競相倣效，遂成風氣。如何晏、王弼、王衍、樂廣，均爲清談家之負盛譽者。清談內容及其影響如何，以晉裴頠描寫得最好，他在《崇有論》中說：「清談以莊老爲宗，故盛稱空無之美。然空無之義難檢，辯巧之文可悅，似象之言足惑；於是衆聽眩焉，溺其成說。雖頗有異此心者。辭不獲濟，屈於所狎。因謂虛無之理，誠不可蓋。唱而有和，多往弗反。遂薄綜世之務，賤功烈之用，高浮游之業，卑經實之賢。名士之言，既已如此，而人情所殉，篤於名利。於是文者衍其辭，訥者讚其旨，而成風氣。迨風氣已成，則立言者藉其虛無，謂之玄妙；處官者不親所司，謂之雅遠；奉身者散其廉操，謂之曠達。故砥礪之風彌以陵遲。」

㈡ 縱慾生活

魏晉名士，號稱曠達，打破禮教之拘束，沉淪於縱慾生活。此輩對於現實問題無法解決，乃逃避現世，沉淪酒色，借曠達之辭以飾其短，掩其過。《晉書．阮籍傳》謂籍本有濟世志，屬魏晉之際，天下多故，名士少有全者，籍由是不與世事，遂更酣飲。文帝初爲武帝求婚於籍，籍醉六十日不得言而止。鍾會數以時事問之欲因其可否而致之罪，皆以酣醉獲免。喪母，裴楷往弔，阮方醉。散髮坐床，箕踞不哭。劉伶常乘鹿車，攜一壺酒，使人荷鍤隨之，曰：「死便埋我。」伶或脫衣裸形在屋中，人見譏之，伶曰：「我以天地爲棟宇，屋室爲褌衣，諸君爲何入我褌中？」這種浪漫無禮行爲，乃巧辭以自掩飾，殆近代心理學所謂「合理化」之行爲也。

㈢ 文藝生活

南朝人士，大體均沉淪於文藝生活。隋李諤說：「自魏之三祖，更尚文詞。競騁浮華，遂成風俗，江左齊梁，其弊彌甚。貴賤賢愚，唯務吟詠，競一韻之奇，爭一字之巧。連篇累牘，不出月露之形；積案盈箱，唯是風雲之狀。世俗以此相高，朝廷據此擢士，祿利之路既開，愛尙之情愈篤。於是貴游總角。未窺六甲，先制五言，捐本逐末，流偏華壞，遞相師祖，澆漓愈扇。」

以上所述，係當時之高等人物，所謂「名士風流」也。一般士風，更形墮落，可特述者，有三點：

㈠ **淫靡之風氣**

顏之推云：「士大夫恥涉農桑，羞務工伎，射不能穿札，筆則纔計姓名，飽食醉酒，忽忽無事，……梁朝全盛之時，貴遊子弟，多無學術，至於諺云：『上車不落則著作，體中何如則秘書』，無不薰衣剃面，傅粉施朱，駕長簷車，跟高齒屐，坐棊子方褥，憑班絲隱囊列器玩於左右，從容出入。望若神僊。明經求第，則顧人答策，三九公讌，則假手賦詩。」（《顏氏家訓・勉學篇》）此可見當時服飾淫靡之風氣。

㈡ **聲色狗馬之風氣**

葛洪在所著《抱朴子》中有云：「望冠蓋以選用，任朋黨之華譽，有師友之名，無拾遺之實，匪爲無益，乃反爲損。故其所講說，非道德也；其所貢進，非忠益也。惟在於新聲艷色，輕體妙手，評歌謳之清濁，理管絃之長短，相狗馬之勁駑，議遨遊之處所，此錯塗之好惡，方雕琢之精麤，校彈棋樗蒲之巧拙，計漁獵相掊之勝負，品藻妓妾之妍蚩，指摘衣服之鄙野，爭騎乘之善否，論弓劍之疏密。招奇含異，至於無限，盈溢之過，日增月盛。」此可見當時個人享樂之風氣。

㈢ **寡廉喪恥之風氣**

當時外夷侵略中國，士大夫安常習故，靦顏事仇。誠如王船山所謂：「俄而事此以爲主，而吾之富貴也無損；俄而事彼以爲主，而吾之富貴也無損；奪人之大位以與人，見奪者即復得焉，而其富貴也亦無損。」這實在是當時士大夫之心理，所以晉室大臣可以「相率臣於劉聰石勒，觀其故主青衣行酒，而不以動其心」（顧亭林語）。其甚者，不但自身無恥，而且教其子孫無恥。顏之推曾舉出一件具體事實，他說：「齊朝有一士大夫嘗謂吾曰，我有一兒，年已十七，頗曉書疏，教其鮮卑語及彈琵琶，稍欲通解；以此伏事公卿，無不寵愛，亦要事也。」這簡直是奴化教育。

問題思考

一、秦漢對中國政治、教育、文化的重要貢獻？
二、秦漢的政治制度與秦漢教育的政策？
三、魏晉政治的變亂與魏晉教育的趨勢？
四、從秦漢到魏晉南北朝教育的演變情形如何？
五、魏晉南北朝的學校概況？
六、選士制度在中國教育史上的地位？
七、董仲舒教育思想的淵源？及其對漢代教育改革的主張？
八、淮南王、揚雄、王充三人對人性的見解及教育主張？
九、魏晉南北朝的教育思想及其在教育上貢獻？
十、兩漢學風與魏晉南北朝學風之比較？

第八章 隋唐宋元明清之教育

（民元前一三二三至五一年，西元五八九至一八六一年）

第一節 政治與教育

一、通論

自隋至清之咸豐末年，爲時計一千二百七十餘年。此一千二百餘年中，隋唐爲漢族極盛時代，足以比美秦漢。五代爲漢族衰落時代。北宋，漢族稍振，而遠不及漢唐。至於南宋，復成南北對峙局面，漢族更形不振。至元，漢族被征服者九十年。明爲漢族復興時代，兵威雖不及漢唐，然能驅逐蒙古族歸還漠北，中原文化推廣至雲貴，更遣使南洋，向海外發展，此則又爲漢唐所不及者。乃立國未及三百年，又被滿清征服。滿清立國約二百年後，鴉片戰爭起，大敗於英，未幾，洪楊變起，天下大亂，後雖經曾左平定，而實際政權已漸轉入漢族之手。自此以後，中國內部各族的鬥爭已經結束。蓋二千餘年來，漢族文化已普及於各族，各族已同化而合成一大中華民族，以與外來之民族奮鬥，而中國歷史已轉入一新時代矣。

在此一千二百餘年中，漢族雖時盛時衰，而漢族文化則時時在繼續增長與發展。就政治制度而論，秦漢之政制，代相沿襲；就思想論，儒家權威，繼續增長；就教育論，大體亦係沿襲兩漢之舊。其特殊可述者有三點：第一、秦漢之選舉制，至此改爲科舉。第二、秦漢以來之學校，只分官私兩種；此時期書院，乃介於官私兩學之間，爲一種規模較大之新式學校。第三、儒家思想之擴大。兩漢之儒家，其思想囿於經典，故兩漢爲經師時代，魏晉南北朝雖以儒釋道並言，尚未將三家學說融化爲一。至於唐代，佛學之介紹於中國者更多，研究者更精深。至宋，程朱出乃以儒家思想爲本，而融化佛家、道家之思想於其中，是爲理學。理學雖以經典爲本，而其思想內容，超出經典之外，其態度風格與兩漢經師多不相同也。

二、隋唐之政治與教育（民元前一三二三至一〇〇六年）

隋之於唐，有似秦之於漢，皆爲由大紛亂而進於大統一之過渡時代。隋唐與秦漢之政治文化相似之點甚多，不同之點亦不少。對內企圖思想統一，政治權力集中，對外企圖武力發展，此秦漢、隋唐之所同者。秦漢對外爲抵抗與征服時代；隋唐則除武力之抵抗與征服外，尚企圖發展中原文化，以同化其他民族。南北朝時代，北朝君臣，崇拜漢文化者甚多。彼等移居中國以後，用漢語、寫漢字、編譯儒佛經典，與漢族無異。隋唐統一以後，南北民族同時投入漢文化之鎔礦爐中，不復留差異之跡，此隋唐對內之文化統一工作也。隋唐爲漢族最隆盛時代，其文化與政治之勢力，同時波及於周圍各民族。唐代聲威，自經太宗、玄宗兩度擴大之後，已北至外蒙，東至高麗，南至交趾，西至裏海。各國往來從此頻繁，各國人皆麕集長安，最多時曾達四千餘人；東方的日本，留學於中國者，最多時至五百餘人。各國僑民同時亦作傳教工作，如回教、佛教及景教（基督教之一種）均來中國。尤以佛教之力量爲最大。但凡來中國者，無不受中國文化之影響。此唐代對外之文化擴張工作也。

就教育論，八百餘年相沿之選舉制度，至隋改爲科舉制，前者以德行爲主，重輿論，後者以知識爲主，重考試。考試之長處，在取士有客觀標準，雖其後流弊叢生，然就其制度本身言，實爲一重要改革，雖至今日，尤有可採取之處也。唐代國學加設醫學、律學、算學；分科之制，較南朝之儒玄並設，更爲進步。唐代對於經學，雖無特殊之貢獻，然以《五經正義》爲標準，有統一思想之功用。唐代對於佛學有忠實之介紹，精深之研究，據梁任公之考訂，有唐一代，留學印度者共有四十九人，所譯之佛典，有二千餘卷之多，中國之佛學，且有超過印度佛學之勢，佛學之深刻研究，爲宋明理學之先導也。

隋唐爲漢族政治文化極盛時代，然其政制風尚，於後代發生惡影響者亦不少。第一爲纏足之風，影響國民體格；第二爲募兵制度。纏足起於何時，頗難考定。據錢載《十國詞箋》所載，始於南唐。南唐後主命宮人以帛纏足，作於月狀；素襪舞蓮花中，由是人皆效之，爲中國婦女纏足之始。按唐人詩賦，如溫庭筠「粲織女之束足」，白居易「小頭鞋履窄衣裳」之類，似此事已始於唐；然其初決非盡人皆纏足，至宋以後習染日深，幾視爲婦女普通之事。影響國民體格之大，不問可知也。自三代及唐初，均實行徵兵之制；到了唐朝開元天寶間，廢除徵兵制，改用招募制。此制相沿一千餘年未改，影響國民軍事教育甚大。馬端臨評論此制，極其切要。他說：「古者實行徵兵之制，教練多，故人皆習於兵革；調發簡，故人不疲於征戰；此古者用兵制勝之道也。後世士自爲士，農自爲農，工商末技，自爲工商末技。凡此四民者，平時不識甲兵爲何物；而所謂兵者，乃出於四民之外。故爲兵甚寡，知兵者甚少。一有征戰，則盡數驅之以當鋒刃，無有休息之期，甚則以未嘗訓練之民而使之戰，是棄民也。唐宋以來，始用募兵，於是兵與民判然爲二途，諉曰教養於平時，而驅用於一旦；然其季世，則兵數愈多，而驕悍，而劣弱。爲害不淺，不惟足以疲國力而反足以促國祚矣。」

三、宋元之政治與教育（五代至元末）（民元前一〇〇五至五四五年）

唐自安史之亂後，內則宦官跋扈，挾制宮庭；外則藩鎮專權，割據土地。後梁起於藩鎮，翦除宦官，篡奪唐室；他藩鎮尤而效之，各據地自王，變成五代十國之形勢，互相爭奪五十年。中國內部分裂，漢族無力統一，契丹之勢力乘機由北方侵入。石晉與後唐爭國，乞援於契丹，割燕雲十六州以賂之，於是河北山西北部，藩籬盡撤，終五代之世，漢族莫不受契丹之玩弄與欺凌。政治紛亂，士風墮落，漢奸充塞，廉恥淪亡，實無教育之可言。

有宋勃興，鑒於唐末五代藩鎮跋扈之禍，力行文治。終宋之世，宦官、外戚、藩鎮諸禍之迭見於唐代者，至宋代不復發生。然以尚文之故，國勢積弱，北懼契丹之侵略，西畏西夏之擾亂，開國之初，國威不振。太祖在位，僅能統一中國內部。太宗與遼，屢戰屢敗。眞宗時遼入寇，朝廷震恐，幾欲遷都以避之，幸得寇準主張眞宗親征，遂得議和局面。其後金國崛起，滅遼之後，繼續侵宋，徽欽被擄，北宋以亡。宋人奔避江南，忍辱乞和。苟安一時，其後蒙古崛起，滅金之後，繼續侵宋，南宋以亡。兩宋建國三百餘年，無時無刻不有外患也。

兩宋國威雖不振而教育文化頗有可觀，就教育制度論，大體係沿襲隋唐之舊，而考試制度益加完密。就教育思想論，以理學爲中心，而特重個人之修養。就學校論，私人教學與書院制度益加發達，學校變成一種有組織的機體，其規模非前代所及。就士風論，亦趨重氣節德行，矯正唐末五代之卑劣風氣。所可惜者，兩宋學風雖佳，而派別太多，互相攻擊，以致力量分散。君子因黨爭而道消，小人因黨爭而道長。兩宋之亡，黨爭亦未始非原因之一也。

蒙古滅宋，入主中原，建立空前之大帝國，版圖之廣，無與比倫，建國之初，尙欲保持蒙古文化，故提倡喇嘛教，並令漢人行使蒙古文字。然以漢文化有悠久的歷史，偉大的力量，終於使蒙古接受。元代之政治制度，仍係襲中國之舊，建國九十年間，君位爭奪，宰相專橫，加以喇嘛教之跋扈，政治之紊亂，遂致國本動搖，內亂迭起，遂爲漢族所驅逐而復歸於外蒙古。

元之教育制度，係沿襲宋代，科舉與學校制度大體仍舊。宋之理學，仍繼續爲教育思想之中心；但宋之於理學爲創始時代，元則僅爲承襲，無新貢獻可言。惟通俗文學，則元代頗爲發達。

四、明清之政治與教育（明至清咸豐末年）（民元前五四四至五一年）

五代至元末，四百餘年間，爲漢族衰落時代，然民族意識固未嘗消失。明太祖諭中原檄文中有云：「欲遣兵北逐胡虜，拯生民於塗炭，復漢官之威儀……蓋我中華之民，天必命中國人以安之矣。」其民族思想溢於言表。迄乎成祖，威德震四方，外族來貢者有三十國，南洋方面之發展，尤爲歷史上所未有。其後北虜南倭，更迭騷擾，漢族疲於奔命，又加以宦官之跋扈，流寇之侵擾，政局糾紛益甚，明遂爲清所滅。

清以異族入主中國，政治方面，一面行絕對專制，一面用籠絡手段。籠絡方法，因民族而各有不同；對於蒙族，以喇嘛教籠絡之；對於回族，以回教籠絡之；對於漢族，以儒教籠絡之，以科舉束縛之。康熙、乾隆爲滿清全盛時代，政治文化，均有可觀。道光以後，屢次敗於西方民族，而政治教育各方面之革新運動因以產生，其詳當於下篇述之。

明清兩代五百年中之教育制度，係沿襲宋元，厲行科舉制度，注重文藝，而所謂「八股文」尤爲兩代科舉制度之特殊產品。官立學校大半有名無實，教育重心全在私學。學術思想，則兩代頗有不同。明代之哲學，沿襲宋儒，流於空理空論。清初，反動力起，崇尚樸學，經學之講明，史學之研究，多傾向於考證，故考證之學，至清代而集其大成，而中國傳統之舊教育，亦至清代而告一結束。至其末年之新教育，則係受歐西之影響，屬於近代教育範圍之內，本章當略而不敘。

第二節 學校教育

一、隋唐之學校

隋文帝於西元五八九年滅陳，統一中國，歷三世而亡。雖爲時不過三十年，而對於政治制度、教育制度改革甚多，悉爲後來唐代所本。就學制而論，其爲唐代所因襲者：第一、教育行政權，總於國子監（原稱國子寺）；第二、於專究經典之國子太學四門以外，另設書學、算學、律學。文帝初年興學校，定制國子寺不隸屬於太常，設祭酒一人統之，爲教育設專官。國子寺下有國子、太學、四門、書、算五學，各置博士、助教、學生等員，設律學，隸於大理寺。又詔天下郡縣皆置博士，習禮。自中央以至於四方，均設學校，講誦之聲，道路不絕。「中州儒雅之盛，自漢魏以來，一時而已。」（見《隋書．儒林傳序》）可惜文帝晚年專好刑名，又以當時學校生徒多而不精，遂於仁壽元年詔廢國子、四門及州縣學，減太學博士爲二人，學生爲七十二人。葉水心說：「當時國子千數，則所散遣者數千萬人。」（見《文獻通考》，卷四十一）可見遺散之多。煬帝即位，雖重開國子，復興郡縣之學，徵召儒生，講學東都；然當時外事四夷，戎馬不息，師徒怠散，盜賊四起，「空有建學之名，而無弘道之實。」蓋官學之不能復興於亂世，理固然也。

(一) 唐代之學校制度

唐代學校制度較過去爲完備，分中央之學與地方之學兩種。中央之學，分正系與旁系兩種。正系的學校，稱爲六學，即：「國子學、太學、四門學、書學、算學、律學。」這六學均統於國子監，而屬於尚書省之禮部（中央政府分中書、尚書、門下、祕書、殿中、內侍六省；尚書省下設吏、戶、禮、兵、刑、工等六部）。國子監的長官，稱爲國子祭酒。六學之中，前三學爲大學性質，彼此之分，在學生家世之不同，課程教法大體相似；後三學爲專門性質，彼此之分，在於課程之不同，而學生資格完全相同。旁系的學校共分五種：一、崇文館，由東宮直轄，學生收皇室、外戚及京官三品之子孫。二、弘文館，由門下省直轄，學生收京官五品以上子孫嗜書者，課程注重書法。兩館均爲貴冑學校，掌管經籍圖書，近於大學性質。三、醫學，由太醫署直轄，而屬於中書省。四、崇玄館，亦稱通道學，由禮部直轄，而屬於尚書省。此兩者屬於專門性質。五、小學，由祕書省直轄，係小學性質之貴冑學校。中央各學校之體系既明，玆分述各學之入學資格及課程。

國子學學生三百人，以文武三品以上子孫、從二品以上曾孫、勳官二品縣公之子、京官四品帶三品勳封之子、番及可汗之子孫爲合格。設博士五人，掌分經教授，各領學生六十人；又助教五人，佐博士分經教授；直講四人，助博士、助教以經術講授。此外有五經博士二人，以《周易》、《尚書》、《毛詩》、《左氏春秋》、《禮》等五經教國子，不屬分經。太宗以後，學生漸少。太學學生五百人，入學資格爲文武五品以上之子孫、職事官五品之期親、三品之曾孫及勳官三品以上有封之子。設博士六人，助教六人。四門學學生一千三百人，其中五百人，入學資格爲三品以上無封四品有封之子、文武七品以上之子；其餘八百人，以庶人之俊秀者爲合格。設博士六人，助教六人，直講四人。以上三學，課程大致相同，經典分正經、旁經兩種。正經凡九，分爲三類：《禮記》、《左氏春秋》爲大經，《詩》、《周禮》、《儀禮》爲中經，《易》、《尙書》、《公羊傳》、《穀梁傳》爲小經。旁經凡二，爲《孝經》、《論語》。各經不必全通，可以選習。《孝經》、《論語》兼修，不在大中小經範圍之內。學習時間，大經各限三年，中經各限二年，小經《易》限二年，其餘限一年半。

書學、算學學生各三十人，律學學生五十人，入學資格以八品以下之子、及庶人之通其事者爲合格。學科：書學於研究書法之外，兼及文字學。凡學《石經》三體，限三年；《說文》，二年；《字林》，一年。每月習書一幅，間習時務策，兼讀《國語》、《說文》、《字林》、《爾雅》、《三蒼》等書。算學選習《孫子》及《五曹》、《周髀》、《五經算》、《九章》、《海島》、《張丘建》、《夏侯陽》、《綴術》、《輯古記遺》、《三等數》等書，年限自一年至三年。律學以律令爲專業，兼習格式法例。以上係六學之課程綱要。

弘文館與崇文館爲貴冑學校，弘文館學生三十名，崇文館二十名，入學資格，限於皇帝緦麻以上親屬、皇太后、皇后大功以上親屬、及宰相散官一品京官從三品之子。學科與國子學相同，而程度較低，故《唐六典》有「試取粗通文義」之語。醫學學生四十名，分爲四門：一、醫學，二、鍼學，三、按摩，四、咒禁。醫學分五科：一、體療科，二、瘡腫科，三、少小科，四、耳目口齒科，五、角法科。修業年限自二年至七年，都以《本草》及《甲乙脈經》爲必修課目。崇玄學習《老子》、《莊子》、《列子》、《文子》。以上係中央旁系學校之課程綱要。

唐代地方學校，歸地方政府管理。唐初分天下爲十道，道下置州，州下置縣。塞外有六都護府，都護府下，置都督府與州。地方學校亦可分爲正系與旁系。正系的學校，在京都有京都學，在府有府學，在州有州學，府州之下有縣學。旁系的學校凡二：一爲各府州設置的醫學，二爲各府州設置的崇玄學。醫學置博士一人，助教一人或二人。學額：京都二十人，府州四十人至二十人。正系學校的學額：京都學生定額八十人，大都督府、中都督府、上州學生各六十人，下都督府、中州、京縣學生各五十人，下州學生四十人，上縣學生四十人，中縣、中下縣學生三十五人，下縣學生二十人。各學按學生之多少，設博士一人，助教一人或二人。凡地方官吏子弟及平民子弟，皆可入學。課程限於經典。畢業生不必上升於中央各大學，而可以直接應鄉貢；但當時有敕選地方學生，送四門肄業者。地力學校之程度，似較中央爲低。

㈡ 唐代之學校規章

唐代學規較爲詳密。休假、考試、薪修均有規定。休假辦法，每十日給假一日，稱爲「旬假」。每年放假兩次：一在五月，稱爲「田假」；一在九月，稱爲「授衣假」。假期通常一個月，有特殊情形，得予延長。考試在中央六學普通分爲三種：一爲「旬試」，舉行於「旬假」之前日（其後有月考）；二爲「歲終試」，考問一年之業；三爲升遷考試，通過者，四門學生補入太學，太學生補入國子學；此種升遷，蓋爲提高學生身分也。諸生在學成績及格，由監司拔其尤者，送尚書省考試錄用。凡歲終試三次不及格，在學九年無成績，及不帥教的，加以罷黜，令其退學。各種考試係帖經及問大義。弘文館、崇文館考試，爲時務策五通，經史試策十道，帖《論語》、《孝經》十條。醫學考試殊嚴格，每月由博士考試，每季由太醫令丞考試，每年終由太常丞總試。薪修方面，除由政府照規定發給外，學生亦須奉贈禮物，以表敬意，稱爲「束脩」。唐代「束脩」禮，由國家規定，隨學校性質而分等級。國子學、太學生，每人爲絹三疋；四門學生，二疋；律、書、算學生，一疋；地方州縣學生，亦一疋。除絹外，可贈酒肉，分量多少，不予規定。教師有博士與助教，學生束脩三分入博士，二分入助教。學生納束脩，還有隆重典禮。在學生徒，均由政府發給廩餉。

㈢ 唐代學校之盛衰

如上所述，唐代學校規制，完備周密，爲從來所未有，但學校教育非僅制度問題，學校之盛衰，第一與科舉制度有關。自隋唐厲行科舉制度，統治人才不盡出於學校，學校遂爲科舉之附庸，而教學漸以衰廢。第二與當時政治情形有關。政治穩定時學校發達，紛亂時學校衰廢。唐代學校最盛之時爲唐太宗時代。當時不但四方儒士，多抱負典籍，雲會京師，即屯營飛騎亦置生徒，遣博士教授。日本、高麗、百濟、新羅、高昌、吐番，相繼遣子弟來中國入學，尤以日本留學生爲最多，有留中國至數十年不歸者。（見《舊唐書．日本傳》）當時六學二館的學生，有八千餘人。這樣盛況。很難維持長久。唐高宗初年，流風餘韻，尚未消歇；及至晚年，學校便日就衰廢。至武后時代，「學堂荒穢，略無人蹤，詩書禮樂。罕聞習者。」（陳子昂上疏）

玄宗中興唐室，提倡學校。開元二十六年復敕天下州縣，每一鄉之內，里別各置一學，仍擇師資令其教授，置崇玄學及廣文館。兩京國子監生，尚有二千餘人。但自天寶十五年，安祿山造反以後，兵革未息，國學生不能稟食，生徒盡散。「絃誦之地，寂寥無聲；函丈之間，殆將不掃。」（代宗詔敕）其後財政日感困難，修造學舍，釋奠供應，俱感無錢。憲宗時國子監祭酒鄭保慶率文吏捐俸修學，月俸每百取一；懿宗時劉允章奏請群臣輸「光學錢」；昭宗詔諸道觀察使及文吏等於俸祿內量力抽助「修學錢」。唐代國學之窮困，可見一斑矣。

隋唐除官學外，私學亦頗發達。如隋之王通即爲私人教學之有名者。唐初冀州蓋文達博涉《春秋》；刺史竇抗集諸生講論，劉焯、劉軌思、孔穎達等，並以耆儒開門授業（《新唐書．蓋文達傳》）；江都曹憲聚生徒數百人，公卿多從之；滑州王恭少篤學，教授鄉閭，子弟數百人；魏州馬嘉運退隱白鹿山，諸方來受業者至千人；瀛洲張士衡講授鄉里；絳州尹知章每休沐講授不輟（同上各本傳）。文學家李善坐罪遇赦，以教授爲業，諸生多自遠方而至（《舊唐書》本傳）；經學家顏師古失職，貧甚，以教授爲生。（《新唐書》本傳）中葉以後，私人教學之著名者較少。就全體說，似前不及漢，後不及宋。

二、宋代之學校（五代至民元前一〇〇五至九五三年；宋至九五二至六三六年）

唐宋之間爲五代。因政局的紛亂，五代學校更形衰廢。按五代自梁初至於周末，共五十三年，易姓五，易君十三。關於興學事項，歷史略有記載，制度係沿襲唐代之舊，大都有名無實。當時甚至於國子監建廟與修葺的費用也無所出，而必出於扣減官員俸給與移支學生的束脩。（見《舊五代史．梁太祖紀》開平三年及《唐明宗紀》長興元年）學校衰落，不問可知。學校雖衰微，而有一事值得注意，則爲印刷術之發達。雕板印刷術，始於隋朝；經過唐朝，尚不十分發達；至五代，馮道始雕印九經，雕印之術遂漸普遍（見孫毓修：《中國雕板源流考》）。這算是衰亂的五代對於文化教育的大貢獻。

宋承五代之後，統一中夏，立國三百十六年。在此三百年間，學制興廢增損的情形，與唐代不同。唐代學制由太宗建立，規模已備，內容亦佳；以後興廢多與政治之理亂有關，制度上無重大之變動。宋之學制係逐漸完成，開國之初，尚未十分注重。蓋宋自太宗至仁宗慶歷初年，爲振興科舉時期，國家專重考選，教育未曾重視。慶歷四年范仲淹參知政事，極力批評當時不重教而重選的科舉辦法，主張興辦學校，應科舉者須先受學校教育。仁宗乃下詔州縣立學：「有司其務嚴訓導，精察舉；學者其務進德修業，無失其時。」（見《宋史・選舉志》）州縣既興學校，國子監亦增生員至三百人，學校規模粗具，然因朝廷重科舉，學校教育極受影響。當時王洙說：「每科場詔下，廣文、太學、律學三館學生，多至千餘。就試；試已，生徒散歸，講官倚席，但爲遊寓之所，殊無肄學之法。居常聽講者一二十人爾。」足見當時官學也是有名無實。神宗從王安石之奏，銳意興學；命諸州置學官，給田贍士，置小學教授，創立太學三舍法，增太學生至千人，加設武學、律學、醫學。宋代學制，至是漸完備。茲將宋代學制分述於後。

(一) 宋代中央學校

宋代中央諸學，創設並非同時，廢罷亦有先後；規模時有增損，性質亦頗複雜。計共有十五種：一曰太學。爲中央學校之最要者，其規制只節述之。二曰辟雍，創立於徽宗時代，又名外學，所以處置外舍生，實爲太學之預科，南渡以後廢罷。三曰四門學，仁宗時設立，入學資格爲八品以下至庶人子弟。四曰廣文館，宋初創立，哲宗時增加學生至二千四百人，以後廢興無常。以上四學，皆屬於大學性質。五曰律學，創立於神宗時，專習律令斷案。六曰算學，創立於徽宗時，廢置不常，最後併入太史局，科目與唐代算學相同。七曰書學，與算學同時設立，後併入翰林書藝局。八曰醫學，創立於神宗時，後併入太醫局，學科分爲方脈科、鍼科、瘍科。九曰道學，性質與唐代之崇玄學相近，創立於徽宗時，越三年罷廢。十曰武學，創立於仁宗時，旋罷廢，神宗時復置，南宋重建；學科內容爲諸家兵法，歷代用兵成敗及前世忠義史實，並量給兵伍試陣隊。十一曰畫學，與算學同時設立；學科，習繪佛道、人物、山水、鳥獸、花竹、屋木；教授《說文》、《爾雅》、《方言》、《釋名》；士流兼習大經、小經各一，雜流誦小經或讀律。以上自律學至畫學共七種，係專科性質。此七種專科學校中，前五種純係沿襲唐制，後兩種爲宋代新創之學校。十二曰小學，創立於神宗時，學科爲誦經及書字，學額近千人，學齡自八歲至十二歲。十三曰內小學，理宗時創立，選宗子自十歲以下資質優美者入之。十四曰宗學，神宗時創立，旋廢，徽宗時復置，南宋高宗又重立；入學資格，凡宗室子弟皆可就學。十五曰諸王宮學，北宋時設立，南宋繼設，到寧宗時併入宗學。宗學與諸王宮學，都是大學、小學合併設立之貴冑學校。

以上十五種學校，按其性質，可分爲三類：一曰大學校，二曰專科學校，三曰小學校。按學生入學資格言，可分兩類：一曰普通學校，二曰貴冑學校。此十五種，中央學校以太學爲最重要。茲述太學之起源與發展。

太學在宋初稱爲國子監。國子監有兩種性質：一爲管轄學校的總機關，一爲教養生徒的場所。教養生徒的場所亦稱國子學，國子學爲國家最高學府，其規制如下：第一、入學資格，有國子生與太學生的區別。國子生限於京官七品以上的子孫，以二百人爲額；太學生由八品以下子弟及庶民中之俊秀者充選。神宗時從王安石之議，實行三舍法，按照學生程度，分學生爲三級，最高級居上舍，中級居中舍，低級居外舍，太學學額因之增加。徽宗時，規定由各州州學學生每三年選送一次。南渡後，除各州照章選送外，又有混補及待補辦法。科舉考試完畢後，所有落第舉人准許應試，取其程度合格者補入太學，謂之混補。其後就試者過多，乃規定諸路解試終場的人，挑選百分之六送往太學補試，謂之待補。第二、學生名額，時有增減，最初爲三百，其後有增至七百、二千四百、三千八百者，以外舍名額爲最多，內舍次之，上舍爲最少。上舍名額最少三十，最多二百；內舍最少一百，最多六百；外舍最少爲五百七十，最多三千。第三、太學課程，歷朝屢有變更，開國初年以五經爲教材，命諸生各習一經，每經設博士二人教授；神宗時強令學生習王氏《三經新義》（即《詩》、《書》及《周禮》新義爲安石及其子雱所撰）。南宋取消《三經新義》，仍定五經爲教材，並習程朱語錄，四書也列課程之中。第四、考課法，考查行與藝。「行謂率教不戾規矩，藝謂治經程文。」（見《宋史・選舉志》）凡學生初進學校，由齋長月諭逐日登記操行與學業，到季終擇其優者考於學諭；過十日，考於學錄；又過十日，考於學正；又過十日，考於博士；最後考於長貳，長貳即國子祭酒與司業。歲終，校定，注於籍。神宗元豐二年，重頒學令。月一私試，歲一公試，閒歲一舍試。私試：孟月，經義；仲月，論；季月，策公試補內舍生，初場經義，次場論策；凡外舍生考試入一、二等者參考學藝，升入內舍。舍試又分內舍試與上舍試兩種：內舍試補上舍，上舍試補官。凡內舍生修業滿二年，用彌封謄錄法考試其學業成績，參照平日行藝，合格者升入上舍。上舍生修業二年，舉行畢業考試，由政府特派大員主持，依據學行綜合成績，分爲三等：上等授以官職，中等免除禮部試，下等免解。凡三舍考試，皆用積分法，爲後世學校積分之始。第五、教職員及管理。太學除由長貳總管課試、升黜、教導等事外，其下設博士十人，分掌教授，考查程文，並負訓導責任；設學錄、學正各五人，負考校訓導、執行學規責任；設職事學錄五人，輔助正錄，執行學規；設學諭二十人，掌管傳諭博士所授經於學生；設直學四人，掌生徒籍傳，稽核出入；每齋置齋長及月諭各一人，負考校齋生行藝及執行學規之責。正錄及學諭以高材學生充當。第六、罰規，罰分五等：輕者關暇幾月，不許出入；重則前廊關暇；再重則遷齋；再重下自訟齋，自宿自處；最重則夏楚，屏斥終身不齒。外舍生入舍五年不預校定，或不曾公試入等第者，歲經檢校除名。

如上所述，宋代太學，規章極爲詳備，方之近代大學規程，並無愧色。惟太學之教育政策，常隨主政者之主張而轉移，所定規章時有變易，未能一貫執行。故太學本身常含有政治作用，學風好壞前後各有不同。北宋之黨爭，常反映於學校，然北宋之黨爭多係君子之爭，其原因在於政見不同，故北宋太學學風比較良好。迄乎南宋，因太學有政治力量，奸人利用之，遂成寡廉鮮恥之風，其詳當即於討論學風時述之。

(二) 宋代之地方學校

宋代地方行政區劃爲三級制：第一級爲「路」；第二級有「州」、「府」、「軍」、「監」四種名稱，州治常有，府軍監三制隨著地方特殊情形而設立，是不常有的；第三級爲縣。故宋代普通行政制爲以路統州，以州統縣。學校有州學與縣學兩種。州學、縣學由中央另派專官統轄之。神宗置諸路學官，徽宗置諸路提舉學官。南渡後亦設有主管學官。各學校教官謂之教授，州學二人，縣學一人。學額：仁宗時，規定學者二百人以上，許更置縣學；徽宗時，增縣學弟子員，大縣五十人，中縣四十人，小縣三十人。實際名額或時有變易。各學均設孔子及十哲像位，每逢節朔，必須行禮，各學均有學田，作為常年經費，學生膳食均由學校供給。課程以經術及行義為主，與太學相似，而程度較低。哲宗元符二年，詔依太學三舍法考選生徒升補太學：由縣學升州學，由州學升太學。徽宗令各州縣設醫學，又令各州縣儒學內特闢一齋，專研老子之學，未久即廢。徽宗於崇寧元年令各州縣設小學，入學年齡為十歲以上。據此，則宋代地方學校有三種：一為程度較低之大學，二為小學，三為專科學校。二、三兩種設廢無常，未能普及。

州縣學學規，頗有詳密之規定。《金石萃編》載有京兆府小學規一文，係仁宗時小學學規之一例，內有六條：第一、生徒入學，須先見教授，投家狀並本家尊屬保狀，申學官押署，然後上簿拘管。第二、生徒內選學長二人至四人，傳授諸生藝業及檢點過失，第三、教授每日講說經書三兩紙，授諸生所誦經書文句與音義。題所書字樣，出所課時賦題目，撰所對屬詩句，擇所記故事。第四、諸生學課分三等：第一等，再日抽籤問所聽講義三通，念書一、二百字，學書十行，吟五七言古律詩一首；三日試賦一首，看賦一首，看史傳三五紙（內記故事三條）。第二等，再日念書一百字，學書十行，吟詩一首，對屬一聯，念賦二韻，記故事二件。第三等，再日念書五七十字，學書十行，念詩一首。第五、生徒有過犯量事大小行罰：年十五以下，行扑撻之法；年十五以上，罰錢充學內公用，仍令學長上簿，學官教授通押。行上論違，盜博鬪訟，不告出入，毀棄書籍，畫書牎壁，損壞器物，互相往來，課試不了，戲玩喧嘩。第六、生徒依府學規，歲時給假，如妄求假告，及請假違限，並關報本家尊屬，依例行罰。上列六條，將小學教育要項，均經明白規定。尤可注意者，宋代之太學與小學均多運用導生制，以高級學生領導低級學生；蓋以教員少，學生多，程度不齊一，非實行此制不可也。

宋代地方學校，規制雖詳，至南宋而益衰落。「士子遊學，非圖餔啜以給朝夕，則假衣冠以誑流俗；而鄉里

之自好者，過其門而不入。爲教授者則自以爲冷官而不事事。舉天下皆然，則實關事體矣。」（虞傳奏疏：《讀通考》，卷五十）

(三) 宋代之書院

書院爲宋代重要之學校，其地位蓋處於官學與私學之間。書院經費大部分取之於學田，學田來源或由政府之給予，或係公產之轉贈，或係私人之捐助；學田而外，亦有由政府津貼者。故就經費來源言，書院實居於官學與私學之間也。書院之名起於唐代，如玄宗時之麗正書院、集賢書院，皆建於朝省，爲修書之地，非士子肄業之所。含有學校性質之書院，始於五代之南唐。南唐昇元中於廬山白鹿洞建立學館，設置田畝，以集諸生，並推李善道爲洞主，是爲正式書院之始。宋初有四大書院，即白鹿洞、嵩陽、嶽麓、應天。書院之主持者，多爲一代大儒，名稱有洞主、洞正、堂長、山長等。此外有副山長、助教、講書等輔助之。名號制度，殊不一致。書院有三大事業：一藏書，二供祀，三講學。講學之法，或官吏延師，或主者自教，或代以高業弟子，或別請大儒爲臨時之講演，皆無一定規則。綜觀諸儒之教，或以明心爲言，或訓以切己務實，或設爲疑問，以觀其所嚮，或訂爲教條學則，相與講明遵守，讀書寢食，皆立有時刻。且人人能確指修養方法，以示學者。如張南軒之辨義利，朱晦菴之格物致知，陸象山之先立乎大，要皆致力於躬行實踐，不尚空談。爲師者能忠信篤敬，毫髮無僞。訓警懇至，語自肺腑流出，宜其爲群士信嚮也。而白鹿洞學規，尤爲諸儒所取法。朱子所立教條，以「父子有親，君臣有義，夫婦有別，長幼有序，朋友有信」等五教爲目的；以「博學，審問，愼思，明辨，篤行」爲求學之序；以「言忠信，行篤敬，懲忿窒慾，遷善改過」爲修身之要；以「正其義，不謀其利；明其道，不計其功」爲處事之要；以「己所不欲，勿施於人；行有不得，反求諸己」爲接物之要。其「教人爲學之意，莫非使之講明義理，以修其身，然後推以及人；非從欲其務記覽，爲詞章，以釣聲名、取利祿而已也」（詳見盛朗西：《中國書院制度》）。按書院制度，形成於北宋，盛行於南宋，其特點有二：第一、中國私人講學，向來似缺乏組織；宋代書院爲私人有組織之講學，不但表現個人力量，同時也表現地方團體的力量，其組織規程，可供近代學校之參考。

第二、自科舉制盛行以後，士子讀書均以取功名爲目的；宋代書院矯正此種傾向，提倡以「義理之學、修養之道」爲教育核心，故宋代書院在中國教育史中有特殊地位。

南宋書院所以發達，有下列之重要原因：第一、理學運動之結果。宋儒講明理學，思以其道易天下。當時因國學腐敗，「但爲聲利之場，師生相視，漠然如行路之人」（朱晦庵：《學校貢舉私議》），不足以倡明理學，故需要另立一種機關以推動之。第二、雕板發明，書籍益多。由唐代藏書場所變爲教育場所很爲自然。第三、禪林之影響，自魏以來，佛教信徒，每依山林名勝之處，建立叢林，勤修禪道。每一座叢林，設「長老」或「住持」一人總其成，下分東西兩序，東序司總務，西序司教務，其下尚有職員贊助。講學分爲五種，分期舉行：一曰講經，多在結夏節舉行；二曰小參與晚參，小參指平時隨便開講，在夜間舉行者爲「晚參」，「參」即聚衆開示，有益於參禪；三曰普說，爲普通討論之集會；四曰朔望吃普茶，爲茶話會性質；五曰入室請益，是學者個人向長老問道（見周予同：《中國學校制度》）。總之，禪林爲有組織之佛學研究所，與書院制度有許多相似之處。

㈣ 宋代之私學

宋代私人教學極爲發達，以孫明復、胡安定、張橫渠、程明道、程伊川等爲最著。除學術思想之貢獻，當別論外，專就教學制度言，似以胡安定之貢獻爲最大。胡安定名瑗，宋仁宗時人，爲蘇湖南州學教授二十年，年六十，爲國子監直講，教授於太學，故安定大部分的教員生活均在官學。但在蘇湖教授以前，安定已在吳中教授。後來安定雖在官學，乃是以其私學規模，個人主張，實施於官學。「當時方尙辭賦，獨湖學以經義及時務。學中故有經義齋、治事齋。經義齋者，擇疏通有器局者居之；治事齋者，人各治其一事又兼一事，如邊防水利之類。故天下謂湖學多秀彥，其出而筮仕，往往取高第；及爲政多適於世用，若老於吏事者。」（《通考》，卷四六）安定「教人有法，科條纖悉備具，以身先之，雖盛暑必公服坐堂上，嚴師弟之禮，視諸生如其子弟，諸生亦信愛如其父兄，從之游者常數百人」（《宋史》本傳）。可見安定教學影響之大。南宋名儒教學，各在書院，故純粹以私學著者較少。

(五) 宋代學校教育之特點

宋代學校制度，雖係沿襲唐代，然亦有改進之點。第一、太學定外、內、上三舍之法，規章組織，較唐更為周密。第二、唐代學款無定額，末年支絀不堪。宋代國學於賜給緡錢以外，又頒置學田；州縣之學及書院，亦得頒賜學田，教育因經費有譜而益發達。第三、學校學科的擴充。於唐代所設諸學外，又增設武學及畫學。第四、地方教育行政專官的設置。隋唐以前，地方教育多委諸地方長官；宋神宗始置諸路學官，專管教育。第五、書院制度的創設，理學的提倡，頗能轉移士氣，開闢學術之新途徑。

三、元代之學校（民元前六三五至五四五年）

元代教育，一方面係承襲宋代之教育，一方面與遼金有關，茲先述遼金之教育，然後及於元。唐末，漢族在亞洲失了領導地位，北方民族相繼崛起，最早者為遼（原名契丹）太祖阿保機，於民元前九九六年稱帝（五代梁時），至民元前七八七年滅於金，建國二百餘年（約與北宋同亡）。金阿骨打於民元前七九七年，稱帝，七七八年滅於元，距南宋之亡約四十年，建國約一百二十年。元太祖成吉思汗於民元前七〇六年即位，至世祖忽必烈於六三六年滅宋約七十年；滅宋統一中國，約九十年。所以就大體說，遼是與北宋同時，金與南宋同時，而元則為繼承宋代者。

遼之學校，係模仿唐宋。教育行政，總於國子監；置上京、中京、東京、西京、南京等五國子學，設博士、助教等官。府州縣，亦各設學，置博士、助教等官。金總轄國子學與太學的機關，亦稱國子監。中央學校有國子學、太學、女眞國子學三種。國子學為貴冑學校，入校資格限於宗室外戚及勳臣子弟；分小學、大學兩部：小學生百人，年十五以下；詞賦經義生百人，年十五以上，學官有博士、助教、教授、校勘、書寫官等。太學學額初為百六十人，其後額數增加，限定五品以上官的兄弟或子孫百五十人，曾得府薦及終場舉人二百五十人；學官，有博士、助教；學科爲《九經》、《十七史》、《老子》、《荀子》、《揚子》等。考試制度：三日一會課作策論一道；又三日作詩賦各一篇；三月一私試，試賦及策論，中選者以前五名申部補官。女眞國子學，爲其本族人設；學額分策論生百人，小學生百人；以「猛安」、「謀克」（女眞是兵民不分的，千夫長爲「猛安」，百夫長爲「謀克」，戰時領兵、平時理民）內良家子弟之俊秀者充選；學科以女眞大小字翻譯經書；考試與太學同。

金之地方學校，有京府學、府學、節鎭學及防禦州學四種。京府學十七處，學生共千人；府學二十四處，學生九百五十人；節鎭學三十九處，學生六百五十人；防禦州學二十一處，學生二百三十五人。凡試補州府學生，以提舉學校官主之；曾得府薦及終場舉人，皆免試；各學均設教授一人；學科及考試與太學相同。此外有諸路女眞府學學額三千人，以「猛安」、「謀克」內良家子弟充選；學官有教授，以新進士充任；學科及考試與女眞國子學同。

此外特殊學校，在中央設宮庭學校，教授宮女；教官稱「宮教」，教授時以青紗障隔蔽內外。在地方設立醫學，考試法每月試以疑難，三年試於太醫；非本學學生，亦得試補。

遼金均以異族侵略中國，故其興學，頗有種族及政治意味。遼禁止契丹人考進士。金爲漢人設太學，不令本族人應試，並爲其本族人專辦女眞學。他們的原意是要維持本族尚武風氣，然結果均受漢文化之陶冶，而形成統一的文化。

元代教育政策，大體係沿襲遼金之舊，對於其本族施以特殊教育，意在保存其原來之風氣；對於漢族之教育，應多襲宋制。在行政方面，掌轄教育之中央機關爲國子監、蒙古國子監、回回國子監；在地方有諸路儒學提舉司及醫學提舉司。中央學校有國子學、蒙古國子學、回回國子學。國子學隸於國子監，係漢文學校；初時學額八十人，後增至四百人，又另設陪堂生二十人（即如現在所謂旁聽生）。入學資格，限宿衛大臣子孫、衛士世家子弟、七品以上朝官子孫，蒙古、色目及漢人、南人皆可入學（元朝人民分作四等：一等是本族蒙古人；二等是北方諸部族人，叫做色目；三等是滅金以後收服的人，謂之漢人；四等是滅宋以後收服的人，是爲南人）。平民的俊秀者由隨朝三品以上官保舉，始得充陪堂生。學官有博士、助教、正錄、司樂、典籍等。教科，先授《孝經》、《小學》、《論語》、《孟子》、《大學》、《中唐》，次及《詩》、《書》、《禮記》、《周禮》、《春秋》、《易》，由博士助教親授句讀音訓，正錄伴讀，以次傳習；次日回講，用抽籤法，並記所講優劣於簿，以憑考核。學生按照程度，分爲上、中、下三級，每級有兩齋，共六齋，按程度言可稱爲三齋，每齋名額多寡不定。考試分兩種：一曰「升齋試」，二曰「私試」，每季之終，舉行升齋考試。凡成績及格及不違規者以次遞升。私試，生員須坐齋二週歲未犯過。漢人須係上齋生，蒙古色目人須係中齋生，方可應試。漢人孟月試經疑一道，季月試策問表章詔科一道；蒙古色目人孟仲各月試明經一道，季月試策問一道。辭理俱優者爲上等，給予一分，理優辭平者爲中等，給予半分。歲積八分以上，升補高等生員。坐齋三歲以上的，於歲終考試貢舉，以四十名爲限，與舉人有同等資格，處罰：生員違規怠業者，初犯罰一分，再犯二分，三犯除名；高等生員，初犯停試一年，再犯除名；在學生員坐齋不滿半年的除名；漢人生員三年不通一經的，勒令出學。學額：蒙古國子學生額爲一百五十人，內蒙古生七十名，色目生二十名，漢學六十名。入學資格，限隨朝蒙古人、漢人百官子弟及庶民之俊秀者。學科以《通鑑》節要譯成蒙古語爲教材，並令好學者兼習算學。學業考試成績優良者，量授官職。回回國子監，學額約五十餘人；入學資格，限公卿大夫與富民子弟；學科教「亦思替非」文字，儲備百官庶府譯史之用。

元代之地方學校　元代地方行政分劃，不以道名，而以「行中書省」爲別。「行中書省」者對「中書省」而言。中書省雖置京師而亦統山西、河北之地，謂之腹里。「行中書省」凡十有一。每一行省，所統有路、有府、有州、有縣。路、府、州、縣皆設有學校，曰路學、府學、州學、縣學。依照學校等級，設教授、學正、教諭等教官；教官服務有年及成績優良的，得依次上升。諸路設提舉學校官，選委博學老儒擔任。各學教材不外四書五經，無論畢業者與未畢業者均可應鄉試。此外地方學校有三：一曰蒙古字學。教材與蒙古國子學同。只有路府州三級設立，縣不設立。入學資格分兩種：一爲諸路府官的子弟，一爲民間子弟。二曰醫學。中央無醫學，只有太醫院；地方惟諸路設立醫學，由諸路提舉節制，而隸屬於中央太醫院。每月一私試，每歲一公試；公試由學內教官出十三科疑難題，呈太醫院核奪。畢業後，凡官廳有需用醫學人員時，得儘先補用。三曰陰陽學。中央無陰陽學，只有司天臺諸路設陰陽學，教材不外天文術數之學。凡藝術精通者，每歲備文呈送省府赴都試驗，成績相符，令在司天臺工作。

元代之私人講學　南宋私人講學，多在書院，至於元代，書院數目日益加多。世祖下詔：凡「先儒過化之地，名賢經行之所，與好事之家出錢粟贍學者，並立爲書院」，於是書院非常發達，而漸有官學之性質。當時純係私人講學者，亦所在多有；如劉靜修、金履祥、許謙、吳草廬，爲私人講學之最著者。

元代學校較之遼、金爲發達，世祖至元間學校數達二萬四千四百餘所。（見《元史・世祖紀》）世祖詔江南各路學田，由官府改歸本學管理；同時規定學官職吏對於學田，如有以熟爲荒，減額徵租，或接受賄賂，容縱豪右占領及巧立名目，欺蒙冒支，提調官須加查究。（見《元史・刑法志》）是元代對於教育經費，保護尚稱周到，故學校數量頗爲發達。然元代重佛輕儒，學校之設，僅以籠絡漢人，故數量多，而當時名儒未聞有由學校出身者。明太祖謂元代「學校雖設，名存實亡」（見《明史・選舉志》），蓋非過論也。

四、明代學校（民元前五四四至二六九年）

明代學制，係承襲宋元學制而來。教育行政：中央方面有國子監，設祭酒及司業等，以司國子監的教令；地方方面，明初置「儒學提舉司」，英宗時，始設提督學校官專司教育。茲將明代之中央地方學校分述於後。

(一) 中央學校

明代中央學校，種類較少，僅有「國子監」、「宗學」兩種。宗學爲貴冑學校，入學資格限於世子、長子、衆子、將軍中尉年未及冠者，及十歲以上之宗室子弟。學科爲四書、五經、史鑑、性理書、並《皇明祖訓》、《孝順事實》，《爲善陰隲》。文字教育與道德教育並重。學官擇王府長史、紀善、伴讀、教授之學行優長者充任。學規定學習五年，驗有進益，准奏出學，支領本等俸祿；如放縱不循禮法，少則訓責，大則參奏降革，每歲就提學官考試，衣冠一如生員，已而復令一體科舉。其後宗學寖多，頗有致身兩榜入翰林者。

國子監爲明代中央最重要之學校。太祖初定金陵，立國子學；洪武十五年，重建學舍，改學爲監。成祖遷都北京設北京國子監，而以舊國子監爲南京國子監。國子監的內容，以明初爲最充實，其後漸廢弛，一方面係受政治的影響，一方面因科舉制度之厲行，足以阻礙學校之發展也。凡入國子監的學生，通稱監生。監生之資格有四：即「舉監」、「貢監」、「廕監」、「例監」。舉監由舉人充當，會試下第舉人之成績較優者，得選送入監讀書；貢監由地方學校生員選送到國子監肄業；廕監是品官子弟或勛戚子弟送入監內讀書；例監係捐資得准入監者。上述四種，以前兩種爲常例，生員較多；後兩種爲變例，生員較少。此外尚有外國人留學中國者，謂之「夷生」；庶民之俊秀通文藝者，謂之「幼勳生」。監生名額無定，最盛時在永樂，學生多至九千九百餘人（見《南雍志・儲養考》），其後漸減。孝宗時，南京祭酒章懋奏章說：「洪、永之間，國子以數千計，今在貢科監止六百餘人。」亦可見監生數之漸減。課程較前代爲擴大，除四書五經外，加授劉向《說苑》、《律令》、《書數》、《御制大誥》，並習射。除朔望二日爲例假外，每日皆有課業。課業分早午二次，第一次在晨旦舉行，由祭酒司業坐在堂上講演；第二次於午餐後舉行，此時爲會講、復講、背書、輪課。學官有祭酒、司業、監承、博士、助教、學正、學錄、典簿、典籍、掌饌等職。學規有升堂、積分及撥歷諸法。升堂法與宋之三舍、元之三齋相似。諸生通四書未通經的，居正義、崇志、廣業諸堂；肄業一年半以上，文理條暢的，改升修道、誠心二堂；又肄業一年半，歷史兼通、文理俱優的，乃升率性堂。入率性堂，始行積分法。孟月試本經義一道，仲月試論一道、詔誥表內科一道，季月試經史策一道、判語二道。文理俱優的，給予一分；理優文劣的，半分；紕謬的，不給分。一年中積至八分爲及格，給予出身，不及格的，仍留監肄業；才學超異的，奏請上裁。撥歷法即監生歷事制度。在監諸生肄業至相當期限，即撥至六部諸司練習吏事。三月後諸司加以考核，上中等奏送吏部附選，仍令歷事，遂有缺官。依次取用，平常的，再令歷練，才力不及的，送還國子監讀書，奸懶的發充下吏。其分派名額與歷事日期，均有詳細規定。此外地方行政，亦時派國子監生處理。按自漢以來，儒生每多不習吏事，王充論之極詳。（見王充：《論衡・程材篇》）明代監生歷事制度，算是解決此種問題最好的辦法，與現在所謂「行政實習」之意義相同。

監生之待遇及管理 明代待遇監生，較前代優厚。膳食、衣服、衾被均由國家按時發給；有家者，國家給錢養家；省親回籍，亦有賞賜。待遇既厚，管理亦嚴，凡上課、起居、飲食、衣服、澡浴及告假出入等事，皆有定規。每班設齋長一人，有集愆簿登記學生平日不規則情事，以犯規次數的多寡，而定其處分之輕重，洪武十五年，又頒禁令，詔國子學校鐫勒臥碑，由國學而普及於地方學校。違禁者，輕者體罰，重者斬首。洪武二十七年監生趙麟因誹謗師長，竟至梟首。（見《南雍志》）

國學規制，建立於明初。論者謂「國學之政，莫備於明初。其諸生則取之公卿之子，拔之郡國之秀，廣為號舍以居之，厚其衣食以養之；在學十餘年，始撥歷出身，往往仕至顯宦。而所重者，尤在司成一席，特簡大學士侍郎為之。及至中葉，名儒輩出，分教南北，晝則會饌同堂，夜則燈火徹旦，如家塾之教其子弟，故成材之士多出其門。筮仕之後，知禮義，重廉隅，尊主庇民，事業皆有原本。萬曆以後，雖屢勤振飭，然求之法而不求之人。如博古正館之倪元璐，講席未暖，斥之而去，則當日之所振飭，亦徒事具文耳。」（《續通考》，卷四十七）明代中葉以後，國學漸衰，非復明初可比矣。

(二) 地方學校

明代地方行政區劃有兩類：第一類屬於內地的，分省、府、州、縣、各級（州有視府者，有視縣者）；第二類屬於邊疆及特殊地方的，分邊及衞所兩級。第一類的行政區，除省不設學外，府設府學，州設州學，縣設縣學；第二類行政區，設衞學；通名曰儒學。全國共有儒學一千五百七十九所。衞學是聯立的，四衞、三衞或二衞共設一所，全國有四百九十三衞，估計有一百八十餘所。各府、州、縣學，規模雖有大小，級任無上下，所以彼此不相統屬，皆有升入中央國子監的資格。教官每府學設教授一人，訓導四人；每州學設學正一人，訓導三人；

每縣學設教諭一人，訓導二人；教育官多由下第舉人或貢生充當，最盛時共有教官五千二百餘員。英宗正統元年始置提調學校官，凡考試及督率教官、化導諸生等事，皆提學官主之。其後學官憚巡行勞苦，二、三歲乃一至，故效力極微。

名額及資格　學生在學分三等資格：第一等名「廩膳生」，係原定之額；第二等名「增廣生」，係照原額增加一倍者；第三等名「附學生」，係額外增加者：其後規定，凡初入校者，均稱附學生。附學生無定額；廩膳生與增廣生學額，京府學各六十名，外府學各四十名，州學各三十名，縣學各二十名；總計約有七萬餘名，學生數量多於前代，「蓋無地而不設之學，無人而不納之教，庠聲序音，重規疊矩，無間於下邑荒徼、山陬海涯，此即明代學校之盛，唐宋以來，所不及也。」（《明史・選舉志》）

課程與考試　洪武初年所定課程，生員專治一經，以禮、樂、射、御、書、數設科分教。二十五年重行規定，分禮、射、書、數四類。禮有經史律誥禮儀等書；射有朔望演習，中者有獎；書爲書法；數須精通《九章》。考試有月考、歲考、科考三種。月考由教官舉行，與前代同；歲考、科考由提學官舉行。歲考別諸生成績爲六等：一等補廩膳生，二等補增廣生，三等如常，四等懲責，五等降級（廩生降爲增生，增生降爲附生，附生降爲青衣），六等除名。科考提取歲考時所取一、二等生員覆試。覆試取一等者有應鄉試資格。其後應鄉試之機會多，而升國子監之機會反少（須廩膳生在學年限最久者方可入選），故天下士子莫不趨於科舉。

待遇及管理　明代待遇國子監生固極優厚，待遇府、州、縣學生亦然。洪武初年除教官按等支俸外，凡師生每月支廩米六斗，並給魚肉。洪武十五年，規定學田之制，府學一千石，州學八百石，縣學六百石，應天府學一千六百石。每學設會計專員管理收支，學校經費既增加而又確定，師生月廩增加爲一石。待遇既厚，管理亦嚴。平時有稽考簿，稽考分「德行」、「經藝」及「治事」三種。三種兼長，列入上等簿；長於德行短於經藝或劣於治事的，列入二等簿；如經藝與治事兼長，而德行有缺陷，則列入三等簿。德行要項是孝親敬長、尊師忠君。學生如在學十年，學業仍無所成，或犯有大過的，則罰充爲吏。明太祖猶恐日久玩生，乃頒禁例八條於全國學校，將此禁例刻勒臥碑，置於明倫堂上，令全國師生務必謹遵。臥碑禁例八條：「一、府州縣生員有大事干己者，許父母兄弟陳訴；非大事毋親至公門。二、生員父母欲行非為，必再三懇告，不陷父母於危亡。三、一切軍民利病，農上商賈皆可言之，惟生員不許建言。四、生員學優才贍，年及三十願出仕者，提調正官奏聞考試錄用。五、生員聽師講說，毋恃己長，妄行辨難，或置之不問。六、師長當竭誠訓導愚蒙，毋致懈惰。七、提調正官務常加考校，敦厚勤敏者進之，懈怠頑詐者斥之。八、在野賢人，有練達治體、敷陳王道者，許所在有司給引，赴京陳奏，不許在家實封入遞。」

地方學校除上述府、州、縣學外，尚有一種「社學」，為明代之特產，設於鄉社，為一種鄉村小學，創始於洪武八年，專收民間子弟，讀《御製大誥》及《本朝律令》。二十年，詔社學子弟讀誥律的，赴京禮部，比較所誦多少，次第給賞。英宗時，社學子弟俊秀向學的，許補儒學生員。孝宗時，定民間幼童十五歲以上的，送入社學讀書，兼習冠昏喪祭的禮儀。在中國教育史上，地方學校向無性質很明顯的小學，所有地方學校，均係人才教育，為國家培植政治人才而設；而社學則明係小學，而且非全為升學者而設，頗有現代小學的意義。可惜行之未久，就被停廢，小學教育仍由民間自辦。

地方學校屬於專科性質的，有京衛武學、衛武學、醫學及陰陽學四種。京衛武學及衛武學的入學資格，限京衛各衛幼官，應襲舍人及武生；學科有《小學》、《論語》、《孟子》、《大學》、《五經》、《七書》、《百將傳》；學官有教授一人，訓導一人或二人；考試由兵部主持。醫學創始於洪武十七年，設有府正科、州典科、縣訓科等學官。陰陽學承襲元制，洪武十七年設立，設有府正術、州典術、縣訓術等學官。

(三) 書院與私學

南宋私人講學重心，在於書院；元代書院雖官立性質加重，然尚能相當的保持書院傳統的風氣。明初雖欲網羅人才於國學，對於書院並未加禁。洪武元年設立洙泗、尼山兩書院，以後各帝尚有續建書院者。名儒王守仁、湛若水等提倡書院尤力，各處書院，極其發達，尚有私學性質，因書院自為風氣，不與國學全同也。神宗萬曆之外，私人講學著名者，亦所在多有，如薛敬軒、吳康齋、胡敬齋、陳白沙等，其尤著者。

育言，其能卓然樹立風氣者固有，其以書院爲科舉之預備者，及「恣意遊觀，假此爲名」者亦復不少。至於書院

首善書院，尤爲有名。熹宗天啓間，魏閹遂矯旨盡毀國內書院。書院經數次之摧殘，故其制由盛而衰。就書院教

已受打擊。其後魏閹忠賢秉政，國事腐敗，於是士大夫書院講學之外，兼及朝政，顧憲成的東林書院、鄒元標的

初，張居正當權，痛恨講學分派，稍加裁抑。他反對書院的理由是「別標門戶，聚堂空談」。其時書院之發達，

㈣ 結論

明代學制，係沿襲宋元，而更爲周密完備。其特點：第一、教育行政、教育經費之漸趨獨立；第二、地方教育之注重，尤其是社學之設立；第三、普通學校加習射一門，以鍛鍊身體，提倡武學；第四、爲監生歷事制之創設。明代學制雖較進步，然以其與科舉制度並行，末流漸重科舉而輕學校。上面所述學制，大體尚能切實行者，僅在明初而已。其後學校日紊亂，生員日冒濫，學校教育亦無特殊之成績也。

五、清代學校制度（民元前二八六年至咸豐末年）

清以異族入主中國，教育政策與制度，因種族而各異。對於滿洲人的教育，所採方針有三：第一、在求實際，尚樸實，重節儉，嚴紀律；第二、文武合一，以文爲體，以武爲用，學校教育不分文武，國家考試亦文武並行，職司有文武之分，教育無文武之別；第三、保存民族固有道德技能，視滿洲語言文字風俗爲立國根本。宗教宗西藏，而民德不爲所同；學術宗中國，而民風不爲所化。實際雖未成功，而其方針確如是也。對於漢族教育，目的在籠絡士子與利用士子，以吸收漢族文化。學校制度，大體係沿襲明代之舊，而亦有其特質。第一、確定社會道德之基礎，以心性與行爲合爲一致，一切教育以此爲準繩，即康熙所頒之十六條上諭是也（詳後）。第二、主教之官，於學校教育之外，兼負社會教育之責，宣傳政治，以教官爲主。宣傳之法以十六條聖訓爲本，於解釋條文之後，引故事以證之，有唱有白，入情入理，極有效之社會教育也。清代教育政策如上述，茲分述其學制於

後。

(一) 中央學校

國子監爲中央最高教育行政機關，又爲中央最主要之學校，其制當於次節述之。國子監外，有宗學及旗學。旗學爲滿蒙八旗子弟及漢軍八旗子弟而設，種類很多，有設在中央的，有設在滿蒙等處的，訓練較普通國子監爲嚴格。功課方面，特別者爲習射；春秋習射，五日一次，蓋所以保持滿族尚武之精神也。其後八旗子弟准與漢人一體考試，而滿洲生員須兼試騎射，亦所以示尚武也。宗學爲宗族子弟而設，係一種貴冑學校。設滿洲官，教習滿書；漢書習否聽便。順治十一年，下諭永停學習漢字諸書，其諭文中有云：「朕思習漢書，入漢俗。漸忘我滿洲舊制。」保持滿洲風尚之意，溢於言表。雍正七年，設立覺羅學，爲宗學之一種。宗學與旗學均爲保持滿族文化而設，初意與爲漢人而設立之國子監完全不同。然清代君主，極崇拜漢文化，滿洲人民爲數又少，欲能脫離漢文化之支配，實不可能。故清代教育政策雖如此決定，而漢文化之同化力量，並未因之而減少。

國子監的規制，始於順治元年。教官設祭酒、司業，均滿漢各一員，職在總理監務；監丞，滿漢各一員，職在繩愆；博士、助教、學正、學錄，係各級教員；典籍，掌管圖書；典簿，掌管文牘。除典籍一人爲漢人外，其餘各級職教員均有滿人、漢人。國子監之學生，有「六貢三監」之稱：六貢即恩拔歲優副功，三監即優蔭例。恩貢者國家有慶典，即以該年歲貢充之；拔貢十二年拔選一次；歲貢各州縣學歲貢一人；優貢每三年一次，由學政舉生員之於歲科考得最優者，大省四、五人，小省二人；副貢即鄉試取得副榜的人員；功貢即廩生之有軍功者。以上六貢，均係府、州、縣生員中之優秀或有功勛者。所謂三監，第一爲優監生，選送手續與優貢生同，但在原學資格係廩增上等者爲優貢生，在原學資格係附學及附生者准作爲優監生；第二爲蔭監生，凡祖先有勛勞於國者准入監爲蔭監；第三爲例監，係納銀入監者。坐監時期，因入監資格而各有不同；長者二十四個月，短者三個月，亦有免坐監者。（《清通考》，卷六十五）

國子監編制，沿明制，分爲率性、修道、誠心、正義、崇志及廣業六堂。課程倣胡安定辦法，分經義及治事二科。經義科以御纂經說爲主要材料，兼教諸家學術；治事科教兵刑、天宮、河渠、樂律一類材料。但因清代准許監生在寓肄業，故所謂太學，僅係具文。國子監所做的功課，不過每月初一、十五各監生到監隨祭酒司業行釋奠禮，然後聽六堂官講《四書》、《性理》、《通鑑》，博士講《五經》。聽講後，各監生讀章覆講訴上書、覆背等；有未能通曉者，即赴官處講解，或赴兩廂質問。考試分季考與月考。司業每月月考一次，祭酒每三月季考一次，月考列在一等者給與一分，二等者半分，一年之內積八分者爲及格。及格後，由監按照原有資格咨送吏部；在吏部歷滿考職後，按照成績，分別補用。監生肄業期滿，又可應廷試（專爲監生而設）。廷試閱卷分等例：上卷，以知州用；上次卷，以推官知縣用；中卷，以通判用；中次卷，以州判縣丞教職用（《清通考》，卷六十五）。按清代國子監在規章與組織方面，全襲明制。惟明制學生例須居監，清代破此例，而准許學生住寓所肄業，甚至在籍肄業。（《清通考》，卷六十五）故教育精神，較之明代相差頗遠。

㈡ 地方學校

清代地方行政在中國內部爲省、道、府或州、及縣四級（州有直隸州及屬州；直隸州視府，屬州視縣）。只有府州及縣兩級設學；在府稱府學，在州稱州學，在縣稱縣學，通稱儒學，共有一千七百餘所。地方教育行政，各省設提學道，管理本省學政事務，三年更任，教官各府設教授訓導，州設學政訓導，縣設教諭。各地學額：順治四年定直省各學廩生，府學四十名，州學三十名，縣學二十名，儒學十名，增廣生額數相同。其後名額時有變更，總計全國地方生員約有二萬七千餘名（見陳青之：《中國教育史》，四六八頁）。入學者須身家清白，並須經過三次考試，第一次由本縣長官主持，第二次由府或州長官主持，第三次由學政主持，及格者（俗稱秀才），才有入學資格。考試以八股文爲主體。

課程與考試　儒學所定教材，據《清會典》所載，爲「《御纂經解》、《性理》、《詩》、《古文辭》，及校訂《十三經》、《二十二史》、《三通》等書」；按《皇清文獻通考》所載，爲「《四子書》、《五經》、《性理大全》、《資治通鑑綱目》、《大學衍義》、《歷代名臣奏議》、《文章正宗》等書」。諸生初次考取，名爲入學，實際並不留學肄業，只於相當時期來學應考。考試分爲兩種：一爲歲考，每年舉行一次；一爲科考，間歲舉行一次，皆由中央所派之學政主持。成績優異者，以次遞升，附生升增生，增生升廩生，廩生之特別優異者升國子監；成績惡劣者，以次遞降。考試以八股文爲主。諸生出路，除少數升入國子監外，大多數學生爲應鄉試，即升入國子監者亦多應鄉試，蓋清代教育，以科舉爲中心，學校僅附屬機關而已。

待遇及管理　清代對於諸生待遇，不及明朝。除升格外，只有補給廩膳一種。管理方面，規則頗嚴。順治九年立臥碑於明倫堂，計有八條：「一、生員之家，父母賢智者，子當受教；父母愚鹵或有非爲者，子既讀書明理，當再三懇告，使父母不陷於危亡。二、生員之立志，當學爲忠臣，爲清官。凡書記所載忠清事蹟，務須互相講究；凡利國愛民之事，更宜留心。三、生員居心忠厚正直，讀書方有實用，出仕必作良吏；若心術邪刻，讀書必無成就，爲官必取禍患，行害人之事者，往往自殺其身，常宜思省。四、生員不可干求官長，交結勢要。希圖進身；若果行善德全，上天知之，必加以福。五、生員當愛身忍性，凡有官司衙門，不可輕入；即有切己之事，止許家人代告，不許干預他人詞訟，他人亦不許牽連生員作證。六、爲學當尊敬先生，若講說皆須誠心聽受，如有未明，從容再問。毋妄行辨難；爲師者亦當盡心教訓，勿致怠惰。七、軍民一切利病，不許生員上書陳言；如有一言建白，以違制論，黜革治罪。八、生員不許糾黨多人，立盟結社，把持官府，武斷鄉曲；所作文字，不許妄行刊刻，違者聽提調官治罪。」（《大清會典·禮部·學校典》）臥碑所載內容，與明代臥碑大體相同。順治十七年，御制《朋黨論》，嚴禁士子結社訂盟。康熙四十一年，頒《訓飭士子文》，大意分爲兩點：第一、士子須先立品行，次及文學、學術、事功。第二、嚴格舉行鄉會試，禁止標榜虛名，暗通聲氣，夤緣詭遇，希圖進取。雍正二年，推廣《康熙聖諭》爲十六條：即敦孝弟，篤宗族，和鄉黨，重農桑，尚節儉，隆學校，黜異端，講法律，明禮讓，務本業，訓弟子，息誣告，戒窩逃，完錢糧，聯保甲，解讎忿。此十六條聖諭不但爲學校管理規則，而且爲教育方針，宣讀時，有隆重之典禮。

清代地方學校確有學校性質者爲社學及義學。按明代已有社學之設，清代則更普遍。社學與義學，均近於私塾，由地方官擇延文行兼優的士子充任，諸生中有貧乏無力的，酌給薪水膏火。

(三) 書院與私學

宋元以來之書院，多係私人團體設立，受政府及地方人士之贊助。各代書院，多帶有獨立性質，樹立特殊學風，爲當時之領導；甚且評論時人，參與政治。清初恐書院講學足以發揮民族意識，爲滿族統治之障礙，故對於書院加以壓抑。順治九年上諭：敕「各提學官督率教官，務令諸生將平日所習經書義理，著實講求，躬行實踐。不許別創書院，群聚結黨；及號召地方遊食之徒，空談廢業。」（見《大清會典》）其後復提倡官辦書院以便統制。雍正十一年上諭各省於省會之地設一書院，以爲楷模，各賜帑金一千兩，士子讀書，須預爲籌劃，資其膏火，以垂永久，不足者准支公銀。此詔下後，各省領帑金建立之書院共有二十二所，其係府縣書院，或地方人士出資創立的書院，雖未領帑金，亦規定由地方官撥公費經理，並申報該管官查覈。康乾時代，書院更加發達。政府統制之力日益加強，學生在院讀書，有膏火與月課獎金。學生分正課、附課兩等。入院須經甄錄試驗，應試者爲監生、秀才、童生。前列者爲正課，逾限者爲附課。正課每月膏火二、三兩不等，附課膏火減半。此類書院，大都爲考試時文、預備科舉者。書院舍講學而尚考課，論者謂其風起於明，而獨盛於清。然清代書院亦有以講學爲主旨者。惟宋元明書院之講學，多爲性理之學，以程朱或陸王爲宗。清代書院之講學，多重漢學。最著者爲阮元創建之浙江詁經精舍及廣東學海堂。其後陶澍立惜陰書舍於南京，課士經史詩賦，不及制藝；黃體芳建南菁書院於江陰，張之洞建廣雅書院於廣東，均係參倣學海堂之辦法，不尙制藝，而專重經史之學者。清代私人講學在書院固多，不在書院者亦復不少，若顧亭林、惠定宇、江愼修其尤著者。

(四) 清代之圖書

我國學校主要教材爲圖書，圖書之中以經典爲最重要，史次之，子集又次之。隋唐以前，以印刷術不發達，書籍傳播多賴抄寫，故私人藏書頗爲困難。官府藏書雖多，每遇變亂，易致喪失，故各代史書所著錄之圖書，每有不能遺留於後代者。至宋不但有木版，還有活字版（宋仁宗時畢昇發明），印刷甚便，書籍日多。各書院有藏書，以供衆用，書籍漸次普及民間，數量既多，留傳亦易。至於清代，藏書更多。就私人方面說，世祿之家，多喜藏書，縱不能盡讀，亦喜藏之以爲貴族之裝飾品。就地方說，各府、州、縣學及書院均有藏書。就國家說，在京師各殿有很豐富的藏書，清高宗（乾隆）好文學與教育，重刊《十三經》、《二十四史》，三十七年又詔求遺書，詳審編覈，網羅古今諸書，無所不備，於是命紀昀（字曉嵐，謚文達）等彙爲《四庫全書》，計三千四百六十種，三萬六千餘冊，分鈔七分，建七閣以貯之。（此爲吾國鈔書工作之最大者，以前則有明代之《永樂大典》，計一萬一千九百九十五冊，分鈔二分，今京師圖書館尚存有殘書六十冊。此書集合二千餘儒者，費時五年始成。）文淵閣在文華殿後，文溯閣在奉天行宮，文津閣在熱河避暑山莊，文源閣在圓明園，此名內廷四閣。文匯閣在江蘇揚州之大觀堂，文宗閣在鎮江之金山寺，文瀾閣在浙江西湖之孤山。文匯、文宗燬於洪楊，文瀾之書亦於亂後補鈔，今存浙江圖書館中。紀曉嵐讀遍《四庫全書》，著有《四庫全書總目提要》，每書都有評斷，甚爲簡明切當。此係就收藏與整理舊書而言。講到著述與編輯方面，亦有幾部巨大書籍：第一、《康熙字典》爲中國文字之正則字典；第二、《佩文韻府》凡吾國文學之要辭具備，訂成四十四大卷；第三、《駢字類編》共三十六卷，也是一種分類辭典；第四、《淵鑑類函》爲一種百科全書，共四十四卷；第五、《圖書集成》爲一種大百科全書，有一千六百二十八卷，每卷二百頁；第六、《數理精蘊》，凡五十三卷，通貫中西之異同，辨訂古今之長短，詳明精當，在彼時習數學者，莫不奉爲圭臬。以上各書，均是聖祖（康熙）時代作成的。此外偉大著作，還有《一統志》、《續三通》、《皇朝三通》、《會典》、《通禮》均係乾隆時代編成的。又有《皇清經解》，道光時阮元編輯，共一百十八種。光緒間，王先謙又輯《皇清經解續編》共二百九種，合之阮刻，清代漢學家之解經，乃集大成於此。

六、結論

隋唐至清末一千二百餘年間學制演變情形，已略述於上。就實際論，此時期之教育重心，全在私學；就規制論，則私學之可考者極少，而關於低級之私學，則資料更少，故本節之記載大部分屬於官學方面。官學分中央、地方兩種，均係人才教育，爲選拔候補官吏而設者，學校規制建立於漢，至隋唐而更爲完備。課程方面，均以經典爲中心。經典之解釋，在唐，大體以顏師古、孔穎達之《五經正義》爲準。在宋，王氏之《三經新義》盛行一時；南宋以後，大體以程朱之注釋爲主。經學雖爲課程之重心，而詞賦文學，實居極重要之地位。蓋當時考試，均非常注重文學也。

千二百餘年中，學校盛衰之關鍵有二：一爲政治，一爲科舉。政治之理亂，決定學校之盛衰；治時學校多盛，亂時學校常衰。學校與科舉並行，而兩者之關係，未能得合理之解決，競爭結果，學校常爲科舉之附庸。學校與科舉之關係，可分爲下列兩種：第一、學校爲科舉之預備，非由學校出身者不能應考試。唐代曾有此企圖。天寶十二年，敕「天下罷鄉貢，不由國子及郡縣學者，勿舉送」，但爲時不及兩載，鄉貢仍舊恢復（《通考》卷二十九）。此種辦法雖合理，竟未能實行。第二、由學校出身者與由鄉貢出身者，均可應科舉考試，但由學校出身者可免除初級考試。此種辦法，唐宋以來均曾實行，然大多數士子均願經一度考試而不願居學，故國學除某種特殊時期外，常居不重要地位。州、縣之學更爲有名無實，其所謂「學」，僅爲設教官、司考試而已，並無學校教育意義。

王安石爲極端注重學校教育，反對科舉者。其所定之三舍法，注重平時之學行。畢業試驗（上舍試）由朝廷派員主持，總合學行成績，評定等第，上等授以官職，中等免除禮部試，下等免除鄉試。然此法亦未能得長期之施行。蓋此法既重平時學行，則教授有決定去取之相當權力，教授與學生易於接近。若予以法規限制，令不相往來，則爲不合尊師之禮；若不予以限制，則徇情請託之弊易於產生。宋代之反對三舍者，即係根據上述兩種矛盾事實。劉摯指斥三舍之弊，其言有曰：「法有大可怪者，博士諸生，禁不相見，教諭無所施，質問無所從，但博士月巡所隸之齋而已。謂如此則請問對者衆，足以爲佐證，以防私情，以杜賄謝。嗟乎，學之政令豈不大謬先王之意哉！」王巖叟疏請罷三舍，其言曰：「自三舍之法立，雖有高才異行，未見能取而得之，而奔競之患起。

奔競之患起，而賄賂之私行。賄賂之私行，而獄訟之端作，獄訟之端作，而防猜之禁繁。博士勞於簿書，諸生困於文法。非復渾然養士之禮，而庠序之風或幾乎息。」（《圖書集成・選舉典・學校部・彙考》）可見以學校考試爲選士之法，亦有弊端。科舉考試雖間亦有賄託關節，然以其法規嚴密，考試官與被考者關係較少，故防範較易，去取較爲公平，其法遂爲教育之重心，歷千三百餘年始廢。

第三節　民間教育

以上所述之學校教育，除明清兩代之社學外，均係人才教育。無論是官立的中央學校、地方學校或私立之書院，以及私人教學，主要目的總是培植人材，應國家之考選，以便從政。所謂學校教育，不過是士子階級之教育；士子的選擇，雖無階級之限制，然總是限於少數機會較好及智力特高之士子，一般民眾與此種學校教育之關係是很少的。中國大多數的民眾是農民，農民生活是：「日出而作，日入而息，鑿井而飲，耕田而食。」除農作必須之知識與技能，係從模仿與參加而學習外，所需要之書本知識是很少的。他們普通需要，不過是認識少許文字，能記帳目、讀文告而已。他們的教育如何，國家從不過問，純讓他們自成風氣。因此，關於他們教育的史料是極少的。

宋元時代，民間教育資料稍多。根據這些資料，可推知當時民間教育是注重識字，而字之選擇又以生活所必需者爲主；如姓名、物件、用品、氣候等，均爲日常生活所不可少者，於是編爲《雜字》、《百家姓》等書以教之。關於道德方面之教科書，多是注重節儉孝弟及因果報應等，大概也是以儒家的思想爲主，而輔以佛家或道家的思想。編撰方面，多採用韻語，以便誦讀。一般民眾讀物，最普遍者爲流行之歌本。歌本者，以極淺俗之韻語，陳述一種故事，以便民眾自行誦讀者。此種歌本，在今日流行甚多，除關於因果報應之善書外，以男女戀愛故事爲最多。歌本起於何時，其演變歷史如何，頗難考究。但就民間最通行之歌本如《梁山伯祝英台》故事觀之，則歌本當起於宋元之前，宋元時似更發達。宋詞元曲，在文學技術方面，雖高出歌本，就性質言，亦與歌本相似。歌本似爲民間社會教育最要之讀物，此外，高等小說若元施耐庵之《水滸》、明羅貫中之《三國演義》等，對於中國之通俗教育，影響甚大，其中所描寫之人物，在中國普通社會上，均有深刻之印象。

宋元村塾教材見於書傳者漸多。項安世《項氏家說》云：「古人教童子多用韻語，如今《蒙求》、《千字文》、《太公家教》、《三字訓》之類。」陸遊詩自注云：「農家十月，乃遣子入學，所讀《雜字》、《百家姓》之類，謂之村書。」項陸均係南宋時人，可見南宋之村塾教材有《蒙求》、《千字文》、《太公家教》、《三字訓》、《雜字》、《百家姓》等書。

《蒙求》爲晉李瀚撰，以四言韻語，類列古人，而各繫以事，宋徐子光更就李氏原書爲注；其爲通行讀物，似已甚久。《千字文》爲梁武帝時周興嗣撰，一說蕭子範撰，其書自唐以後即已盛行。唐王定保《摭言》：「顧蒙困於旅食，至書《千字文》授於聾俗，以換斗筲之資。」明楊繼盛《澹齋外言》云：「夫《千字文》誰不童而習之，仲俊竟用四字『心動神疲』得力」，可見《千字文》在當時流行之廣。《太公家教》亦唐時所有，王明清《玉照新志》云：「世傳《太公家教》，其言極淺陋鄙俚。觀其中猶引周漢以來，當是唐村落間老校書爲之。太公者，猶高曾祖之類，非渭濱之師臣明矣。」（此書今不傳）《三字訓》今不傳，惟《三字經》則爲蒙塾最通行之讀物。《三字經》相傳爲宋末王應麟所作，亦云宋區適子所作，未知孰是，然觀其語氣，爲宋代遺民所作，則無疑義。此書以儒家思想爲中心，對於求學做人之事，經史研究之方，作概要而有系統之陳述，句短有韻，易於成誦，不失爲舊式小學優良教本。宋之《雜字》無傳，今日民間流行之《雜字》諸書，雖係淺學者所爲，然多採取生活必須應用之字，甚切於平民實用，係民間教育之重要教本，以其可以輔助記帳也。《百家姓》係宋初著作，王明清《玉照新志》謂該書首云「趙錢孫李」，似是兩浙錢氏有國時小民所著。《南雍志》有唐虞世南《百家姓》一卷，則唐代已有《百家姓》，今不傳。

以上所述六書，均爲宋元以來最通行之蒙塾教本，編撰皆係韻語，以便誦讀。著作者之目的，除《蒙求》、

《三字經》含有歷史道德教育意義外，其餘均以識字爲目的。可見識字教育在當時占有很重要之地位。

當時私塾教授情形如何，史料更少。論者謂小學教授注重作對，王明清《玉照新志》載有蘇東坡在野市茅簷之下，令八歲兒童作對，與之題云「衡茅稚子璠璵器」，兒童對云「翰苑仙人錦繡腸」，東坡大加嘆賞。顧炎武亦謂：「南人教小學先令屬對，猶是唐宋以來相舊法」。（《日知錄》，卷十三）可見「作對」是小學一種通行之法，但是此種小學似係爲預備將來以讀書爲業者而設，亦即爲預備科舉而設，似不足以代表一般之小學。至於宋元理學家所定小學課程及教學法，對於教育原理貢獻頗多。最詳備而有系統者，當推元代程端禮之讀書分年日程：謂八歲入學前讀《性字訓》；八歲入學後依次讀《小學》、《大學》、《論語》、《孟子》、《中庸》、《孝經》、《易》、《書》、《詩》、《儀禮》、《禮記》、《周禮》、《春秋》並《三傳》等之正文。十五歲前，諸經正文讀畢；十五歲後爲學以道爲志，爲人以聖爲志，始讀諸經之注以求了解諸經之意義。此種課程代表程朱一派之理想，爲培養學者之小學，非一般小學之課程也。

一般小學課程還是以《三字經》、《百家姓》、《雜字》等書爲重要教材，讀書習字是他們的唯一工作。初習字者率須描紅，今坊間尚傳有小學習字帖之「上大人，孔夫子，化三千，七十士」，此種字帖在宋代即已通行（見陳郁：《藏一話腴》），在清末尚甚流行，蓋以筆畫少，易於學習也。讀書方法，注重朗讀；先由教師口唸，學生隨讀，隨讀數遍後，學生回位自讀，至能背誦時，方至教師位前，掩書背誦。教學要訣便是「牢記，牢記，牢記」，不能記者便常受鞭撻；至於講解書義，作詩對，作文章，均係特殊小學之教學，非一般之小學也。

塾師之知識水準，多甚低下。施教之地，或寄農家，或假廟宇，生活固甚清苦；然以取費之低廉，設置之普遍，走讀之便利，入學者亦多，於吾國之農村教育，亦有其相當之貢獻。

中國民間之教育，無論是爲預備升學之小學或爲預備實際應用之小學，有一共同之點，即是注重識字，注重背誦。在教法方面或不免過於機械，然在教材之選擇與組織方面，亦有特殊優點。一般小學教材，選字注重日常生活之應用，其利一也；教材多用短句韻語，便於誦讀，其利二也；一般民衆讀誦，多用韻語以述故事，易讀而有興趣，其利三也。凡此三點，近代編小學教科書及民衆讀物者，似未能予以充分之注意。

第四節　科舉制度

作者在第五章第三節謂我國選士制度淵源於西周，完成於兩漢。但兩漢之選舉，僅爲入仕之一途。此外尚有由門蔭、輸財、積資等途徑。各種入仕途徑，在隋唐以後，仍舊存在。

門蔭入仕之法始於漢，而尤備於唐。唐雖以科舉取士，其以門蔭入仕者，人數甚多，故沈既濟有「世胄之家大優」之評。（《通考》，卷三十七）宰相李德裕則謂，科舉取士有附黨背公之弊，門蔭入仕有嫺習所業之長。其言曰：「臣無名第，不當非進士。然臣祖天寶末以仕進無他歧，勉強隨計。一舉登第，自後家不置文選。蓋惡其不根藝實。然朝廷顯官，須公卿子弟爲之。何者？少習其業，目熟朝廷事，臺閣之儀，不教而自成。寒士縱有出人之才，固不能閑習也。則子弟未易可輕。」（《通考》，卷二十九）是李德裕極力主張門蔭人仕之制。自唐以後，此制繼續存在。宋代任子之制，尤爲普遍，當時有「尚嬉竹馬，已獲荷囊；未應娶婦，已得任子」之譏（《通考》，卷三十四）。

納粟入官之制，唐宋均繼續存在，在國家財政困難之時舉行較多。明景宗景泰四年令學員納粟爲國子學生，清代亦承襲此制；是納粟不但可入官，而且可不經考試而入學。（見《續通考》、《清通考》之〈選舉考〉）

銓選之法，自北魏崔亮立「停年格」，漸重年勞。隋唐銓選，尚未以年勞爲標準，任官每視其人之能否，或不次超遷，或老於下位。有出身二十年不得祿者。開元十八年，吏部尚書裴光庭奏請用循資格；無問能否，選滿則注限年躡級，毋得踰越；非負譴者皆有升無降。庸愚沉滯者皆喜，謂之聖書；而才俊之士，無不怨嘆。宋璟以爲非，力爭之。明皇雖聽宋璟之言，然不能易裴光庭之法。非特明皇不能易而已，傳之後世，踵而行之，卒不可變。（《通考》卷三十七）至明神宗萬曆二十三年，吏部尚書孫丕揚思杜權貴請謁之弊，乃創爲掣籤法。大選急選，悉聽人自掣，請託無所容，銓政自此一變，論者謂「人才長短，各有所宜，資格高下，各有所便；地方繁簡，各有所合；道理遠近，各有所準；而以探丸之智，爲掣瓶之守，是掩鏡可以索照，而持衡可以懸決也」（《通考》，卷三十六），此法雖不合理，以其有「秉公無私」之長，其後亦有採行之者。

選舉爲入仕正途。兩漢選舉，最常行者爲孝廉秀才，注重德行，兼及文藝才能。魏晉以後，實行九品中正之制。孝秀之選，專重門第，「上品無寒門，下品無世族」，平民入選之機會極少。流弊既大，選舉之制不能不變，隋唐科舉之制遂應運而興。其重要關鍵，爲廢除主觀之批評，代以客觀之考試。考試爲科舉制之基礎，有常科，有制科，而間亦輔之以保舉。

隋唐至宋初，科目名稱雖多，而常科則不外「進士」與「明經」。馬端臨謂隋唐之進士明經，即東漢以來之孝秀，皆借其名以爲士子進取之途，隋唐以後之孝廉，孝弟力田等科，皆不能應鄉舉者，既不常舉行，又不能得才能之士，故在選舉制度中占極不重要之地位。進士明經兩科，唐代盛行，至宋熙寧後，王安石用事，改取士之法，自是進士獨存，明經始廢。（《通考》，卷三十二）歷宋元明清四代，進士爲常行之舉士科目，各朝得人以此科爲最多，朝廷要職由此科出身而任之者亦衆，在中國政治史及教育史占極重要之位置。

制科者爲非常人才而設，如漢之賢良方正，因事而舉；魏晉南北朝，亦間舉行。隋唐至明清，亦未嘗廢。大抵選舉無定時，名稱亦不一致；被舉者多爲有地位、有聲名之人，到廷多予以策試，故亦爲科舉之一種。

保舉之法，自漢已通行。兩漢二千石長吏，皆可自辟曹掾，而所辟大概多取管屬賢士之有才能操守者，故其時公卿以辟士相高，士子以辟召爲榮。魏晉南北朝辟舉之制不廢。至隋時，海內一命之官並出於朝廷州郡，無復辟署之士，至唐則仕者多由科目；然辟署亦時有之，而其法不一：有既爲王官而被辟者，有登第未釋褐入仕而被辟者，有強起隱逸之士者，有特招智略之士者，而所謂隱逸智略之士均起自白衣。劉貢甫言唐有天下，諸侯自辟幕府之士，唯其才能，不問所從來，而朝廷常收其俊偉，以補王官之缺，是以號稱得人。宋時雖有辟法，然白衣不可辟，有出身而未歷仕者不可辟，其可辟者，復拘以資格，限以舉主，法令束縛，較唐爲多。（《通考》，卷三十九）元、明、清均有公卿保舉之制，保舉以後，有加以考試者，有不加考試者。被舉任職以後，以貪汙聞者，舉主須受處分。處分辦法及保舉程序，各朝雖有不同，然而保舉制度則繼續存在，為仕途之一，與科舉考試之制並行，而均屬於選舉一類。

門蔭、納財、積資、選舉為入仕之四個主要途徑。隋唐雖大體係因襲兩漢之舊，而規制均有變更。變更之最大者，莫如選舉一項。隋唐之選舉，非僅專重考試而已；考試法規，亦隨時代而演變。自隋唐立科舉考試規則之基礎，歷宋元明清，愈演愈密；本以防弊，然弊亦因法而生。茲述千百年來科舉制度之演變概況如後。

一、隋唐之科舉

隋置進士科，為科舉制度之起源。《通鑑綱目》載煬帝大業二年（民元前一三〇六年）始置進士科，策試諸士。按策試之法，自漢開始，歷魏晉南北朝而繼續存在。所不同者，漢魏南北朝之選士，由州郡舉其所知，然後由朝廷策試；隋之選進士，係州郡策試於前，朝廷策試於後。前者是選舉與考試並行，後者則單以考試為選舉之法。

科舉之制，隋開其端，至唐而備。唐代選官，分文武兩途：文選由吏部，武選由兵部。應兩部之試，必須有出身資敘。出身有兩種：第一是貴族的家世，及已有官階勛績者；第二由「鄉貢」出身者。一般平民必須經過「鄉貢」，得著秀才、明經、進士的科名，而後可以應吏部的銓試，而後可以授官，所以科舉為平民唯一的出身之途。

唐代科舉科目極多，大要可別為三類：一曰「生徒法」，由京師之六學二館及州縣諸學，選其成績優良者，送入京師尚書省禮部受試；二曰「貢舉法」，為一般士子而設，考生不須入學，先試於州縣，及第則送京師覆試；三曰「制舉法」，為非常人才而設，考試沒有定期，由天子親自試驗，手續非常慎重，及第者往往可得美官。前兩類是普通的，後一類是非常的。科目以屬於前兩類者為多，其要者，有進士、明經、秀才、明法、書學、算學、開元禮、三傳、史科、童子科等。考試資料：進士試時務策五道，帖一大經；明經先帖文，然後口試經問大義十條，答時務策三道；秀才試方略策五道；明法試律令七條；書學先口試，通，乃墨試《說文》、《字林》；算學，先口試，通，乃試以各種算學書；開元禮通大義百條，策三道；三傳試《左氏傳》大義三十條，《公羊》、《穀梁傳》五十條，策三道；史科每史問大義百條，策三道；童子科限十歲以下，試《論語》、《孝經》，及其他任何一經。以上各科，舉行次數較多，又為社會所重視者，為「進士」與「明經」兩科。有唐一代，以此兩科得人為多。記憶佳者，則得明經；辭藻美者，則得進士。據呂東萊之考訂：唐初兩科俱重，中葉以後，進士重而明經輕。（《通考》，卷三十二）進士歲貢不減八、九百人，及第者通常為三十餘人；縉紳雖位極人臣，而不由進士進者，終不為美；其推重謂之「白衣公卿」，其艱難，謂為「三十老明經，五十少進士」（《通考》，卷二十九）。第三類之制科，名目更多，有賢良方正，直言極諫，志烈秋霜，孝弟力田，茂才異等，材堪經邦，樂道安貧，博學宏詞，文詞雅麗等，多至六十餘種。大抵意義相差甚微，徵試之方亦無大變異；蓋徒變其名，其實與諸科等也。（《容齋洪氏隨筆》）

唐代科目雖多，主要考試可分五種：即口試、帖經、墨義、策問、詩賦。帖經為唐代考試之重要方法。《通典》云：「帖經者，以所習經，掩其兩端，中間開唯一行，裁紙為帖，凡帖三字，隨時增損，可否不一，或得四，或得五，或得六為通。後舉人積多，故其法益難。務欲落之，至有帖孤章絕句，疑似參互者以惑之。」是唐代之士，均以帖經為大厄。按帖經即將經或經注之中，隱蔽一字或三字，示前後之文，使暗射其隱蔽部分，非讀書精熟者不能也。（見唐譯諸橋轍次：《儒學之目的與宋儒之活動》，頁二〇九）墨義為一種關於經義的簡單問題，側重記憶。策問考試，係西漢以來舊制，詞理並重；唐代相沿，無大更改；文體則初唐、盛唐駢體通行，其後亦漸用散文。詩賦屬雜文之類，高宗開耀元年，員外郎劉思立以明經多抄義條，進士唯誦舊策，皆無實才，乃下詔加試雜文兩篇，通文律者然後試策。所謂雜文，即一詩一賦。其後策問多屬空論，人皆厭為，所以詩賦地位漸見重要；詩賦另有體裁，另有格律，語氣又必端莊典雅，堂皇富麗。此外，間有加試貢士以《老子》者，蓋唐

皇室自以爲出自老子，故特注重老子之學。（《通考》，卷二十九）

考試規則極嚴。應試之日，水炭飧具皆須自備，唱名乃得入場。場中兵衞森嚴，搜索衣服，譏呵出入，以防假濫。既入場，列棘圍坐廡下，以一日爲限；至晚，許燒燭以三條爲限，燭盡收卷。當時考試法規雖嚴，然尚無糊名之法，故主司得以採取譽望。錢徽爲禮部侍郎，不受宰相段文昌之委託，文昌奏徽取士以私，乃詔覆試，徽坐貶。高鍇徇囚璫之請，以斐思謙爲狀元。（《通考》，卷二十九），均見當時考試之弊。各科禁挾書，進士科則否。白居易奏疏謂「進士許用書策，兼得通宵。得通宵，則思慮必周；用書策，則文字不錯。」（《通考》，卷二十九）可見進士之待遇有異於他科。

禮部考試及第，如明經進士等科，社會極爲重視，得之者認爲無上光榮。取得科名之後，便可應試吏部。吏部擇人以四事：一爲身，取其體格豐偉；二爲言，取其言詞辨正；三爲書，取其楷法遒美；四爲判，取其文理優長；此吏部考試之大要也。經考試及格，便可入官。然亦有舉於禮部而不得入官者，有不舉於禮部而得官者，蓋皇族貴戚蔭子皆可應吏部之試，進士諸科僅占應選者之一小部分，當然難與世胄之家競爭；又以官少，而合入官之資格者多，故得官亦殊不易。

以上所述，均爲文舉。文舉之外，尚有武舉。武后長安二年始置武舉，以騎射、馬槍、材貌、言語、負重等取人。中者以鄉飲酒之禮送於兵部。兵部課試，如舉人之制，取其軀幹雄偉、應對詳明，有驍勇才藝，及可爲統帥的，授之以官。

二、宋代之科舉

五代繼唐，雖干戈擾攘，而貢舉很少間斷，但所取以明經爲多，進士較少。制度方面，均係率由舊章。趙宋勃興，鑒於五代之亂，特別提倡科舉，嚴其考試，廣其名額。太祖時並企圖恢復察舉與考試並行之制，太祖開寶八年，詔諸州察舉孝悌力田、奇才異行、或有文武材幹者以聞。次年諸道解送七百四十人，試問所習之業，均無所取。（唐太宗時，亦曾令察舉孝廉，考試時亦不能答所問。）從此之後，遂輕察舉而重考試。惟考試制度，亦時有變易，茲述其概要於後。

(一) 科舉之種類

宋朝科舉大體係沿襲唐代之舊，可分爲三類：一爲制舉，由天子直接考選，不常設，亦沒有一定的章程。二爲學選，由大學之三舍選充，北宋哲宗、徽宗時代曾實行此制。當時新黨當政，務使全國人才悉由學校出身，所以停辦常科，專由三舍法升貢。三爲常貢，由州、縣考選，貢入禮部。常貢在宋代實行之時間較久。宋初原倣唐制，常貢有進士、九經、五經、開元禮、三史、三禮、三傳、學究及明經、明法等九科。此外屬於特殊性質者，尚有宏詞科、元祐十科、童子試、醫學科、武舉。宏詞科以考選文學博異之士，試以章表露布等文，南宋改爲博學宏詞科。元祐十科，多爲選舉有官者而設，細目如下：「一曰行義純固可爲師表；二曰節操方正，可備獻納；三曰智勇過人，可備將帥；四曰公正聰明，可備監司；五曰經術精通，可備講讀；六曰學問淵博，可備顧問；七曰文章典麗，可備著述；八曰善聽獄訟，盡公得實；九曰善治財賦，公私俱便；十曰練習法令，能斷請讞。」被舉之人，由中書置籍存記，執政按籍，視其所書被舉科目試之，若任官無狀，則坐以謬舉之罪。

宋代科目名稱雖多，較普通者爲常貢諸科；常貢諸科又以明經進士兩科爲最普通，而進士較明經更爲重視明經爲「學究」之類，側重經義之記憶；進士側重才華。兩科考試，禮遇相差極遠。禮部貢院試進士，設位供張甚盛，有司具茶湯；試學究（即明經），盡撤帳幕氈席，亦無茶湯，渴飲硯水，人人皆黔其吻，故歐陽文忠有「焚香禮進士，撤幕待經生」之語。待遇明經之刻，並非朝廷故欲困之，乃防氈席及供應人私傳所試經義；蓋嘗有敗者，故預爲之防。（《沈氏筆談》；《通考》，卷三十一）諸科就試，均禁挾書，進士雖禁挾書，《玉篇》、《切韻》不禁，且不搜索（《通考》，卷三十）；蓋進士考試不重記憶，挾書之影響較小也。進士明經而外，其餘諸科時有改變，有罷者，有旋罷旋復者，有旋立旋廢者，有沿其名而變其實者，有名實俱變者；欲爲有系統之記述，甚感困難。

(二) 貢舉之手續

就常貢而論，宋初每年貢舉一次，仁宗時改爲二年一次，神宗仿《周禮》三年大比之意，改爲三年一次，遂成定制：貢舉手續由各縣長官保送於州，由州之長貳保送於本道考試官；本道考試官考選一次，然後上貢到禮部，謂之貢士，又稱舉人；經禮部考試及格，於是稱爲進士。其後或因落第舉人之訟告，或由錄取之人數太多，於是除禮部試外，又由天子覆試，謂之殿試。

(三) 考試之內容

宋代常貢九科，除進士、明法兩科外，考試均以墨義爲主；明法除墨義外，兼考律令；進士科除墨義外，考試詩賦、帖經及對策。諸科廢興無定，而進士科常存。進士科之考試內容，時有變易。神宗熙寧四年，王安石取消詩賦及帖經墨義，代以經義。哲宗元祐元年，舊黨秉政，詞賦、經義、策論並行，哲宗紹聖元年，新黨又起，再罷詩賦，專用經義、策論；南宋，詞賦、經義、策論並重。據此，則宋代進士科考試內容與政爭有關，其主要項目爲：經義、詩賦、策論三種，執政者不但對於詩賦一項之估價不同，對於經義之解釋亦各有不同。如新黨則專以王安石之《三經新義》爲主，而舊黨則反對之。經義之解釋雖不同，而重視經義則一，故經義爲宋代考試之重要資料。王安石之經義格式，且爲八股之淵源。

(四) 取錄後之待遇

宋代進士，自太祖開寶以後，例須經過殿試。太宗時，殿試進士，以三甲放榜。眞宗時，又分三甲五等：一、二兩等爲第一甲，賜以「及第」；三等爲第二甲，賜以「出身」；四、五兩等爲第三甲，賜以「同出身」。省試（尙書省禮部試）第一名稱「省元」，殿試第一名稱「狀元」。凡進士及第，即令卸除常服，授以官職。不必經過吏部之考試；這是與唐代不同的。及第者不但授官，而且有很優厚的賞賜和隆重的宴會，當時認爲是無上的光榮。

宋代科舉制度，雖係沿襲唐制，亦有改進之點：第一爲諸科名額之增加，唐代每年及第人數，通常在五十人以下。太祖時增加至九十六人；太宗時進士科多至一百九十人，諸科二百七十人；眞宗五年貢舉人集闕下萬四千五百人，取進士王曾等三十八人，九經諸科一百八十人，兩科共二百十八人，約六十六人取一人（《文獻通考》，卷三十一）。其後取錄名額隨時變動，有多至五百餘人者，比之唐代，增加甚多。第二爲獎進平民，抑制貴族。唐代科舉，頗顧及素望及門第，貴族子弟每得優先機會。宋代力懲其弊，太祖時詔食祿之家有登第者，禮部具析以聞，當令覆試，太宗時令考官親戚別試，以防關節；諸見抑制貴族獎進平民之意。第三爲考試法規之加嚴密。按隋唐進士無覆試之制，武后之殿試貢士特代考功郎行其事，非覆試也。其後有因懷疑或考官被告而加覆試之事，然未著爲定例。覆試之著爲定例，起自宋太祖開寶八年。太宗淳化三年殿試始令糊名；眞宗景德四年令禮部糊名考校。富弼言省試有「監守巡察糊名謄錄」之法，歐陽修亦講「糊名謄錄而考之，使主司莫知爲何方之人，誰氏之子，不得有愛憎厚薄於其間。」項安世亦言科舉「至於本朝，法令始密」（見《通考》，卷三十、三十一）。

三、遼金元之科舉

遼之科舉初沿唐制，每年貢舉一次，及第者少則數人，多者數十人。其後倣宋制，改爲隔三年舉行一次，分鄉、府、省三試：鄉中曰鄉薦，府中曰府解，省中曰及第。程文分兩種：一曰詩賦，二曰經義；間亦有以法律取士者，進士及第，授予官職。遼之科舉，純爲漢人而設。（契丹人不許應進士舉，重熙中耶律富魯舉進士，朝廷責其父擅令其子就科目，有違國制，鞭之二百。）其制度均沿唐宋，無特別可述者。

金對於科舉，較遼更爲重視；規定三年一貢，出題以五經三史正文爲限。科目有詞、賦、經義、策論、律科、經童及女眞進士等七科，女眞進士科考試策論、詩賦，俱用女眞字，並加試騎射。凡詞賦經義策論中選者，謂之進士；律科、經童中選者曰舉人。諸進士舉人由鄉至府，由府至省及殿廷，凡四試皆中選則官之，其後明昌元年詔以六經、十七史、《孝經》、《論語》、《孟子》及《荀子》、《老子》內出題，皆命於題下注其本傳。

又諭有司曰：「舉人程文所用故事，恐考試官或遽不能憶，誤失人才，可自注出處。」題目與試文，均注出處辦法似爲金之創例。入場須經過搜索，規則極嚴，故《選舉志》稱金代科目得人爲盛。

元代科舉制度，雖係沿襲唐宋，但不設武舉，以武職專係承襲，無設武舉之必要也（《續通考》卷三十九），科舉組織方法更爲嚴密。在統一前，太宗依耶律楚材之議，下詔諸路考試，分論文、經義、詞賦三科。其後征戰未遑，科舉久未舉行。世祖既定中國，從許衡之議，復興科舉，制度尚未完備。至仁宗皇慶二年，規定科舉辦法，條文之周密，爲從來所未有，明清兩代之科舉制度，係沿襲而已。

科舉程序　元朝取士，除特科外，均爲三年一次。考試分鄉試、會試、廷試三級。除廷試外，皆三場。鄉試在十一行省三宣慰司及四路舉行；三場定期爲八月二十、二十三、二十六三日。會試在京都省部舉行；三場定期爲次年二月一日、三日、五日。廷試定期在三月七日。赴鄉試者，各從本貫官司於諸色戶內推舉，須年在二十五歲以上而經明行修者。由本貫官司咨道府路。由政府另派大員考試，謂之鄉試，全國共取三百名。會試試於省部，取百名；再經廷試，定其等第。分進士爲左右兩榜，蒙古、色目人在右，漢人、南人在左。

考試內容　各級考試的內容，因種族而各有不同：第一、鄉試、會試各分三場。蒙古、色目人，第一場經問五條，出題限四書，作文不限字數，只要義理精明，文辭典雅；第二場試時務策一道，限五百字以上。（無第三場）漢人、南人第一場試題，明經經疑二問，出題限四書，答文限三百字以上；經義一道，以《詩》、《書》、《易》、《禮記》、《春秋》五經出題，任各治一經，限五百字以上。第二場以古賦、詔誥、章表三種內任科一道，第三場試策一道，由經史時務內出題，限一千字以上。蒙古、色目人如願考試漢人科目者，中選後加一等注授。第二、廷試只有一場，蒙古、色目人試時務策一道，限五百字以上。漢人、南人試策一道，限千字以上。《四書》及《詩》，以朱注爲主，《尚書》以蔡注爲主，《周易》以程朱注爲主，並兼用古注疏。

科舉規章　鄉、會、殿三試均有詳細規則。關於洩漏試題，謄錄錯誤，私將試卷出院，拆毀試卷卷首家狀，別紙起草，冒姓就試，簾內試官與簾外官交語，均有責罰治罪之規定；其他關於試場順序、彌封謄錄手續、考校出榜手續、殿試儀式，均有規定。條文之周密，遠過於近代之考試規則。

四、明代之科舉

明代科舉制度，沿襲宋元舊制，分鄉試、會試、殿試三種。鄉試在各省會舉行，會試在京師禮部舉行，殿試在京師宮殿舉行。鄉試定於子午酉卯年的秋季，會試定於辰戌丑未的春季，殿試在會試完畢後接著舉行。鄉試以八月，會試以二月，皆初九日爲第一場，又三日爲第二場，又三日爲第三場。各府、州、縣學生員，經考試及格者，得應鄉試，中試者爲舉人。舉人名額有規定，各省少者二十人，多者八十名（其後兩直隸增至百餘名）。本屆及前屆中試舉人得入京會試。會試及格人數皆臨朝奏請定奪；成化以後，大率爲三百名。凡中試者天子親策於廷，謂之殿試，分一、二、三甲以爲名第之次。一甲三人曰「狀元」、「榜眼」、「探化」，賜進士及第；二甲若干人，賜進士出身；三甲若干人，賜同進士出身。狀元授修撰，探花、榜眼授編修。二、三甲，選用庶吉士者均爲翰林官。鄉試派主考二人，同考四人；會試派主考二人，同考八人；殿試本由天子主考，實際派優於文學之大臣充當，係覆試性質，對於會試所取者名次多有變動，但很少去掉者。

考試內容可分爲三類：一爲經義，二爲詔誥律令，三爲經史時務策。經義出題限於《四書》及《易》、《書》、《詩》、《禮》、《春秋》五經。開國之初，《四書》以朱子集注爲主，《易經》以程傳朱子本義爲主，《書》以蔡傳及古注疏爲主，《詩》以朱子集注爲主，《春秋》以《左氏》、《穀梁》、《公羊》及胡安國、張洽五人所傳爲主，《禮記》以古注疏爲主。永樂時頒《四書五經大全》，爲科舉考試之標準教本，廢注疏不用，程朱學說遂爲經義之中心。鄉、會試均分三場考試，內容分量相同。第一場試《四書》義三道，每道限二百字以上；經義四道，每道限三百字以上。第二場試論一道，限三百字以上，詔誥表內科一道，制語五條。第三場考經史時務策五道，俱限三百字以上。考試雖分三場而以第一場爲最重要（顧亭林之考定，見《日知錄》），故考試實以經義爲主。經義文體模仿古人語氣，造句多用排偶，謂之「制藝」，又名「八股」，蓋一種格律極嚴之經義文也。

五、清代之科舉

清代科舉，除常科外，有特科，如山林隱逸、博學鴻詞，以網羅在野學者；又有翻譯科，以鼓勵滿人翻譯漢文為滿文，並給予秀才、舉人、進士等科名。常科均係沿襲明制，分鄉試、會試、殿試三種。會試、殿試均無定額；鄉試，順天八旗，滿州蒙漢軍直縣諸生，各省貢監肄業大學者，共中二百十五名。各省少者四十名（貴州），多者七十餘名（江蘇）。鄉會試……舉行年月、應試手續、科名給予、官職授予，均與明代相同；所不同的，國子監的貢監生，在明代可以會試，在清只能應鄉試。

考試內容，亦大體與明相同。鄉、會試各分為三場。順治時代，初限《四書》三題，《五經》各四題，士子各占一經。（《四書》主朱子集注，《易》主程朱二傳，《詩》主朱子集傳，《書》主蔡傳，《春秋》主胡傳，《禮記》主陳氏集說。）二場論一道，判五道，詔誥表內科一道；三場經史時務策五道。康熙初廢制義，考試用策論，未幾復清初之制。乾隆時改定初場止試《四書》義三篇，加八韻詩一首；二場試《五經》文四篇，會試加八韻詩一首；三場策五道；是清代考試內容僅加律詩一項而已。三場考試亦以第一場為重，考試項目以經義為主，體制仍為八股文。滿洲生員應考者，加試騎射，如將不堪者取中，監箭官及中試人一併從重治罪。足見清廷對於本族教育尚武之意。宗室子弟，令其學習滿文，訓練騎射，不許應試，然亦偶有允許之者，蓋清既重科舉，又禁人應試，殊為難也。

文舉以外，清代尚有武舉。鄉、會試年月與文舉相同，考試內容大異，分術科、學科兩類：一、二兩場考試術科，三場考試學科。第一場術科試騎射，第二場術科試步射。學科試論二道策一道。論題兩道：一道以《論語》、《孟子》為範圍，一道以《孫子》、《吳子》及《司馬法》為範圍。考試以術科為主。

六、科舉制度之評論

科舉制度始於隋煬帝大業二年（民元前一三〇六年），廢於清光緒三十一年（民元前七年），有一千三百年之歷史。選舉制度若自西周起算至隋止，有一千七百餘年之歷史，若自漢起算，有八百餘年之歷史。西周選士制度之詳，既不可考，又經過春秋戰國之變革，該項制度，縱說可靠，亦無綿延繼續性。故論選舉制度，當斷自漢，自漢以後，選舉制度實行了八百年，好處固有，流弊亦多。如漢末則「竊名僞服，寖以流競，權門貴士，請謁繁興」。魏晉以後，則取士專重門第，士子厚結姻援，奔馳造請，增年矯貌，以求得售。而平民很少與選之機會。積時既久，流弊益甚，於是選舉制度不得不變，而科舉制度乃代之以興。科舉制度在歷史上所占時間，比選舉制度多五百年。在科舉制度實行時，選舉制並非完全廢棄，亦間有舉行者，結果則多不佳。

選舉及科舉制度在中國政治史及教育史，均占很重要之地位。從政治言，選舉科舉均係拔選統治人員之辦法，故其制度如何，實行情形如何，實關政治之理亂。而且因有此種制度之調劑，平民有握政權之機會，故西漢以後，中國無絕對之貴族政治，從教育言，中國之官立學校，除幾種特殊時代外，大抵以有名無實者居多。故實際教育事業，無論人才教育或民間教育，均採放任政策，讓人民自由辦理，政府統制教育之工具，實恃科舉制度。科舉制度規定拔選人才之標準。此種標準，實即具體之教育目標。合乎這個標準的人才，便有與選的機會，便有升入統治階級的機會。此種獎進，足以鼓勵全國士子共趨同一目標；其統制之力，較之任何法令更爲有效；其方法側重積極的提倡，而非消極的禁制。自科舉制度實行以後，明定考試內容，目標更顯明，而統制教育之能力更加強；隋唐以後，所謂學校，除少數特例外，莫不爲科舉制之附庸。

就選舉與科舉兩制而論，亦各有利弊。選舉以德行爲主，而兼及文藝才能；科舉以文藝爲主，而兼及才能德行。選舉既注重德行，故清議的力量極大，足以敦品勵行，養成良好風尚。而且選舉之後，每加以考試，以觀其文藝，任以官職，以觀其才能；如所選非其人，司選者亦受其責。故在民風樸古時代，選舉亦不失爲一種良好制度。但選舉最大的困難，在所謂德行不易作客觀的測驗，所謂「清議」亦非可靠的定評。於是司選者得以上下其手，而種種流弊因以產生，科舉制度注重文藝，而文藝之評判比較近於客觀，司選者難於以私意爲去取，所以科舉制度實爲解決當時選士問題最好之方法，給予平民一種較多的上進機會。在實行選舉制度時代，所謂選舉，並非平民之選舉，而爲官紳之選舉，平民之選舉較難，科舉制度注重文藝，平民之優秀者皆可與考。故在科舉時代，平民上進之機會，似較選舉時代爲多。千餘年來之科舉，雖間有舞弊情事之發生，然就大體言，均尚嚴格認眞，拔選之人才亦不少，則科舉制之所以能長久存在者，亦非無理也。

科舉制度雖有上述之優點，亦有其缺點，所以在各朝代，均有反對科舉者，批評科舉者。茲略述各家之批評，而後予以綜合之估價。

馬端臨《選舉考序》曰：「古之用人，德行爲首，才能次之。虞朝載采，亦有九德，周家賓興，考其德行，於才不屑屑也兩漢以來，刺史守相，得於專辟召之權；魏晉以後，九品中正，得以司人物之柄。皆考之以里閈之毀譽，而試之以曹椽之職業，然後俾之入備王官，以階清顯。蓋其爲法，雖有愧於古人德行之舉，而猶可以得才能之士也。至於隋，而州郡僚屬皆命於銓曹，搢紳發軔悉由於科目。自以銓曹署官，而所按者資格而已，於是勘籍小吏，得以司升沉之權；自以科目取士，而所試者詞章而已；於是操觚末技，得以階榮進之路。夫其始也，試於操觚末技。而專主於詞章；其既仕也，付之於勘籍小吏，而專校其資格；於是選賢與能之意，無復存者矣。然此二法者，歷數百年而不復更，一或更之，則蕩無法紀，而僥濫者愈不可澄汰；亦獨何哉？又古人取士，蓋將以官之。三代之時，法制雖簡，而考核之明。毀譽既公，而賢愚自判。往往當時之士被舉者，未有不入官，初非有二途也。降及後世，巧僞日甚，而法令亦滋多，遂以科目爲取士之途，銓選爲舉官之途，二者各自爲防閑檢柅之法。至唐則以試士屬之禮部，試吏屬之吏部。於是科目之法，銓選之法，日新月異，不相爲謀。蓋有舉於禮部而不得官者，不舉於禮部而得官者。而士之所以進身之塗轍亦復不一，不可比而同日語也。」

唐代實行科舉，批評者甚多，最深刻者莫如趙匡之《選舉議》。他說：「國朝選舉，遵用隋制，歲月既久，其法益訛。進士者，時共貴之，主司褒貶，實在詩賦，溺於所習，實昧本原，故士林鮮體國之論。其弊一也。人之心智，蓋有涯分，九流七略，書籍無窮，主司微同，不立程限，修習之時，但務鈔略，比及就試，偶中是期，故當代寡人師之學。其弊二也。疏以釋經，蓋筌蹄耳，明經讀書，勤勞已甚，既口問議，又誦疏文，而當代禮法，無不面牆，及臨人決事，取辦胥吏之口而已，所習非用，所用非所習，故當官少稱職之吏。其弊三也。舉人大率二十人中方收一人，而雜色之流，廣通其略，此一彼十，此百彼千，崇末抑本，啓昏窒明，故士子捨學業而趨末伎。其弊四也。收入既少，爭第急切，交馳公卿，毀訾同類，故業因儒雅，行成險薄，浸以成俗，虧損國風。其弊五也，大抵選舉，人以秋初就路，春末方歸，休息未定，聚糧未辦，即又及秋，正業不得修習，益令藝能淺薄。其弊六也。羈旅往來，靡費實甚，未及數舉，索然以空。其弊七也。貧窶之士在遠方，欲赴京師，而所冀無際，此以揆度，遂至沒身，使茲人有抱屈之恨，朝廷有遺才之缺。其弊八也。官司運江淮之儲，計五費其四，方達京邑，芻薪之貴，又倍四方，而舉選之人，每年攢會，計其人畜，蓋將數萬，無成而歸，十乃七八，徒令關中煩耗，其弊九也。爲官擇人，唯才是待，今選司量格，並格之以年數。合格者判雖下劣，一切皆收；如未合格而應科目者，纔有小瑕莫不見棄，故無能之士，祿以例增，才俊之流，坐成白首。其弊十也。選人不約本州所試，悉令聚於京師，人既浩穰，文簿繁雜，因此偷濫，其事百端，故俗間相傳云：『入試非正身，十有三四，赴官非正身，十有二三』。此又弊之尤者。」

宋代批評科舉者甚多，茲舉其重要者如下。范仲淹反對只考試而不教育的科舉制度。他說當時的科舉是：「委先王之典，宗叔世之文；詞多纖穢，士惟偷淺，言不及道，心無存誠。」又說：「當太平之朝，不能教育；乃於選用之際，患才之難，亦由不務耕而求穫矣。」（《文集》，卷八〈上執政書〉）他對於科舉之改進，主張：「先策論以觀其大要，次詩賦以觀其全才，以大要定其去留，以全才升其等級。」而反對之者則謂：「詩賦聲病易考，而策論汗漫難知。」范仲淹注重考試資料本身之價值，反對者則注重評判之難易。

范仲淹僅主張改進科舉制度，王安石則根本反對科舉制度。他的重要論點有三：第一、他以爲科舉非取士之良法，賢者不必取，不肖者反可進。第二、在科舉制度之下，士子所學，全爲預備科舉，不切實用。第三、要選拔眞才，必須廢除科舉，必須興學校以培育人才，由學校而選用人才。他說：「先王之時，盡所以取人之道，猶懼賢者之難進而不肖者之雜於其間也。今悉廢先王所以取士之道，而驅天下之才士，悉使爲賢良進士，則士之可以爲公卿者，固以爲賢良進士，而賢良進士亦固宜有時而得才之可以爲公卿者也。然而不肖者苟能雕蟲篆刻之學。以此進乎公卿；才之可以爲公卿者，困於無補之學，而以此絀死於嵓野，蓋十九八矣。」（《上仁宗皇帝言事書》）此言科舉取士非良法也。他又說：「今士之所宜學者，天下國家之用也，今悉使置之不教，而教之以課試之文章，使其耗精疲神，窮日之力，以從事於此。及其任之官也，則又悉使置之而責之以天下國家之事……宜其才之足以有爲者少矣。」（同上）此言因科舉之故，士子所學非所用也。他又說：「古之取士，皆於學校：故道德一於上，而習俗成於下，其人才皆足以有爲於世。自先王之澤竭，教養之法無所本，士雖有美才而無學校師友以成就之，議者之所患也。今欲追復古制以革其弊……宜先除去聲病對偶之文，使學者得以專意經義，以俟朝廷興建學校。」（《乞改科條制劄子》）又云：「今人才乏少，且其學術不一，一人一義，十人十義，朝廷雖欲有爲，異論紛然，莫肯承聽，此蓋朝廷之不能一道德故也。故一道德，則修學校，欲修學校，則貢舉法不可不變。」又曰：「若謂此科嘗多得人，自緣仕進，別無他路，其間不容無賢，若謂科法已善則未也。今以少壯時，正當講求天下正理，乃閉門學作詩賦，及其入官也，事皆所不習，此乃科法敗壞人才，致不如古。」（見《文獻通考》，卷三十一）此言欲作育人才，非興學校廢科舉不可。

反對安石之主張者甚多，尤以蘇軾爲最力。蘇氏上疏曰：「得人之道在於知人：知人之法，在於責實……朝廷無責實之政……雖復古制，臣以爲不足矣。時有可否，物有廢興，使三代聖人復生於今，其選舉亦必有道，何必由學乎？且慶曆間嘗興學矣，天下以爲太平可待；至於今，惟空名僅存……夫欲興德行，在於君人修養以格物審好惡以表俗，若欲設科立名以取之，則是教天下相率爲僞也……自文章言之，則策論爲有用，詩賦爲無益；自政事言之，則詩賦策論均爲無用。然自祖宗以來，莫之廢者，以爲設法取士，不過如此也……矧自唐至今，以詩賦爲名者不可勝數，何負於天下，而必欲廢之？」（《宋史．選舉志》）蘇氏論點有三：第一、科舉爲祖宗舊法，可以得人，不必廢除，只須於任用之際責實而已。第二、就考試內容言，不但詩賦無用，策論亦復無用，然兩者皆可爲選士之法。第三、欲興德行，在於君人以身作則，而不在於以科名獎勵，以科名獎勵，反足以使人作僞。

以上已將贊成科舉與反對科舉之意見，作簡略的陳述。茲就科舉制度的本身及其流弊，加以分析。所謂科舉制度，是國家用考選的方法，選擇優良士子，予以科名，授以官職的制度，故考試爲科舉制度的核心。茲分下列五方面來討論：㈠科舉考試的內容；㈡科舉與學校教育；㈢科舉與德行才能；㈣科舉與考生生活；㈤科舉之影響。

㈠科舉考試的內容

隋唐以後，科名雖多，最重要者唯進士一科，歷千三百年不廢；考試項目雖多，最重要者不外「經義」、「策論」、「詩賦」。宋代執政者對於上述三項之估價各有不同，爭論甚烈，然自唐宋以來，各代考試莫不以經義爲主體。唐之「帖經」、「墨義」偏重記憶，宗主注疏，篤守舊說；宋之經義，側重義理，好向新奇，王安石於熙寧時，頒《三經新義》，既名爲新義，則明教人棄古說以從其新說。安石新義行，舉子專誦王氏章句而不解義，安石悔之曰：「本欲變學究爲秀才，不謂變秀才爲學究。」安石之書，至南宋始廢。趙鼎謂安石說「虛無之學，敗壞人才」。南宋雖廢新義，而仍用其墨義之法。其流弊，朱子論之甚詳。朱子《學校貢舉私議》云：「名爲治經，而實爲經學之賊；號爲作文而文爲實學之妖。主司命題，又多爲新奇以求出於舉子之所不意，於其所當斷而反連之，於其所當連而反斷之，爲經學賊中之賊，文字妖中之妖。」又云：「怪妄無稽，適足以敗壞學者之心志，是以人才日衰，風俗日薄。」可見科舉時文之弊，在南宋已極顯著。其後遞次演變，至於明代，遂有所謂八股文。

八股文規律極嚴，束縛極多，其爲害甚大。所以顧亭林謂：「八股之害，等於焚書，而敗壞人才，有甚於咸陽之郊所坑者。」（見《日知錄．科舉》）蓋八股文末流之弊極多，如不合理之規則與時增加，出題有割取一句之二三字者，有割取《四書》中某句或半句爲題之上節，而割其他意義不相關之句子爲下節者。題目不通，作文自無意義。何以有此現象？則試題多出自《四書》，重複者多，特翻新奇花樣，一以免重複，一以難士子，亦唐代帖經帖孤章絕句之意也。此種文體自然是枉費腦力，毫無實用，故爲害甚大。然八股文之初起，亦不過定格式，爲說理之便利，措詞之動聽，如近代之修辭規則而已，初不料其演變至於此極也。考八股文淵源於宋代之經義，王安石的經義的格式已略具八股風格，如〈里仁爲美〉一篇，首兩句云「爲善必愼其習，故所居必擇其地」（見《圖書集成・經義典》），已類似八股文之破題。破題者即用簡單詞句，隱約說破題之要義也。元王允耘《書義矜式》於〈書經篇〉摘數題各爲程文，以示標準，八股文之體式更備。迄明成化，八股格式逐漸完成。顧亭林云：「經義之文，流俗謂之八股，蓋始於成化以後，股者，對偶之名也。天順以前，經義之文，不過敷衍傳註，或對或散，初無定式。成化弘治之時，經義之文，首段謂之起講，起講之後排對成篇，今人相傳謂之八股。」（《日知錄》，卷十二）此言八股文之注重對偶也。其實八股文不注重對偶，而且有戲曲的神情，黎錦熙說：「明初八股文漸盛，這卻在文壇上放一異彩，本來是說理的古體散文，乃能與駢體辭賦合流，能融入詩詞的麗語，能襲來戲曲的神情，集衆美兼衆長，實爲最高稀有的文體。」（《國語運動史綱》頁八二）可見八股文亦原有文學價值，可惜兩朝都拿它來取士，便愈演愈濫，遂變爲光怪陸離的文體了。

總之，唐宋以來，考試內容多爲經義策論辭賦，注重多在文辭技術；就文學言，各有相當價值；就政治學術言，均無若何價值。明袁黃說：「學子所學皆無用之文，所謀皆干澤之事，而其應上之虛文，如經義表判論策之詞，率皆掇拾緒餘，略無心得。以經義言之，不攻體貼，專尙浮詞，逐靡鬭華，自誇高調，而凡所引用。漠然不知來歷；以表判言之，抄成四六，顚倒鋪塡，或誤記而錯用，或妄用而強排，以之陳情達意，間刑擬罪，無一相干。論者所以發揮義理，論列事情者也；今則陳言塞白，輳合成文。策者所以折經史，陳世務者也；今則摘定名目，鈔成活套，一遇考試，不對其所問，而對其所不問，略過本題，含糊遷就，謂之凌駕。問答之體，固如是乎？」據此，可見應試之文，無論何種，均屬無用，而八股之害爲尤烈。然以其文規律甚多，撰作甚難，非智力高者不能爲此，所以八股考試，或不失爲一種智力測驗。但士子寶貴之心力時間，用之於此種無益之文藝，在教育言，實係重大之損失，一般均認此爲科舉之流毒。惟此係考試內容問題，並不能認爲考試制度本身之弊也。

(二) 科舉與學校教育

唐宋以科舉取士，而學校遂變爲科舉附庸，官立學校多爲有名無實，故科舉政策爲只重收穫不管耕耘的政策。此種政策，統制教育之力量極大，亦極經濟，蓋大量之教育經費，均係私人負擔也。但揆之國家設學育才之旨，未免不合。蓋國家不僅負拔選之責，亦負教育之責。此點，王安石論之極詳。但此種弊端發生之主要原因，在學校與考試分裂，未能取得聯絡。又以考試較易，培養較難，歷代政府遂捨難就易，此係科舉制度之流弊，而非考試制度本身之不良也。

(三) 科舉與德行才能

科舉考試內容，無論如何變動，所考者不過是知識詞章，對於考生之德行與才能，很難用考試方法決定。蓋德行必須考察，才能必須歷事，而後可知，兩者皆非短時考試所能決定。此爲科舉制度本身缺點，不能不別思救濟者。

(四) 科舉與考生生活

清代考生場屋生活，異常困苦。先父（諱瑞圖，字懋修）爲清縣學生，參加鄉試多次，曾云：「考場生活非人所堪。每人所占地位，其小如轎，僅容一人坐寫。飲食烹飪均在其中，值天熱，空氣不流通，間有致死者。謂係犯陰惡，故得此報應。死而又得惡名，誠可傷也。」蓋考場生活之困苦，不但在清如此，以前亦然。明艾南英刻其制藝，自敘其首，有云：「試之日，衙鼓三號，雖冰霜凍結，諸生露立門外，解衣露足，左手執筆硯，右手持布襪，聽郡縣有司唱名，以次立甬道。至督學前，每諸生一名，授檢軍二名，上窮髮際，下至膝踵，裸腹赤踝，爲漏數箭而後畢。雖有壯者無不齒震凍慄，腰以下大都寒沍僵裂，不知爲體膚所在。遇天暑酷烈……諸生什佰為群，擁立塵坌中，法既不敢扇，又衣大厚布衣，比至就席，數百人夾坐，烝薰腥雜，汗淫浹背，勺漿不入口。雖設有供茶吏，然率不敢飲，飲必朱鈐其牘，疑以為弊，文雖工，降一等，蓋受困於寒暑如此。」（李調元：《制藝科瑣記》，卷三）

(五) 科舉之影響

科舉為平民進身唯一的機會。士子對於科名之熱望，社會對於科名之贊許，得以曹鄴之詩，為最好之寫照。鄴《杏園即席上同年詩》曰：「歧路不在天，十年行不至；一旦公道開，青雲在平地；枕上數聲鼓，衡門已如市；白日探得珠，不待驪龍睡；匆匆出九衢，童僕顏色異；故衣未及換，尚有去年淚；晴陽照花影，落絮浮野翠；對酒時忽驚，猶疑夢中事；自憐孤飛鳥，得接鸞鳳翅；永懷共濟心，莫起胡越意。」讀此詩可見當時社會情形、士子心理。蓋科舉之制，成敗定於頃刻，榮辱決於須臾，一朝之間，成功者可升至上天，失敗者仍沉海底。在此種境況之下，士子情緒自然因苦樂之對比而表現愈顯，科舉支配社會之力量亦因此而愈大。千餘年來科舉影響之顯著者，為士子讀書以取功名為目的，心思才力均耗費於文藝詞章，而不務實學，不務獨立思考，以致阻礙學術之進步。

考試制度雖有上述之缺點及流弊，然倘能予以改良，而與他種制度（如選舉、學校）並行，亦不失為一種良好制度也。

第五節　教育思想

一、綜論

中國之教育思想，雖係以儒家學說為中心，然其內容亦隨時代而變遷，如前所述。兩漢以儒家之經典為教育之最高原則。魏晉南北朝雖尙宗主儒家，然其時南北二派之解經各有不同，而南派之思想尤多受佛老之影響。隋唐統一南北二派思想，作《五經正義》以爲考試之標準；論者謂其有雜亂之病，蓋混合而未能融化也。宋元明則爲儒佛思想融合時代，其結果產生燦爛光華之理學。清爲漢學復興之時代，對於考證經典，貢獻甚多；對於教育理論，似無大貢獻。所以儒家學說雖爲中國正統思想，其內容變遷實受佛家思想之影響，隋唐以後影響更大。

唐代佛學最爲昌明，唐朝皇帝如太宗、玄宗等，均提倡佛學；而玄奘、慧能、賢首等佛學大師，又竭力發揚佛學，宣傳佛教，所以佛學勢力甚大，而佛學的派別益多。最要者有下列八種：一爲三論宗，以中論、百論、十二門論爲根據，以龍樹爲遠祖；以對相宗言，又名爲空宗，以明空理爲主旨。二爲法相宗（又名唯識宗，從所主唯識之學得名；又名慈恩宗，從玄奘所住之慈恩寺得名），以窮明萬法性相爲主旨，又照唯識論明「萬法唯識」之理，謂世所認之萬法，非果有萬法實相，乃是唯識所變現，故唯識家不見其萬法，只見有一識。自玄奘留學印度後，唯識之學遂傳於中國。三爲律宗，以守戒律爲主旨，如不殺生、不盜、不淫、不妄語、不飲酒等。開始譯戒律者爲曹魏之法時，至唐之道宣始以律爲一宗。四爲華嚴宗，以《華嚴經》爲根據。《華嚴》爲諸經之王，自東晉傳入中國，至唐之杜順、智儼、賢首，益加發揚，其義更顯。賢首立五教，即：小乘教、大乘始教、大乘終教、頓教及圓教。小乘教係就佛理之淺顯者而施教。大乘始教分爲二門：一爲空宗，明一切皆空；一爲相宗，明萬法唯識。此二教不開示一切衆生悉有佛性之義，故貶爲始教。大乘終教說眞如緣起之理，謂一切當成佛。頓教以頓悟理性爲教，說一念不生，即名爲佛。圓教即是圓融圓滿、不偏不倚之教。賢首以頓教攝禪以圓教統前四教，較他宗立教，更爲完備，所以當時從之者甚多。五爲天臺宗，從隋智者大師所棲天臺山得名，以《法華經》爲本，故又名法華宗。北齊慧文倡之，傳至智者大師，其教益顯。此宗專習禪定，開示入佛之知見。六爲眞言宗，又名密教，以祕密眞言爲宗，結壇持咒，奉《大日經》爲本，謂佛能拯幽救危。如禱雨、治病等是。唐代印度僧善無畏、一行、金剛智及不空等，相繼來華，從事宣傳。七爲禪宗，爲梁代達摩（天竺人）所倡，五傳至唐之慧能（六祖），其道益明，信奉者益衆。此宗以直指本心，不立文字爲尙。對於經論，不甚重視，別有語錄相傳。自唐以來，流行最廣，其勢力足以掩蓋一切，對於中國教育思想，影響尤大。八爲淨土宗，信願念佛，求生淨土，故名。自晉慧遠住廬山結蓮社（故又名蓮宗）爲中國淨土宗之始，至唐道綽善導提倡專修，其教益顯。此宗以專修爲妙道，專修最要者爲念佛，念佛須能信、能願、能行。

上述八宗，除少數兼屬大小二乘外，均是大乘，而天臺、華嚴、法相，均爲大乘妙諦。佛祖教人，因人說法：人有智愚，故所說有深淺。其說之廣大益賾者爲大乘，淺小者爲小乘。（乘是車乘之意，因其載道濟人，故謂之乘。）小乘、大乘不同之點頗多：小乘專就存在方面立論，大乘兼說不存在者；小乘偏在差別方面立論，大乘兼說無差別之旨；小乘專就感覺之世界立論，大乘立論有超於感覺之世界者；小乘之人生觀爲厭世，大乘參以樂天。

佛學對於吾國之教育社會各方面，影響極大，普通人民深信佛家因果報應之說，頗能趨善避惡。文學家味其旨趣發而爲文，別具風態。理學家取其菁英，融化儒理，成爲有系統之哲學。就教育方面而論，佛家各派多主性善，故其論教育以「一見性」、「顯性」爲主旨，以「守戒律」、「習禪定」、「一念不生」、「直指本心」、「頓悟理性」爲方法；與宋儒所謂「主一」、「敬靜」、「去慾」、「克己」、「靈昭明覺之明德」、「不學而知之良知」甚爲相近。

隋唐以後學者，除純粹之漢學家及實利主義者外，其思想無不受佛家之影響。茲略述各代教育思想於後。

二、隋唐時代之教育思想

隋唐儒家雖提倡經學，反對佛教，然其思想亦雜有佛學成分。隋平天下，南併於北，而經學統一，北學反併於南，而南學本具有佛老成分者，即如當時反對佛老最力之韓愈，所作〈原道〉一篇，特別推重《大學》；其弟子李翺作《復性書》，本之《大學》、《中庸》，參合佛老，講學途徑，實與宋儒相近。惟就經學而論，則隋唐多篤守古義，而宋儒釋經頗多新創之見。隋唐學者雖多受佛老思想影響，未能將其思想融化，故持論多雜，對於教育理論之貢獻甚少。

(一)王通（民元前一三三九至一二九五年）

字仲淹，河東龍門人，後人稱爲文中子。他以紹述北方的思想自任。他曾仿孔子作《王氏六經》，均不傳，傳者唯《中說》。《中說》係其弟子所集，其書之眞僞雖不可知，但是可以之代表當時儒家的思想。《中說》全仿《論語》，所言多誇大無精義，其根本思想曰執中。其論佛則曰佛宜於西方，而不宜於中國。其論教育，頗有可取之處：第一、他反對當時賤視農工的風氣，所以他親自耕種借以謀生；問他的理由，他說：「耕種係庶人之職，一夫不耕，或受其饑。」第二、他以爲「化人之道在正其心」。第三、他以爲求學的目的在求道，不在求利，故他說：「君子之學進於道，小人之學進於利。」第四、他對於持身處世主張去憂疑，而努力各人之職責，故他說：「樂天知命吾何憂，窮理盡性吾何疑。」總觀上述，我們可說他爲宋明理學之先驅，朱子謂王通之學「頗近於正而粗有可用之實」，殊爲適當之評語。

(二)經學家孔穎達（民元前一三三八至一二六四年）、顏師古（民元前一三三一至一二六七年）

東晉以後，儒者好尚有南北之異，南學簡而華，北學深而蕪。北學承襲漢代遺風，講求文字章句之末，義理往往從略；南人喜談名理，增飾浮詞，表裡可觀，雅俗共賞。隋室勃興，併採南北之學，至唐太宗命顏師古校訂五經同異，命孔穎達等折衷南北學說，立一定之標準，作《五經正義》，亦實以南學爲本，論者謂其朱紫無別，眞贋莫分。（其後賈公彥撰《周禮》、《儀禮》疏，楊士勛疏《穀梁》，徐彥疏《公羊》，合爲《九經注疏》。宋邢昺疏《孝經》、《論語》、《爾雅》，孫奭疏《孟子》，合爲《十三經注疏》。《書》用孔安國傳，《詩》用毛傳鄭箋，《周禮》、《儀禮》、《禮記》用鄭注，《公羊》則何休學，《孟子》則趙岐注，皆漢人；《易》則王弼注，魏人；《繫辭》韓康伯注，晉人；《論語》則何晏集解，魏人；《左傳》用杜注，《爾雅》則郭璞注，《穀梁》則范寧集解，皆晉人；《孝經》，唐玄宗注。）但其勢力甚大，唐代學校的課程，官吏的考試，莫不以此爲本。故孔、顏之經學，實與唐代教育關係甚大，他們雖無專論教育之文，但從他們著作觀之，可知其講教育最注重明經，經明則一切之理皆明了。自他們把經籍加以確定之解釋後，經學範圍日窄狹，自由思考太少，故唐代經學，不甚發達。而普通研究經學者，目的專在應考試，故無成績之可言。當時一般有高尚思想者，又多醉心佛學，故佛學發達，對於教育亦發生相當之影響。儒家韓退之、李習之等極力攻擊佛學，但他們未從根本著手，故無甚大效果。茲將韓、李之學說，略述於後。

㈢ 韓愈（民元前一一四四至一〇八八年）

字退之，鄧州南陽人，謚曰文，宋追封爲昌黎伯，故世稱爲韓昌黎。昌黎爲儒學中興最重要人物。他的特長在於文學，對於儒家學術雖無精深之研究，然他提倡甚力，故對於儒學之復興甚爲有功。

1. **論儒學** 他說儒家立說，因人類普通之性質而自然發展，於修身齊家治國之道，均說得妥當，絕不容捨是而他求。所以他在〈原道篇〉說：「夫所謂先王之教者何也？博愛之謂仁，行而宜之之謂義，由是而之焉之謂道，足乎己無待於外之謂德；其文，《詩》、《書》、《易》、《春秋》；其法，禮樂刑政；其民，士農工商；其位，君臣父子師友賓主昆弟夫婦；其服，麻絲；其居，宮室；其食，粟米果蔬魚肉；其爲道易明，而其爲教易行也，是故以之爲己，則順而祥；以之爲人，則愛而公，以之爲心，則和而平；以之爲天下國家，無所處而不當。是故生則得其情，死則盡其常，郊焉而天神假，廟焉而人鬼饗。」此段敘述，簡而要。從此段敘述中，我們可推知韓愈對於教育之主張。他以爲教育之目的在明白先王之道，先王之道是很妥當而容易實行的。就抽象的說，謂之仁義道德；就具體的說，即是載於經籍上的禮樂政刑，以及一切關於修己治人的話。修己治人最要之道，不外於《大學》所說的格物、致知、誠意、正心。

2. **論性** 教育雖是教人明先王之道，究竟是否每個人都能做到此步，這便是教育的效能問題。要討論此問題，須從性之本質方面下手。關於此兩問題，他的見解如下：第一、他說性有上、中、下三品。在〈原性篇〉，他說：「性者與生俱生也……性之品有上、中、下三，上焉者善焉而已矣，中焉者可導而上下也，下焉者惡焉而已矣……孟子言性曰：『人之性善』；荀子之言性曰：『人之性惡』；揚子之言性曰：『人之性善惡混』。夫始善而進惡，與始惡而進善，與始也混而今也善惡，皆舉其中而遺其上下者也，得其一而失其二者也。」第二、他說教育是很有效能的，非但對於中品可導而使之爲善，即對於上下兩品亦有效果，故他說：「上之性，就學而愈明；下之性，畏威而寡罪；是故上者可教而下者可制也。」

3. 排斥異端　愈既極力提倡儒學，所以他不得不排斥佛老。但是他的排斥，不從哲理下手，專就實用方面立說。他的排佛老，大意謂聖人所定之法度都是社會所必要的，誠如老子所說，把他去掉，則天下必亂；又聖人所定君臣父子之道，是必須遵守的。誠如佛家所說，棄而君臣，去而父子，禁而相生相養之道，以求其所謂清靜寂滅，則人類必滅絕。本此，則愈之攻擊，專從常識方面下手，於兩家根本思想未遑論及。但其影響亦甚大，唐宋以後，倡言佛老，反對儒家者甚少。此固一面由社會政治之力量，而愈提倡之力也是不小的。

(四) 李翺

字習之，韓愈的學生。他的論文與教育理論有關係者，爲他的《復性書》。他以本體爲性，性之發動一方面爲情。性者超絕相對之動靜而爲至靜，超絕相對之善惡而爲至善，故曰：「性者所以使人爲聖人者也，寂然不動廣大清明，照感天地，遂通天地之故，行止語默，無不處其極。」性既是至善，惡何由來？惡起於情，性之發動爲情，情有相對之動靜，故有相對之善惡，故曰：「人之所以爲聖人者性也，人之所以感其性者情也。喜怒哀懼愛惡欲七者皆情之爲也。情昏則性遷，非性之過也。水之渾也，其流不清；火之煙也，其光不明。然則性本無惡，因情而後有惡，情者，常蔽性而使之鈍其作用者也。」

性情之關係既如上述，教育應當怎樣？教育之目的在復性，復性之法在於靜。靜則不慮不思；不慮不思，則情不生；情不生，乃爲正思。所以教育最要者在使人齋戒其心，去思去慮，以復歸於至善至靜之境，是謂復性。

翺之學說，本之《中庸》，參考老莊，歸宿佛教。他雖無創見，然能從諸教義集合其根本思想，而爲一貫之論，實爲宋代講理學者的先驅。

三、宋元明時代之教育思想

宋元明爲理學昌明時代。當時學者講學，雖宗主經典，而不限於經典。漢唐經學，篤守古義無取新奇，各有師承，不憑臆說。至宋之慶歷，學者始以新意解經，不但不信注疏，甚至疑經。陸游曰：「唐及國初，學者不敢議孔安國、鄭康成，況聖人乎？自慶歷後，諸儒發明經旨，非前人所及；然排《繫辭》，毀《周禮》，疑《孟子》，譏《書》之〈胤征〉、〈顧命〉。黜《詩》之序，不難於議經，況傳注乎？」宋儒對於經典既非全部的接受，解釋又不拘守注疏，故思想較爲自由，對於哲理能有創見。唐代對於佛學，已有忠實介紹，宋儒對於佛學多有精深之研究，故對於儒佛兩家學說，能取其精義融化而貫通之，以成一家之言；又加以活字版之發明，書籍傳播甚易，故其學說易於流傳。

宋儒雖有派別不同，但其哲理見解，頗有共同趨向。古代儒者講學多詳於修齊治平之人事方面，忽略宇宙本體問題及心理問題。宋儒始明人性與宇宙之關係及修養學問之道，不但教人以實踐，並進而推求其根本原理，頗能將人生問題、認識問題、宇宙問題，作一貫之說明。關於宇宙問題多本之《易經》，人生問題、認識問題，則多本之《大學》、《中庸》、《孟子》、《論語》。《大學》、《中庸》，本爲《禮記》中之兩篇，自朱子推重此兩篇特別提出，而其地位日見重要。蓋《大學》、《中庸》不僅言修齊治平之原則，乃能分析日常經驗，進而討論心性之修養、宇宙本體之體認，實爲有系統之哲理論文。

《易經》爲吾民族遺傳之經典，其文辭符號，均係事物之象徵，其所代表之內容，不易推測，故理解甚難。就大體言，係以陰陽動靜說明宇宙之本體與變化，持論有與佛老相近者，老子曰：「道生一，一生二，二生三，三生萬物，萬物負陰而抱陽。」《易．繫辭》曰：「易有太極，是生兩儀，兩儀生四象，四象生八卦。」又曰：「形而上者謂之道，形而下者謂之器。」宋儒之論宇宙，均從上述數語出發。邵康節曰：「道爲太極，心爲太極……太極既分，兩儀立矣。陽下交於陰，陰上交於陽，四象生矣。」周濂溪曰：「無極而太極，太極動而生陽；靜而生陰。」司馬溫公曰：「萬物皆祖於虛，生於氣。」張橫渠曰：「由太虛有天之名，由氣化有道之名，合虛與氣，有性之名，合性與知覺，有心之名。」程伊川曰：「氣是形而下者，道是形而上者。形而上者理也，天下物皆可以理照；有物必有則，一物須有一理。」朱晦庵曰：「理也者，形而上之道也，生物之本也，氣也者，形而下之器也，生物之具也。是以人物之生，必稟此理，然後有性，必稟此氣，然後有行。」又曰：「太極即天地萬物之氣，理之總和，無極而太極，是說當初皆無一物，只有此理而已。」以上數家，對於宇宙之解釋用辭不同，而意義極相近。如所謂「道」與「心」，「無極」與「太極」，「虛」與「氣」，「理」與「氣」，均係說明宇宙之本體者。朱晦庵之說似最明顯。朱氏以「理」為宇宙之本體，永久不變，不生不滅。在理論上，「理」離物而獨立；在實際上，理即在物中。所以他說有此「理」，方有此「氣」，既有此「氣」，然後此「理」有安頓處。「理」、「氣」本無先後，若欲究所從來，則須說先是有「理」。朱氏以「理」與「氣」對立，似為理氣二元論，然既認定「理」為原始之存在，亦可認其為唯「理」的一元論。

陸王一派之理學，本之於程明道。明道以為「理」者，即具體事物之自然趨勢。例如服牛乘馬，皆因其性，故無杜撰。陸象山以宇宙即是吾心，吾心即是理，故曰：「萬物森然方寸之間，滿心而發，充塞宇宙，無非是理。」王陽明說心即理也，無心外之事，心外之理。故陸王一派，亦以「理」為宇宙之本體，永久存在，不受時空之限制。

宇宙之本體為「理」，人生究竟在於明「理」。明得此理，則是邵康節之所謂「學際天人」。學際天人者，即是要「心代天意，口代天言，手代天工」。即是「天人合一」，「自我與宇宙為一體」，自我與宇宙為一體，則「生無所得，死無所喪」。蓋氣之聚亦吾體，散亦吾體。聚散生死不足置於懷，而唯求能明此理。能明此「理」，則純任自然，應付咸宜，可到孔顏之極樂境界，便是人生的眞義。

人生究竟在於明理，明理之方法如何？宋儒一致主敬主靜。程朱以為能敬能靜，然後能正心誠意，格物致知，陸王則以為能敬能靜，然後能驅除私欲，恢復本體之明。陸王以天命之性，吾心之本體，靈昭明覺，是謂明德，是謂良知，本在我心而不須求於外者。

宋儒論學得力於佛學極多，論者謂宋學爲儒表釋裡。然宋儒並非純以佛理爲根據者。宋儒自身確有立場，對於儒佛之辨，極爲明顯。晦庵之言曰：「釋氏見得心空而無理，儒家見得心空而萬理俱備，儒家以理爲不生不滅，釋氏以神識爲不生不滅。」陽明之言曰：「佛有意於不著相，故終於著相，有意於求無，故終非無，儒家順良知之自然而爲，對於一切，無所容心於其間，而不有意於計較安排，則有爲正如無爲。」

理學大旨既經略述，茲分述理學家之教育思想如下。宋代理學家代表爲張橫渠、程明道、程伊川、朱晦庵、陸象山，元代爲許魯齋，明代爲吳康齋、王陽明、劉念臺。

(一) 張橫渠（民元前八九二至八三五年）

名載，字子厚，世居大梁，僑居鳳翔縣之橫渠鎮。橫渠少喜談兵，後治釋老之學，繼見二程，乃治六經，深究理學。茲述其學說大要於後。

1. **宇宙論** 橫渠以宇宙之本體爲太虛，太虛是無始終的。太虛所含有凝散之二動力，是爲陰陽，由陰陽而發生的各種現象，雖各有不同，而其發生之源則一。所以他說：「造化所成，無一物相肖者，以是知萬物雖多。其實無一物無陰陽者，以是知天地變化，二端而已。」他又說：「兩不立，則一不可見，一不可見，則兩之用息。兩體者虛實也。動靜也，聚散也，清濁也，其究一而已。」橫渠之論「心」，論「性」亦根據其宇宙論。他說：「由太虛有天之名，由氣化有道之名，合虛與氣，有性之名。合性與知覺，有心之名。」按橫渠之意，以爲天地之間，只有一氣之循環而已。氣凝爲物而有聚散，但理無聚散，性無聚散。散入無形，本非有減，聚爲有象，本非有增。這種循環的氣化，就叫作道。氣凝爲物，物散又爲太虛，是就物之本性而言，實爲合氣與虛者。故曰：合虛與氣，有性之名。氣之虛靈者，便能知覺外界，而知覺外界，便是心的作用。故曰：「合性與知覺，有心之名。」心爲吾人精神作用合體之總名，性是就心之本體而言的。據上說，可見張子能把天、道、性、心四者爲一貫的說明。

2. **論教育** 要知張子的教育學說，須研究張子之性論，其性論實亦根據他的宇宙論。他說性有天地之性與氣質之性。天地之性，萬人所同。如太虛然，實爲一理，沒有不善的。氣質之性，起於成形之後，如太虛之有氣。氣有陰陽，有清濁，所以氣質之性，有賢愚善惡的不同。教育的目的即在變化氣質，反於天地之性，是爲合性於太虛。至於求學之方法，最要者爲學禮。張子以爲萬事萬物，均有一定之秩序，禮實爲自然的秩序。氣質之性有善有惡，要去惡趨善，必賴乎禮。所以學禮爲求學的第一步。第二、在幼年時即當養成正當習慣，所以他說：「蒙以養正使蒙者不失其正，教人者之功也。」第三、在清心寡欲。他說：「心清時少，亂時多。其清時則視明聽聰，四體不待拘束，而自然恭謹，其亂時反是。」張子又以爲心清之極，則能虛心，虛心則公平，公平則是非較然可見。某事當爲，某事不當爲，自然知道了。第四、「在博文約禮，由至著入至簡，溫故知新，多識前言往行以畜德。」第五、在能懷疑，疑乃有思，思乃有進，「在可疑而不疑者不曾學」。教授的方法，最要者在能知學生的心理與需要。所以他說：「教人者必知至學之難易、知人之美惡；知至學之難易，知德也，知其美惡，知人也；知其人且知德，故能教人使入德，仲尼所以問同而答異以此。」

3. 結論　橫渠以氣化陰陽解釋宇宙現象，言之甚爲成理。他所言天地之性，氣質之性，亦爲彼所獨創。但天地之性既是善的，氣質之性何由而惡，彼終無圓滿的解釋，此其缺點。至於他的教育學說，注重清心，注重學者心理，與近代教育學說多相符合。《西銘》稱：「民吾同胞。物吾與也。」尤足表現他的博愛精神。

(二) 程明道（民元前八八〇至八二七年）

名顥，字伯淳，河南人，門人諡之爲明道先生。明道的宇宙論，亦本於《易》。他雖未嘗言太極，而以乾元一氣爲宇宙之根本。凡人類禽獸草木，莫非乾元一氣所生。人物區別，在受氣之偏正；受正氣者爲人，受偏氣者爲物。此其宇宙論之大概。但明道學說之根本，在他的〈識仁篇〉。茲先述其仁說，再述其教育學說。

1. 仁說　明道說：「醫家言手足痿痺爲不仁，此言最善名狀。仁者以天地萬物爲一體，莫非己也。認得爲己，何所不至；若不有諸己，自不與己相干，如手足不仁，氣已不貫，皆不屬己，故博施濟衆，乃聖之功用。仁至難言，故只曰己欲立而立人，己欲達而達人，能近取譬，可謂仁之方也已。欲令如是觀仁，可以得仁之體。」

根據這段，我們可知明道之所謂仁，是感覺明敏與物同體之意。至於講到求仁的方法，則莫詳於〈識仁篇〉。〈識仁篇〉曰：

「學者須先識仁，仁者渾然與物同體，義禮智信皆仁也。識得此理，以誠敬存之而已。不須防檢，不須窮索。若心懈，則有防心；心苟不懈，何防之有？理有未得，故須窮索；存久自明，安待窮索？此道與物無對，大不足以明之。天地之用，皆我之用。孟子言萬物皆備於我。須反身而誠，乃為大樂；若反身未誠，則猶是二物有對，以己合彼，終未有之，又安得樂？《訂頑》（橫渠《西銘》舊名《訂頑》）意思，乃備言此體，以此意存之。更有何事？必有事焉而勿正，心勿忘，勿助長，未嘗致纖毫之力，此其存之之道。若存得，便合有得，蓋良知良能，元不喪失，以昔日習性未除，卻須存習此心，久則可奪舊習。此理至約，惟患不能守，既能體之而樂，亦不患不能守也。」

按這段文，明道的意思，是以爲教育目的，在教人懂得仁的道理。懂得仁的道理的方法，不在力除外誘，不在防檢，而在以誠以敬，存養心性，能誠敬以存養心性，則能識仁體，而有萬物皆備之樂。據此則明道之〈識仁篇〉，實可稱爲明道的教育哲學。

2. **論性**　明道謂性之本體，本無善惡可言。就其動作方面言之，則有過者，有不及者。過與不及，均爲惡；得中者乃有善。所以善惡二觀急在性中，原非相對之物（此說與王荊公之性論相近）。善惡之於性，猶清濁之於水，清濁均是水，要使濁變清，在加澄治，並不是要拿清水來換濁水；要使惡變善，須加修養，並不是要以善性來換惡性，明道以爲人類雖同稟生生之氣，但形體各別，境地各殊，所以自愛其生之心，常嫌太過，愛人之生之心，常嫌不足。如水流因所經之地而不免漸濁，是不能不謂爲惡；但是這個惡是由境遇之壓迫而產生的，並非人性中具有實體之惡。

3. 論教育　教育的目的在教人識仁（前已說及）。教育的方法：第一、在內外兩忘（內指己，外指物），打破人物界限。所以他說：「與其非外而是內，不若內外之兩忘；兩忘則澄然無事；無事則定；定則明；明則尙何應物之爲累哉？聖人之喜。以物之當喜；聖人之怒，以物之當怒。是聖人之喜怒，不繫於心而繫於物也。今以自私用智之喜怒而見聖人喜怒之正爲何如哉！」第二、在主敬。要忘內外，須從主敬入手；敬而後能靜；靜而後能定；定而後能明。所謂敬，「只是將已放之心，使反覆入身來。」學者只須敬守此心，則動靜居處，無不適宜。所以他說，居處恭，執事敬，與人忠，是求學最好的方法。惟敬可以勝百邪，惟敬可以對越上帝。敬的修養到極處，則心地鏡明，可以與天地萬物同體；與萬物同體，便是達到仁的境界了，教育目的也就完全達到了。

4. 結論　明道之學，本之《大學》、《中庸》。高景逸說：「《大學》者，聖學也；《中庸》者，聖心也。發二書之秘，教萬世無窮者，明道先生也。」此評語最爲適當。明道講學注重人事，不言天命，所以他說：「儒者只合言人事，不得言有數；直到不得已處，然後歸之命可也。」

㈢ 程伊川（民元前八七九至八〇五年）

名頤，字正叔，明道之弟，伊川與明道雖係兄弟，而學說實不一致。明道之學近於孟子，遞演則爲象山陽明；伊川之學近於荀子，遞演則爲晦庵。明道主忘內外，伊川特重寡慾；明道重自得，伊川重窮理；明道以性即氣，伊川以性即理。

1. 論性　伊川論性與橫渠相近。他以爲性無不善，而惡則由於才。性出於天，性即理也。天下之理，原其所自，無有不善。喜怒哀樂之未發，何嘗不善？發而皆中節，何往而不善？才稟於氣。氣有清濁，稟其清者爲賢，稟其濁者爲愚。愚者亦可改變，惟自暴自棄者乃無改變之可能。伊川又主張理性之一致，所以他說：「天之賦與謂之命，稟之在我謂之性，見諸事實謂之理。」命性理三者實爲同一來源。

2. 教育論　教育的目的，在教人學爲聖人。聖人是能盡心盡性反身而誠的人；是不思而得、不勉而中、從容中道的人。但是要如何才可以學到聖人呢？第一、須從主敬入手。敬即是主一的意思。敬以直內，也即是主一之意。至於不敢欺，不敢慢，尙不愧於屋漏，均是敬之事。敬而無失，便是喜怒哀樂未發之中。敬的修養到極處，便能心廣體胖，動容周旋均中禮。第二、在養氣寡慾。氣有清濁。養氣是養之使清明純全，去昏塞之患；要去昏塞之患，須從寡慾入手。寡慾則氣清，氣清則敬（按此與孟子之所謂養氣相近）。第三、在窮理。涵養須用敬，處事則須集義，集義在窮理。窮理之法有三：一在讀書講明義理；二在論古今人物，分其是非；三在應接事物，而處其當。處事接物要得當，讀書要明理，非加思考不可。所以他說：「學莫貴於思，唯思爲能窒慾；不深思則不能造道。」

3. **結論** 明道的宇宙觀，爲氣一元論；伊川的宇宙觀，爲理氣二元論。伊川說氣是形而下者，道是形而上者，形而上者則是理也。理與氣雖有形上、形下之區別，但是兩者亦不相離，有理則有氣，有氣則有理；理爲萬物所同，氣則有清濁厚薄之區別（此爲伊川的宇宙論的大概）。人稟性於天，本無不善，但稟氣有清濁厚薄不同，所以有賢愚的區別。有此區別，故須教育，使愚者明而賢者聖。教育最要者在能求眞知；知之深，則行之必至。無有知之而不能行者；知而不能行，止是知得淺。雖飢不食鳥啄，人不蹈水火，止是知也；人爲不善，止是不知。欲人之善，莫如求知；求知在窮理；窮理在深思；深思在養氣寡慾；養氣寡慾在能主敬。入敬之道，始於威儀而進於主一。主一則既不之東，又不之西，如是則只是中；中則善。故敬者，百事之本也。

由上節看起來，可知伊川之學說是一貫的，他的哲學可謂爲有系統的哲學；朱晦庵的學說，不過是本其系統，爲更精密的說明。

㈣ 朱晦庵（民元前七八二至七一二年）

名熹，字元晦，一字仲晦，號晦庵，諡曰文。先世徽州婺源人，父韋齋，爲閩延平尤溪縣尉，寓尤溪，生熹，晚遷建陽之考亭，故後之學者又稱先生爲考亭。晦庵爲宋代大哲學家。他的功績，在集各家學說加以分析整理，使成一家之言。蔡元培說：「宋之有朱晦庵，猶周之有孔子，皆吾族道德之集成者也。」這種論斷，誠爲確當。他的著述很多，最著者有《論孟集注》、《大學章句》、《中庸章句》、《文集》、《語錄》、《近思錄》

等，均有關於哲理教育的思想。

1. 宇宙論 晦庵之宇宙論，本之伊川，主張理氣二元論。他的所謂理，就是周濂溪的所謂太極。所以他說：「太極只是天地萬物之理。在天地言，則天地中有太極；在萬物言，則萬物中各有太極。未有天地之先，畢竟是先有此理。有此理，便有天地。若無此理，便無天地，無人物。有理，便有氣流行，發育萬物。」但是理氣的分別究竟在哪裡？他說：「理也者形而上之道也，生物之本也；氣也者形而下之器也，生物之具也。是以人物之生，必稟此理，然後有性；必稟此氣，然後有形。」但是人物既同稟此理，同稟此氣，何以又有差別？他說：「理無差別而氣有種種之別，有清爽者，有昏濁者。因稟氣之清濁不同，所以有賢愚的差別。稟理有多者，有少者；稟氣有正者，有偏者；因稟理氣有多少偏正之不同，所以有人物的差別。據此，則萬物之生，實理一而氣殊。」但是理氣既是二物，他們是否能分開獨立？他說：「理非別爲一物而存，存於氣之中而已。」可見理氣又是不能分離獨立的。

2. 論性 晦庵論性，本之伊川與橫渠，分天地之性與氣質之性。他說：「論天地之性，則專指理而言；論氣質之性，則以理與氣雜而言之。天地之性，是太極本然之妙，萬殊之一本也；氣質之性，則二氣交運而生，一本而萬殊者也。以理言之，則無不全；以氣言之，則不能無偏。得木氣重者。惻隱之心常多，而羞惡辭讓之心，爲之塞而不得發；得金氣重者，羞惡之心常多，而惻隱辭讓是非之心，爲之塞而不得發，水火亦然。故氣質之性完全者，與陰陽合德，五性全備而中正，聖人是也。」據此，則朱子之論性，雖一本張程，而實能以理氣二元之說爲一貫的說明。

3. 仁說 晦庵之論仁，雖大致本之明道，而特別注重生物之心與愛人之心。他作有〈仁說〉一篇，大致謂：「天地以生物爲心，人物又以天地之心爲心。天地運行之序有四：曰春夏秋冬，而春生之氣無所不通。人心之德有四：曰仁義禮智，而仁無不包。故所謂仁者，在天地則坱然生物之心，在人則溫然愛人利物之心。」據此，則晦庵之論仁，實重愛的方面。有人問晦庵：程子謂「萬物與我爲一」爲仁，「心有知覺」爲仁，這說與以愛爲仁之說相衝突不？他說：「以物我爲一爲仁，可見仁之無不愛，以心之知覺爲仁，可見仁之包乎智。」據此，則程朱之論仁，雖注重點各有不同，而實一致。

4. 論心性情慾　晦庵之論心性情慾，大致本之伊川與橫渠。他以「心」爲性與情之統名，所以他說：「心統性情者也。由性之方面見之，心者寂然不動；由情之方面見之，感而遂通。」又說：「心之未動時，性也；心之已動時，情也。欲由情發來者，而有善惡。」又說「心如水，性猶水之靜，情則水之流，欲則水之波瀾。」據此，可知他是以情爲性之附屬物，慾又爲情之附屬物。他以惻隱、羞惡、是非、辭讓等四端爲性；喜、怒、哀、懼、愛、惡、慾等七者爲情，七情均由四端而發。

5. 論教育　他的教育學說，本之他的哲理。教育目的與方法，均詳見於白鹿洞書院的教條。教條規定，教育的目的在教人明五倫，即是：父子有親，君臣有義，夫婦有別，長幼有序，朋友有信。達到此種目的，其方法有五，即是：博學、審問、愼思、明辨、篤行。篤行應當如何？曰：「自修身以至處事接物，皆爲篤行之事，皆各有要。言忠信，行篤敬，懲忿窒慾，遷善改過，爲修身之要。正其誼，不謀其利，明其道，不計其功，爲處事之要。己所不欲，勿施於人，行有不得，反求諸己，爲接物之要。」以上所述，係晦庵教育學說之大綱。茲再就晦庵語錄，文集中所言與教育有關係者，分述於後，可爲上列大綱之增補材料。第一、教育之目的既如上述，各種學校亦各有目的。小學學其事，如事君、事父、事兄、處友等事，只是教他依此規矩去做；大學窮其理，研究這些爲何要如此。第二、求學方法，知行都須注重。他說：「致知必須窮理，持敬則須主一，學者工夫唯在居敬窮理。此二事互相發明，能窮理則居敬工夫日益進，能居敬則窮理工夫日益密。」據此，則求學方法最要者，一在主敬，一在窮理。所謂敬，不是萬慮休置之謂，只是隨事專一敬畏，不敢放逸；非專是閉目靜坐，耳無聞，目無見，不接事物，然後爲敬；整齊收斂這身心不敢放縱，便是敬。靜坐不過是學敬之一方法。窮理即是格物，格物須格得通透。格物十事。格得其九通透，即一事未通透不妨；一事只格得九分，一分不通透最不可。窮理既如此重要，其方法若何？曰：最要者在讀書。讀書時在定其心，使之如止水明鏡，萬不可先自立說。所以須虛心。

「須循序而漸進，熟讀而精思，字求其訓，句索其旨。未得於前。則不敢求其後；未通乎此，則不敢志乎彼。先須熟讀，使其言若出於吾之口；繼以精思，使其意若出於吾心。」

白鹿洞書院的教條，係對學者本身而言；對教師之教授方面，則略而未及。在《近思錄》第十一卷，他選錄周、張、二程四子之言，專論教育之道，茲略述之：第一、當注重正蒙。「大學之法，以豫爲先；人幼時，當以格言至論，日陳於前，使之盈耳充腹，安之若固。」第二、在提起興趣。「教人未見意趣，必不樂學，且欲教之歌舞。」第三、「在先以禮教學者，使學者先有所據守；若語學者以所見未到之理，不惟所聞不清澈，反將理低看了。」第四、須注重平均發展，除道理、智識、教育而外，須「歌詠以養其性情，聲音以養其耳目，舞蹈以養其血脈」。第五、在適合學者心理。故曰：「教人至難，必盡人之才，乃不誤人。觀可及處，然後告之。聖人之明，直若庖丁之解牛，乃知其隙，刄投餘地，無全牛矣。」

6. 結論　晦庵學術，近以橫渠、伊川爲本，而輔之以濂溪、明道；遠以荀卿爲主，而語多取孟子。其爲學大抵是窮理以致知，反躬以踐實。彼以經籍爲載道之文，所以主張窮理須先從讀書入手；彼以學者須知天地萬物之理，故對於自然現象亦有相當之注意；彼以學者須知心性之源，故對於心理現象有精密之研究；彼對於任何事項均肯求眞蹈，實頗有近代科學家之精神。但總觀彼之著作整理之處雖多，創作之處甚少；守舊的成分很多，革新的精神甚少；靜的修養講得太多，動的修養講得太少。

(五) 陸象山（民元前七七三至七二〇年）

名九淵，字子靜，自號存齋，謚文安，金谿人，兄號梭山，亦理學家。象山少甚聰明，三、四歲的時候，即問他的父親：「天地何所窮際？」讀伊川語，即驚問曰：「伊川的話，爲什麼不像孔孟的話？」讀古書至宇宙二字，解者曰：「四方上下曰宇，往古來今曰宙。」忽大省曰：「宇宙內事，乃己分內事，己分內事；乃宇宙內事。」又曰：「東海有聖人出焉，此心同，此理同；西海有聖人出焉，此心同，此理同；南海北海有聖人出焉，此心同，此理同；千百世之上，有聖人出焉，此心同，此理同；千百世之下，有聖人出焉，此心同，此理同。」

由這段話看起來，象山少時即已悟宇宙二字之意義。

1. 宇宙論　象山謂宇宙即是吾心，吾心即是理，所以理、心、宇宙，實是一物。他說：「塞宇宙一理耳。上古聖人，先覺此理；故其王天下也，仰則觀象於天，俯則觀法於地，觀鳥獸之文與地之宜，近取諸身，遠取諸物，於是始作八卦，以通神明之德，以類萬物之情。」據此，可知象山是主張純粹的唯心論。他以理為宇宙之原則，同時又以此理為政治道德之原則，故此理充塞宇宙，亦即備於人心；能為萬物之淵源，亦即為百行之標準。

2. 論教育　教育之目的在於明理，他說：「此理本天所以與我，非由外鑠我。明得此理，即是主宰。眞能為主，則外物不能移，邪說不能惑。」又說：「塞宇宙一理耳，學者之所學，要明此理耳。」求學之方法：第一、在先立其大，即是人當先理會所以為人，深思痛省。他曾告學者曰：「汝耳自聰，目自明。事父母自能孝，事兄自能弟，本無少缺，不必他求，在乎自立而已。」此自立即是自立其大。第二、在思考。他說：「義理之在人心，實天之所與而不可泯滅者也。彼其受蔽於物，而至於悖理違義，蓋亦勿思焉耳。誠能反而思之，則是非取捨，自有隱然而動，判然而明，決焉而無疑者矣。」第三、在主靜，象山教人終日靜坐，以存本心，無用許多辯說。

3. 結論　象山之學，均以一心為主。此心在我，非自外有所增加；所謂格物致知，均是發明吾心以內之事。所以他說：「學苟知本，則六經皆我注腳。」他的根據，即是孟子所謂不慮而知的良知，不學而能的良能。教育者要保存此良知良能，不必支離而求諸道。

4. 朱、陸之異同　上面既將兩家學說敘述其大要，則兩家之異同亦自可知。兩家均為尊孔孟者，此為同點，此外則多異點。其所以多異點，是因為兩家的立腳點根本不同。茲分述之：就歷史方面說，朱學近宗伊川與橫渠，遠宗荀子，其思想純然為北方的；陸學近宗濂溪與明道，遠宗孟子，其思想近於南方的。就方法方面說，晦庵採用科學的方法，故所重者在經驗，在道學問。他不但注重求聖賢之遺言於書中，同時並重日用事物之研究，宇宙現象之考察。他的解釋宇宙現象，有很多處所頗合於科學。他說：「月本無光，受日而有光。」又說：

「月無盈闕，人看得有盈闕。」又說：「天地初開，只是陰陽之氣，這一個氣運行，磨來磨去，磨得急了，便拶許多渣滓，裡面無處出，便結成一個地在中央。」據上列可知晦庵喜就實際事情加以歸納的研究。象山採用玄學的方法，故所注重者在直覺，在尊德性，在發現自己的良知良能。象山以晦庵之學爲逐末，爲忘本，爲支離。在鵝湖會見晦庵，討論學說異同，他做了一首詩，中有句云：「易簡工夫終久大，支離事業竟浮沉。」他的老兄梭山亦有詩，中有句云：「留情傳註翻榛塞，著意精微轉陸沉。」這四句詩都是批評朱學的，晦庵以象山之學專言尊心，實禪家餘派，對於格物致知太不注重了。兩家學說雖異，而友誼極好，至其徒黨則互相攻擊，詆毀不遺餘力。

象山門人最著者爲楊慈湖（名簡，字敬中），慈湖承其師說而闡明之，並以之解釋宇宙現象。他著《己易》，說宇宙不外乎我心，故宇宙現象之變化，即我心之變化；天地者，我之天地；變化者，我之變化；天地人本非三而實爲一，蓋就形而論雖有三，就性而論則只有一。

晦庵友人最著者，有蔡西山（名元定，字季通），及張南軒（名栻，字敬夫，南軒是他的號）。南軒講學注重儒佛之分，義利之辨，以爲此乃教育之第一步。西山處家以孝弟忠信，儀型子孫，教人以性與天道爲先，自本而支，自源而流，最爲扼要。晦庵之門人最著者，有黃勉齋（名幹，字直卿）、陳北溪（名淳，字安卿），均能繼承晦庵之學者。

朱、陸死後，朱學益盛，而陸學漸衰；至明代王陽明出，而陸學又復振。元明時代宗程朱者較陸王爲多。

㈥許魯齋（民元前七○三至六三一年）

名衡，字仲平，謚文正，河內人。魯齋講學篤守程朱而特別注重實用。其學出自趙江漢（名復，字仁甫），江漢係德安人。元兵伐宋，屠德安，江漢義不欲生，赴水自沉。姚樞力爲挽救，既出，講學於燕（在燕，常有江漢之思，故學者因而稱之）。由是程朱之學，漸至河北。江漢傳於姚樞，魯齋又從姚樞而得識江漢之學。茲將魯齋之教育學說分述於下：

1. 教育須注重實際生活　宋末講理學者，都不注重謀生。魯齋發現流弊，因而特別注重此點。他說：「學者治生最爲先務，苟生理不足，則於爲學之道有所妨；彼旁求妄進，及作官嗜利者，殆亦窘於生理之所致也。士君子當以務農爲生，商賈雖爲逐末，亦有可爲者，果處之不失義理，或以姑濟一時，亦無不可。若以教學與作官規圖生計，恐非古人之意也。」王陽明雖極詆魯齋此說，但魯齋之說實含有至理，並爲當時治病良藥。

2. 教育須注重思考　魯齋以爲目所視的，耳所聞的，不過是一種材料，必須加以思考，而後可以成智識。心中思慮多，並不是壞的現象，所以他說：「所思慮者，果是求所當知，雖千思萬慮可也。若人欲之萌，即當斬去。人心虛靈，無槁木死灰不思之理，要當精於可思慮處。」

3. 教育須注重持敬　他說：「凡事一一省察。不要逐物去了，雖在千萬人中，常知有己，此持敬大略也。」又曰：「日用間若不自加提察，則怠惰之心生焉；怠惰生，不止於悠悠無所成，而放僻邪侈隨至矣。」

4. 魯齋與元代理學派別　元代理學，可分三派：第一、繼續程朱之學，最著者有許魯齋、劉靜修（名因，字夢吉）。靜修與魯齋同時，能篤守程朱，無新創見。第二、調和朱陸二派者有吳草廬（名澄，字幼清，號草廬，撫州人）與鄭師山（名玉，字子美，徽州人）。草廬講學在元初，師山在元末，兩家學說頗相近，草廬之宇宙論，以理氣爲本。他說老子之所謂「無」，是說「理」字；老子之所謂「有」，是說「氣」字。理爲氣之主宰，理外無氣，氣外無理，這種說法完全是根據朱子。草廬說，讀書的目的，在因古聖賢之言，以明此心此理，故明心明理爲教育之最重要目的。草廬之論朱陸，則曰：「朱子於道問學之功居多，而陸子以尊德性爲主。問學不本於德性，則其蔽必於語言訓釋之末，故學必以德性爲本。」又說：「朱陸二師之教一也，而二家庸劣門人各立標榜，互相詆訾。」師山之論朱陸，則曰：「陸子之質高明，故好簡易；朱子之質篤實，故好邃密，各因其質之所近，故所入之途不同。及其至也，仁義道德，豈有不同者？同尊周孔，同排佛老，大本達道？豈有不同者？朱子之說，教人爲學之常也；陸子之說，才高獨得之妙也。二家之說，又各不能無弊。陸氏之學，其流弊也，如釋子之談空說妙，至於鹵莽滅裂，而不能盡夫格致之功；朱子之學，其流弊也，如俗儒之尋行數墨，至於頹惰委靡，而無以收其力行之效。豈二先生垂教之罪哉？蓋學者之流弊耳。」此段評論最爲精確。除此以外，吳鄭二氏無特殊之見解。第三、講陸學最著者，有陳靜明（名苑，字立人，江西人）及趙寶峰（名偕，字子永，慈溪人），這兩人均能篤守陸楊之學，以虛靜爲宗，以靜坐爲求學最好之方法，但是均無創見。陸氏之學，至明代王陽明，始大加闡發而有進步。

㈦吳康齋（民元前五二一至四四三年）

名與弼，字子傳，號康齋，撫州人。康齋爲明初大儒，當時講理學者多出其門。他的學說雖尊宗程朱，但是他有兩種特殊之貢獻：一爲他的刻苦精神，一爲他的論敬靜的修養。

1. **教育須從刻苦入手**　黃宗羲謂：「康齋之學，刻苦奮勵，多從五更枕上，汗流淚下得來，及夫得之，而有以自樂。」據此，則康齋講學，一方注重省悟，一方注重刻苦。他居鄉，躬耕食力，雨中被蓑笠，負耒耜，與諸生並耕，講授乾坤易理；歸則解犁飯糲，蔬豆共食。陳白沙自廣來學。才天明，康齋手自簸穀。白沙未起，康齋大呼：「秀才這樣懶惰，即他日何從到伊川門下，又何從到孟子門下？」由這些事看起來，可見康齋講學，是以刻苦爲入聖之門。

2. **教育須注重靜的修養**　宋代理學家，均喜言敬靜的修養。康齋繼承其後，發揮特詳。他說：「聖賢所言，無非是存天理，去人欲。身體力驗，只在走趨語默之間，出入休息，刻刻不忘，久之自成片段。所謂敬義夾持，誠明兩進者也。」要做到此步，須從靜入手。他記述自己求學之經過，其中有云：「食後坐東窗，四體舒泰，神氣清朗，讀書愈有進益。」又說：「月下詠詩，獨步綠陰，時倚修竹，好風徐來，人境寂然，心甚平澹。」語錄中又說：「南軒讀《孟子》甚樂，湛然虛明平旦之氣，略無所撓。綠陰清晝，薰風徐來；而山林閑寂，天地自闊，日月自長。邵子所謂心靜方能知白日，眼明始會識青天，於斯可驗。」他自己又有詩云：「澹如秋來貧中味，和似春風靜後功。」以上各段話，均是描寫他的「靜的修養」的工夫。

3. **康齋之學生**　最著者有胡敬齋、陳白沙。敬齋（名居仁，字叔心，餘干人）承康齋之後，言教育以敬靜爲本。他的說敬，近於程朱之居敬窮理。其言曰：「端莊整齊，嚴威儼恪，是敬之入頭處；提撕喚醒，是敬之接續處；主一無適，湛然純一，是敬之無間斷處；惺惺不昧，精明不亂，是敬之效驗處。」據此，則敬齋之言敬，較康齋更爲詳明。白沙（名獻章，字公甫，新會白沙里人）之言教育，也是以敬靜爲本。他自述自己求學的經過，中有云：「僕年二十七，始發憤從吳聘君（即康齋）學，其於古聖賢垂訓之書，蓋無所不講，然未知入處。比歸白沙，杜門不出，專求所以用力之方，既無師友指引，日靠書冊尋之，忘寢忘食，如是者累年，而卒未有得，所謂未得，謂吾此心與此理，未有湊泊脗合處也。於是舍彼之繁，求吾之約，惟有靜坐。久之然後見吾此心之體，隱然呈露，常若有物。日用間種種應酬，隨吾所欲，如馬之御銜勒也，體認物理，稽之聖訓，各有頭緒來歷，如水之有源委也。於是渙然自信曰，作聖之功，其在茲乎。」從此段記述看起來，可知白沙講學，是從靜敬反約入手。所以他又說：「爲學須從靜坐中養出個端倪來，方有商量處。」又說：「人心容留一物不得，才著一物則有礙。且如功業敬做，固是美事；若心心念念只在功業上，此心便不廣大，便是有累之心。是以聖賢之心廓然若無，感而後應，不感則不應。又不特聖賢如此，人心本體皆一般，只要養之以靜，便自開大。」據此看，則白沙之講教育，目的在使人之心廓然若無，感而後應，方法則在養之以靜。黃宗羲評白沙之言曰：「白沙之學，以虛爲基本，以靜爲門戶，以四方上下往來古今穿紐湊合爲匡郭，以日用常行分殊爲功用，以勿忘勿助之間爲體認之則，以未嘗致力而應用不遺爲實得。遠之則爲曾點，近之則爲堯夫。」這種評論，最爲簡當切要。

敬齋、白沙講學雖同重敬靜，而主張各有不同，大約敬齋本質近於狷，白沙本質近於狂。敬齋言敬、言靜，目的在窮理致知，其說近於晦庵；白沙言敬、言靜，在於使心地寬平敏銳，無有礙累，因能省悟吾心至理，其說近於象山。敬齋常以白沙爲近禪者。或以此。按二氏言學，途徑雖微有不同，而論敬與靜，均有獨到之處。

明儒於佛儒之辨，言之甚詳；但是講得最透澈者，莫如敬齋。敬齋以儒家言靜，目的在存心養性；佛家言靜，目的在求宇宙流行之本體。儒家之觀宇宙，能從至變之中，以求出不變者；佛家則以至變爲宇宙之本體，既以至變爲體，自不得不隨流鼓盪，而肆其猖狂妄行。儒家以爲變者是氣，例如消息盈虛，寒來暑往；不變者是理，例如物不能轉爲人，草不能轉爲木。據此，則變之中有不變者在。教育的目的即在使人之心與理爲一，即是要使心之變化，與天地萬物之變化合而爲一。要做到這步，最好的方法在主敬與窮理。所以敬齋說：「程朱開聖學門庭，只主敬窮理，便叫學者有入處。」他以爲敬即是存養此心；存養此心，方能專一；能專一，方能格物窮理；識得此理，又須以誠敬存之，方能不失。故他說：「致知之功有時，存養之功不息。」能存養，則此心存；此心存，則此理存。因爲「所以爲是心者理也，所以具此理者心也。故理是處，心即安；心存處，理即在。非但在己如此，在人亦然。所行合理，人亦感化歸服。非但在人如此，在物亦然。苟所行合理，庶物亦各得其所。」故教育的究竟，在使人之動作均合乎理；均合乎理，則是心與理一；心與理一，即是與天地萬物同流。這便是作聖的功夫。這段敘述可稱敬齋的教育哲學（上面議論，均本之於敬齋的《居業錄》），也可稱之爲宋明理學家的教育哲學，因爲他們所講的教育，根本原理，均不外乎此。

(八) 王陽明（民元前四四〇至三八四年）

名守仁，字伯安，餘姚人，生於明憲宗時，卒於世宗時。陽明天資絕人，自幼即立志爲聖人，嘗遍讀晦庵之書，循次格物，終以心物判爲二，深懷疑惑。後又潛心佛老的學說。武宗時謫居貴州，飽歷艱辛，動心忍性。因念聖人處此，更有何道，忽悟格物致知之旨，本在吾心，不假外求。自此之後，盡去枝葉，一意本原，以默坐澄心爲學的，有未發之中，始能有發而中節之和，視聽言動，大率以收斂爲主，發散是不得已。江右而後，專提「致良知」三字，默不假坐，心不待澄，不習不慮，出之自有天則。居越以後，所操益熟，所得益化，時時知是知非，時時無是無非，開口即得本心，更無假借湊泊，如赤日當空，而萬象畢照，至此而陽明之學大成。茲分述於下。

1. **唯心的一元論** 陽明承象山之後，主張唯心的一元論。他以爲心即理，此心無私慾之蔽，即是天理；以此純乎天理之心，發之於事父，便是孝；發之於事君，便爲忠。此理本來只有一個，因觀察點之不同，而有各種的名稱，所以他說：「理一而已，以其理之凝聚言之謂之性，以其凝聚之主宰言之謂之心，以其主宰之發動言之謂之意，以其發動之明覺言之謂之知，以其明覺之感應言之謂之物。故就物而言之謂之格，就知而言之謂之致，就意而言之謂之誠，就心而言之謂之正。正者正此心也，誠者誠此心也，致者致此心也，格者格此心也，皆所謂窮理以盡性也。天下無性外之理，無性外之物。事之不明，皆由世之儒者認心爲外，認物爲外，而不知義內之說也。」據此則陽明以爲性、心、意、知、物均是一個東西，均是一理，均是一心，故曰：「心者天地萬物之主也，言心則天地萬物皆舉之矣。」

2. **教育學說** 陽明之教育學說，以其唯心的一元論爲根據，即就此一心而說明之。

(1) **他的教育哲學** 他以爲心之本體即是天理，天理之昭明靈覺，即是良知，在《論語》謂之「仁」，在《大學》謂之「明德」，在《中庸》謂之「中和」。故喜怒哀懼愛惡慾七情，未發之中是良知，發而皆中節，亦是良知；雖妄念之發，良知未嘗不在；雖昏塞之極，良知未嘗不明。良知之在人，亙萬古宇宙而無不同，聖人之良知如此，愚夫愚婦之良知亦是如此。有此良知，故能判斷是非善惡，猶如有了明鏡，故萬物之妍醜畢照。據此，則教育的唯一目的即在致良知。能做到致良知的極功，便是此心純乎天理，廓然大公，寂然不動，而與宇宙萬物同體。爲何人能與宇宙萬物同體呢？因爲人與宇宙萬物同具一氣，彼此相通，故人的良知，即是草木瓦石的良知。試證之人見孺子將入井，必有怵惕惻隱之心，此心即是良知，是良知與孺子爲一體。人見鳥獸的哀鳴觳觫，必有不忍之心，此心亦是良知，是良知與鳥獸爲一體。人見草木的摧折，必有憫惜之心，此心亦是良知，是良知與草木爲一體。人見瓦石之毀壞，必有顧惜之心，此心亦是良知，是良知與瓦石爲一體。（此例證取自《陽明集》，此處所言「良知」，在原文爲「仁」。陽明本意是以「仁」字代表致「良知」之極功，故此處仍用「良知」二字，以免上下文名詞不一。）據此，則人與天地萬物實爲一體，特以人常爲私慾所蔽，致本體之明受其遮蓋，而人物遂判爲二。

(2) **他的求學方法** 教育的目的既在致良知，致良知的方法如何？第一、在誠意格物。陽明以晦庵分知行爲二，流弊甚多，他主張知行合一，他說：「知是行之始，行是知之成；知外無行，行外無知。」又說：「知之眞切篤實處便是行，行之明覺精密處便是知。」故知行文是一事，不可分爲二。他舉《大學》之言以爲證：「《大學》言如好好色見好色屬知好好色屬行，見好色時即是好，非見而後立志去好也。今人卻謂必先知而後行，且講習討論以求知，俟知得眞時去行，故遂終身不行，亦遂終身不知。」陽明既主張知行合一，但是用何方法可以達到此目的？普通一般人有很多知而不能行者何故？他說要使知行合一，無知而不行之弊，須誠意格物。常人之病即在不能誠意格物。意念之發，吾心之良知本知其爲善，但如不能「減」以好之而復背去，便是以善爲惡，自昧其知善之良知；意念之所發，吾之良知既知其爲不善，但如不能「誠」以惡之，而復爲之，便是以惡爲善，自昧其知惡之良知。這種不能行的「知」，等於不知，所以有此，是因爲意不誠，意誠則無有不行者。他又說：「於其良知所知之善者，即其意之所在之物而實爲之，無有乎不盡；於其良知所知之惡者，即其意之所在之物而實去之，無有乎不盡；然後物無不格，而吾良知之所知者無有虧缺障蔽，而得以極其至矣。」據此，則格物誠意均統屬於致知，而此處所謂致知，實包有「行」在其中。第二、在由近及遠。教育之目的，在致良知而使天地萬物與人爲一體，實爲一體，則已做到致良知之極功，但其步段則須由近而遠。即是愛吾之父以及人之父，親吾之兄以及人之兄，本此出發點而漸推漸遠，便可與天地萬物爲一體，而吾人之心乃純乎天理了。墨佛二家不如此，故非聖道。第三、在戒愼恐懼以防人欲。陽明以爲人欲是害天理的，故要純乎天理，須防人欲於未萌之先，克人欲於方萌之際，《中庸》所謂戒愼乎人之所不睹，恐懼乎人之所不聞，便是致良知，防人欲之功夫。

(3) **他的教育方法**　陽明之教育方法，亦根本於其哲學思想。他以人人均有良知，教育者須明兒童之性而啓發之，不宜加以束縛，其說與西洋之心理趨勢相似。他說：「童蒙之性，樂嬉遊而憚拘束，如草木之萌芽，舒之則生長，撓之則衰萎，故教童蒙，鼓舞其趨向，喜悅其中心，則日進而不已。譬如草木之霑時雨春風，則萌動而長，剝落冰霜，則蕭瑟而枯焉。故誘之使歌詩者，不啻發其意志，亦所以神鼓舞於詠歌，宜抑鬱於音節也；導之使習禮者，不啻愼其威儀，所以周旋而動血脈，屈伸而固筋骨也；勸之使讀書者，不啻開其知覺，所以沉潛其存心，諷誦而宣志也。」這段敘述，可稱爲他的教授原理。他不但注重兒童心理，並注重平均的調和的發育。他以當時教育與他所說的背道而馳，所以他對於當時的教育有嚴正的批評。他說：「近世教童蒙者，惟督以句讀課程，責其檢束，不知導之以禮；求其聰明，不知養之以善；鞭撻束縛，猶待囚人。故童蒙之視學舍，猶囹圄而不敢入焉；視師長，猶寇仇而不敢近焉；規避而遂其嬉遊，設詐而肆其頑劣，偷薄庸劣，日趨下流。是驅之於惡，而欲其善也，奚可得乎？」陽明的痛斥時弊，提倡感情的教育、自動的教育，於此可見。

3. 結論　陽明之學，由博反約，直指本原，排斥支離瑣碎之學，發揮心理一致之義；以良知為教育之根本，以去人欲致良知為教育之目的，以適合兒童心理，培養師生感情為教授之原理，言簡而要，識見超乎當時學者，誠不愧為明代之大儒。茲錄陽明之四句教（陽明常以此四句教人）以作結論。其言曰：「無善無惡心之體，有善有惡意之動，知善知惡為良知，為善去惡是格物。」這四句話可總括陽明學說之大意。

4. 陽明之學生　陽明學生甚多，終明之世，王學傳遍天下。末流之弊，競慕心法，以頓悟相高，不顧事功，至以默坐調息為王學本領，結果致完全流入禪學，如王龍溪一派便是。此外還有以狂逸為高，而身踐蔑棄禮義之事無所忌憚者。於是陸王之學，為世詬病。但是到了明末，有理學名家劉念臺者，實能繼承王學而光大之，他的品行又非常的好，所以能得社會的信仰。

(九) 劉念臺（民元前三三四至二六七年）

名宗周，字起東，號念臺，山陰人，學者稱蕺山先生，明亡，山居絕食而死。念臺之學，出自陽明，而亦兼宗程朱。他不但能繼承過去之學說，他自己並有獨到之處，如他之主張唯心的一元論，說明較陽明更為透澈；他以誠敬為慎獨，以慎獨為入學之方，其說雖本程朱，而自己亦更有進一步之說明，所以念臺可稱為宋明理學的結束人物。

1. 評論朱陸　念臺對朱陸學說都有不滿之處。他說朱子分存心為兩條，即靜而存養，動而省察；致知為兩途，即是生而知之者為義理，禮樂名物必待學而後可驗其是非。這種說法是沒有見得一個根本的道理，根本不立，故近於支離。（念臺所謂根本即是指此心，指良知。）象山直信本心，謂一心可了當天下國家，似能提綱挈領，先立其大。但其學不本於窮理。而驟言本心，是以知有本心，而不知有習心（由習慣而成之心）。惟陽明承象山之說，指出「良知」二字，則本心之意義更明。他又教人惓惓於去人欲存天理，即此便是格物窮理，即此便是致良知，故陽明實能發前人所未發。惟陽明之言良知，太抽象，並帶神祕意味，故其失在近於玄妙。據此，則念臺對於程朱陸王均有評論之處，即此可見念臺獨立思考之精神。

2. 唯心的一元論　念臺以為盈天地間皆是氣，氣聚而為物。自其分者而觀之，天地萬物各為一物；自其合者而觀之，天地萬物均是一物，即是均是一體。何以均是一體？因為他們同是受「一理」之支配。此理即是吾心（亦即是良知）。物外無心，心外無物。例如耳可得之而成聲，聲是物，亦是心；目寓之而成色，色是物，亦是心，故心與物實為一而非二。（念臺謂耳目五官之感覺亦即是心，捨五官而言心，非知心者。）觀此，可知念臺之唯心論雖本之陽明，而實較陽明更說得透澈。

3. 論性　念臺根據其唯心論的哲學，評論宋儒學說，謂有兩個缺點：第一、宋儒說理氣是對立的，又說理生氣，這是錯的；第二、宋儒說氣質之性與義理之性（或天地之性）不同，這亦是錯的。他說：「理，即是氣之理，斷然不在氣先，不在氣外。知此，則道心即人心之本；義理之性即氣質之本性；氣質之本性亦即天命之性；善則俱善。子思曰：『喜怒哀樂之未發，謂之中。』非氣質之粹然者乎？其有不善者，不過只是樂而淫，哀而傷，其間差之毫釐，與差之尋丈，同是一個過不及，則皆自然而流者也。故性無不善，而習則有善有不善，種種對待之相，總從後天而起。蓋人生而靜，天之性也，渾然至善者也。感於物而動，乃遷於習焉；習於善則善，習於惡則惡。」據此，可知念臺是以靜而不動為性之本體，是絕對的善。受刺激而發生動作，則由習慣環境之不同，而有過不及之分，便產生惡，所以惡是後天的。

4. 論教育　念臺之教育學說，完全根據其哲學思想。他以人性為絕對的善，惡由於後天的習慣，故教育之目的即在復性。復性即是復此知善知惡之性，故曰：「復以自知。」自知其為善，則為善無不盡；自知其為惡，則去惡無不盡。去惡既盡，則無惡可習；為善既盡，則無善可習。此之謂渾然至善，依然人生之初，而復性之能事畢矣。惡由於習，故教育方法最要者在愼習。即說起居動靜均須養成良好之習慣；習慣良善，則是習慣與性合而爲一了。但愼習之功須從何處下手？曰在愼其獨。何爲「愼」？「小心翼翼，昭事上帝上帝臨汝，無貳爾心」，這就叫做愼。何謂「獨」？「屏居獨處，一念萌起他人未知，已獨知之之處」，這就叫做獨。所謂愼獨，即是念慮之萌，能戒愼恐懼，使中和之狀態，至善之本性，得以保存。故所謂愼獨，即是主敬。敬則誠，誠則浩然與天地同流，這便是本體與功夫合而爲一。爲學至此，便到了至善之地位了。

5. 結論　念臺之宇宙論本之陽明，論愼獨本之程朱，論性則本之老子學說，與漢淮南王及唐李習之的性論很相近。他的各種學說雖各有出處，但彼實能爲更精當的說明，故其價值不僅在繼承方面。

宋明理學，到念臺已是結束時代，念臺便是結束的人物。自此以後，學術界生了一種反動，即是反對理學末流之空疏，而趨重漢儒訓詁之研究。此種運動發端於明末，流行於清初。物極必返，固亦事理所當然者。

四、清代之教育思想

如前所述，宋、元、明三代之教育思想以理學爲中心，其長處在能注重心性之研究，品質之陶冶，人生與宇宙關係之說明。理學末流有空疏之弊，學者習於束書不觀，遊談無根，學術界遂生一種反動，即是鄙棄宋明理學，復取漢儒治經之方法，竭精力於考證訓詁，於是漢學（或名樸學），遂爲清代學術之中心。但是由宋學而轉至漢，並非突變而係漸進。清初漢學方萌芽，學者如顧亭林、黃梨洲等皆以宋學爲根柢，不分門戶，各取所長，是爲漢宋兼採之學。乾隆以後，許（愼）鄭（玄）之學大明，治宋學者已少，說經皆主實證，不空談義理，是爲專門漢學。嘉、道以後，又由許、鄭之學導源而上，宗主西漢今文之學，是爲清代學術思想之三大變遷。茲將清代教育思想分三期敘述。第一爲明末清初之大儒，以顧亭林、黃梨洲、王船山、顏習齋等爲代表。諸儒除顏習齋外皆兼採漢宋之學，能成一家之言，以考證爲求學之方法，以致用爲求學之目的。顏氏之學，則極端注重實用，是爲極端之實利主義者，在中國教育史開一新紀元。第二爲清代中葉之專門漢學家，以惠定宇、戴東原爲代表。

第三爲清末宗主今文之漢學家，以龔定庵、魏默深爲代表。惠、戴等之貢獻，在於考證古書及其治學之方法。龔、魏等則爲清末政治維新教育維新之先導。茲將各家教育思想略述於後。

㈠ 顧亭林（民元前二九九至二三○年）

江蘇昆山人，初名絳，明亡後，改名炎武，字寧人，學者稱爲亭林先生。生於明萬曆四十一年，卒於清康熙二十一年。亭林本係世家子弟，自少即遍讀經史，留心經世之學。清師下江南，他糾合同志守吳江，失敗後逃走四方。他的母親見昆山城破，即絕食而死，遺命不許他事滿洲。他謹遵遺命，並想恢復明社，以南方民氣柔弱，於是決計北遊，意在通觀形勢，陰結豪傑，以圖光復，此時他的家產早已破了。但是他善於理財，所以雖四處遊歷，曾無困乏。每到一處，他認爲重要者，便在那裡墾田；江北之淮安，山東之章邱，山西之雁門、五臺，都有他墾田的遺跡。張獻忠、李自成所擄劫之金錢，當時均落於山西農民之手。亭林教授他們以保管經營之方法，山西錢商所謂票號者，遂能操清代之金融之權（通商後之權便落外國資本家之手）。於此可見亭林的經世致用之學並非空譚。他的下半世的生活全度在遊歷中，到處考察地理情形，筆之於書。晚年居陝西之華陰，他說：「遍觀四方，唯秦人慕經學，重處士，持清淡。華陰綰轂關河之口，雖足不出戶，而能見天下之人，聞天下之事，一旦有警，入山守險，不出十里之遙；若志在四方，一出關門，亦有建瓴之勢。」可見他的卜居此地，還是意在恢復。他的著述，從客觀的整理入手，不輕易下判斷；其所下判斷，均係獨得者，絕無剿竊雷同之處。著作中最有名者爲《天下郡國利病書》及《日知錄》。前者係講地理沿革的書，後者係關於經義、政事、世風、禮制、科舉等的札記。茲將其與教育有關之學說略述於後。

1. 教育目的

教育目的在通經致用。亭林以爲所有哲理均載之經書，研究經學即是研究理學。所以他說：「經學即理學；舍經學以言理學，而邪說以起。」但是研究經學的目的安在？他以爲即在能致用。所謂致用，就是正己正人，治國平天下。天下之事，個人都有責任的。所以他說：「天下興亡，匹夫有責。」要負得起責任，一面須有知識，一面須有堅強的意志以與惡社會相抵抗。下手的方法，在嚴正的規律自己，使自己不與流俗同化，自己立得腳根定，再能以自己的心力改造社會。改造社會是學者的天職，教育的目的就在使人有改造之能力。所謂學以致用，就是用在改造社會。

2. 求學方法 教育目的既在致用，有何方法可以達到此目的呢？他說有兩種最要的方法：一為「博學於文」，一為「行己有恥」。前者屬於知的方面，後者屬於行的方面。亭林論學的特點，在反對主觀的內省方法，提倡客觀的考察方法，因此「博學於文」實為必要。他所謂「文」，非指詞章。所以他在《日知錄》說：「自身而至於國家天下，制之為度數，發之為音容，莫非文也；品節斯，斯之謂禮。」又說：「夫子之文章，無非夫子之言行與天道。」據此，則亭林之所謂「文」，是指宇宙間一切的現象。所謂「博學於文」，就是對於一切現象均要加以研究。故他說：「自一身以至於天下國家，皆學之事也。」博學之方法如何？他雖未有詳細的說明，他是從他的傳記和著作中可以抽出幾點：第一、在實地的考察。他講學注重旅行，每到一處，必考察其山川風俗、疾苦利病，本之耳目所見聞，以與書籍所載相比較，考其異同，究其得失。第二、在求得博證。他講學最重證據；每遇一事，必詳察其始末，參以佐證，尤不以孤證自足，故必旁徵博考，求得多種之證據。第三、在獨立之判斷，不盜竊古人之成說，以為己有。據此三點，可知亭林講學，實有科學的精神。亭林講學並不反對宋儒所謂「主敬」，所謂收其放心；不過他以主敬與收放心是求學問之方法，在他們本身，不是學問，眞的學問須從考察得來。

亭林講學，最重人格。他以為人格不立，一切學問均是無用的。要樹立高尙的人格，最要者在「知恥」。他說：「自子臣弟友以至出入往來辭受取與之間，背有恥之事也。恥之於人大矣，不恥惡衣惡食，而恥匹夫匹婦之不被其澤。……嗚呼？士不先言恥，則為無本之人，非好古而多聞，則為空虛之學。以無本之人而談空虛之學，吾見其日從事於聖而去之彌遠也。」又說：「禮義廉恥，是謂四維，四維不張，國乃滅亡。然而四者之中，恥為尤要；人之不廉，而至於悖禮犯義，其原皆生於無恥也。故士大夫無恥，謂之國恥。」據此，可知亭林講修身，是純以知恥為本。知恥則對於行為必有選擇，合於義者必為，不合於義者必不為。不知恥，則任何事皆可為；任何事皆可爲，則人之品格掃地無餘了。

3. 批評理學 亭林對於程朱未曾直接加以攻擊，對於晚明理學則痛詆不遺餘力。他與友人論學書有曰：「今之君子聚賓客門人數十百人，與之言心言性，舍『多學而識』以求『一貫』之方，置『四海困窮』不言，而講『危微精一』，我勿敢知也。」又曰：「今之學者偶有所窺，則欲盡廢先儒之說而駕其上；不學則借一貫之言以文其陋；無行則逃之性命之鄉，以使人不可詰。」（《日知錄「夫子之言行與天道」條》，卷七）。他又說：「昔日之清談，談老莊。今日之清談，談孔孟。……不考百王之典，不綜當代之務……以明心見性之空言，代修己治人之實學。」這些話都是批評晚明理學之空疏，不講實用，不講品行，最爲適當而中要害。（晚明狂禪派有所謂「滿街皆聖人」、「酒色財氣不礙菩提路」者。）

4. 批評科舉制度 亭林既講實用之學，對於當時的科舉制度當然是不贊成的。他說科舉之弊有兩種：第一、科舉制度不能取得眞人才，因爲科舉所重者，在規律極嚴之八股文而不在實學，所以有實學者不一定能爲科舉，能爲科舉者多無實學。第二、科舉既是以八股文取士，於是士子精神完全用在學習八股文。對於古今文物制度，經世致用之學，全不注意，結果致養成一種尚空疏而不講實學的學風。所以他在《日知錄》中說：「八股之害等於焚書，而敗壞人才有甚於咸陽之郊。」亭林雖反對當時科舉制度，但是他的主張並不是要把它根本推翻，不過要改良考試，要考實學，不要考八股文。

5. 結論 亭林之講學，以實用爲目的，以考察爲方法，以創造爲其根本精神，以知恥爲立身之大本。他的學問的淵博，考證的精嚴，人格的偉大，意志的堅強，均可令人景仰。其影響最大者，即爲引起經學之研究，爲考證派的先河。清代經學家若胡朏明、閻百詩、戴東原之流，均受其影響。

(二) 黃梨洲（民元前三〇二至二一七年）

名宗羲，字太沖，號梨洲，浙江餘姚人，生於明萬曆三十八年，卒於清康熙十六年。梨洲是王陽明的同里，他的父親尊素是東林名士，他的先生是劉念臺。他雖講明學，崇拜明代理學家，但是對於明學的缺點，他仍有嚴格的批評。他的講學也是以致用爲主；他以爲學要致用，不但須通經，並須通史，故自幼即致力於史學。他的父親臨終前告訴他一句話，即是「學者最要緊的是通知史事」。他前半生奔走國事，艱苦備嘗，及明統既絕，事無可爲，他才奉母鄉居，從事著述。他的著述最有名者爲《宋元學案》、《明儒學案》（《宋元學案》係未完之書，其子百家及全謝山二次續補而成）及《明夷待訪錄》。前者爲中國有系統的學術史，後者爲梨洲之政治理想。

1. **政治理想**　他的政治理想，大要在重民權，抑君權，尊法律。這種思想在現今看起來雖不出奇，而在當時環境之下，實能算爲他的特見。在〈原君篇〉，他說：「古者以天下爲主，以君爲客，凡君之所畢世而經營者爲天下也；今也以君爲主，天下爲客，凡天下之無地而得安寧者爲君也……天下之人怨惡其君，視之爲寇讎，名之爲獨夫，固其所也。而小儒規規焉以君臣之義，無所逃於天地之間，至桀紂之暴，猶以爲湯武不當誅之……豈天下之大，於兆民萬姓之中，獨私其一人一姓乎？」在〈原法篇〉，他說：「後之君主既得天下，唯恐其子孫之不能保有也，思患於未然而爲之法，然則其所謂法者，一家之法，而非天下之法也……夫非法之法，前王不勝其利欲之私以創之，後王或不勝其利欲之私以壞之，壞之者固足以害天下，其創之者亦未始非害天下也……論者謂有治人無治法，吾謂有治法而後有治人。」

2. **教育學說**　第一、他的教育哲學思想，人致本之陽明，而略有修正之處。他以教育之目的，在致良知，慎獨即爲致良知之功。致良知之「致」即是「行」，所以他講教育，特別注重實行，靜坐參悟一類工夫絕不提倡。在《姚江學案》，他說：「陽明之格物，謂致吾心良知之天理於事事物物，則事事物物皆得其理；以聖人教人，只是一個行，如博學、審問、慎思、明辨，皆是行也；篤行之者，行此數者不已是也。陽明致之於事物的『致』字，即是『行』字，以救空空窮理，只在知上討個分曉之非。乃後之學者測度想像，求見本體，只在知識上立家檔，以爲良知，則陽明何不仍窮理格物之訓，先知後行，而必欲自爲一說耶？」據此，可見梨洲對於「致良知」一語，是別有解釋。謂他爲王學的修正者實是不錯。第二、他的求學方法在博讀經史，研究致用之學，於明學之空疏，深致不滿。他說：「明人講學，襲語錄之糟粕，不以六經為根柢，束書而從事於游談，更滋流弊。故學者必先窮經。然拘執經術，不適於用。欲免迂儒，必兼讀史。」又曰：「讀書不多，無以證理之變化；多而不求於心，則為俗學。」據此，則梨洲講學，於性理、經術、史學，莫不注重，而其究竟則以致用為歸。第三、梨洲於政治方面既尊重民權，於民權表現之處當有規定。他以為學校是知識界集合之處，其言論必能代表民意，指導政府。所以他在《明夷待訪錄．學校篇》中說：「治天下之具，皆出於學校，而後設學校之意始備……天子之所是未必是，天子之所非未必非，天子亦遂不敢自為非是，而公其非是於學校。」據此，可見梨洲是要以學校為監督政府、表見民意的機關。他這種主張的來源，或者是因為他看見宋代太學生陳東等，明代東林書院教授如顧憲成、高攀龍等，均能對於政府貢獻善良的意見。假使兩代人主能依從之，兩代政局必定要較好些。梨洲這種主張實含有民主的精神，在那種數千年的專制政府壓迫之下，而能發生此種議論，實為梨洲之識見超人處。

3. 結論　梨洲之學，以致用為目的，以修德為講學的根本，以博讀經史為求學的方法。彼不但能言，而且能行；不但學問淵博，而且人格高尚。彼之學說對於中國社會與教育，影響甚大。第一、他所提倡之民權說為清末政治革命導火線之一，所以他可稱為中國之盧梭（專就政治革命方面言）。近代教育為近代政治革命之產兒，所以梨洲的學說，直接於政治革命發生影響，即是間接於教育發生影響。第二、他的注重史學，引起後人對於史學之興趣。清代史學獨盛於浙，萬斯同（著《明史》）、全祖望（著《鮚崎亭集》）、章學誠（著《文史通義》）均是浙人，對於史學均有特別研究，他們均是受了梨洲的影響。

㈢ 王船山（民元前二九三至二一〇年）

名夫之，字而農，號薑齋，湖南衡陽人，因晚年居湘南之石船山，故學者稱之為船山先生，生於明萬曆四十七年，卒於清康熙三十一年。船山生在偏僻的湖南，沒有遠地的旅行，沒有有力的師友。他關門講學，著述甚多，他死後，經過二百年之久，仍沒有太多人知道。直到道光咸豐年間，鄧湘皋才將他的著述蒐集起來，同治年間才刻成《船山遺書》，共七十七種，二百五十卷，內中有說經、詳史、諸子的解釋及哲理的論文。

1. **認識論**　宋明儒者對哲學中的認識問題多未詳論，船山之宇宙本體論則全建築於其認識論上面。他說宇宙之本體爲太虛，太虛即是實，實即是誠，所以他說：「太虛一實者也，故曰：誠者天之道也；用者皆其體也，故曰：誠之者人之道也。」但是人何以能體認這個誠出來？這是因爲人有一種超出見聞習氣的「眞知」。這種「眞知」，他名之曰「德性之知」。所謂德性之知，即是「誠有而自喻，如暗中自指其口鼻，不待鏡而悉」（《正蒙注》，卷四）。這種「德性之知」雖是先天的，亦有賴於「見聞的知」，而後可以完成知識。「德性之知」是知識的根本，「見聞之知」是知識之材料，所以他說：「見聞所得者象也，知象者心也。」又說：「耳與聲合，目與色合，皆心所翕闢之牖也；合故相知，乃其所以合之故，則豈耳目聲色之力哉？故輿薪過前，群言雜至，而非意所屬，則見如不見，聞如不聞，其非耳目之受而即合明矣。」（《正蒙注》）據此，則船山之知識論實近於康德（德國的哲學家）。康德說：「知識分析有兩種要素：一爲形式，一爲材料。材料必施整理而後知識始成，而此種施整理供形式之作用，實爲吾心之所固具，非自經驗得來也。（德性之知）形式雖爲先天的，徒有形式而無材料，則空虛無物，亦不足以成知識，故由感覺所得之材料，亦爲必要（見聞之知）。」

2. **教育論**　船山之教育哲學，即根據其宇宙論與知識論而來。第一、他以爲教育目的在止於至善。而所謂至善，不但是知識如此，行爲亦必須如此。所以他在《思問錄．內篇》說：「行而後知有道，道猶路也；得而後見有德，德猶得也。儲天下之用，給天下之得者，舉無能名言之，天曰無極，人曰至善，通天地人曰誠，合體用曰中。」據此，則船山以爲教育目的在能體認這個「誠」出來；能體認這個「誠」，便是到了與天地同流的境界，即是能達到至善的境界。第二、他以爲求學的方法在格物窮理，在篤行。而他所最反對者在以省悟、清靜爲求學之方法。他在《大學補傳衍》說：「經云，事有終始，知所先後，則近道矣。遞推其先，則曰格物，物格而後知至……蓋嘗論之，何以謂之德？行焉而得之謂也；何以謂之善？處焉而宜之謂也。不行胡得？不處胡宜？則君子之所謂知者，吾心喜怒哀樂之節，萬物是非得失之幾，誠明於心而不昧之謂耳……今使絕物而始靜焉，舍天下惡，而不取天下之善；墮其志，息其意，外其身，於是洞洞焉，晃晃焉，若有一澄澈之境……莊周氏、瞿曇氏之所謂知，盡此矣。然而求之於身，身無當也；求之於天下，天下無當也；行焉而不得，處焉而不宜，則固然矣。於是曰，吾將不行，奚不得？不處，奚不宜？乃勢不容己，而抑必與物接，則又恍洋自恣，未有不蹶而狂者也……有儒之駁者起焉，有志於聖人之道，而憚至善之難止也。於是取大學之教，疾趨以附二氏之途；以其恍惚空明之見名之曰此明德也，此知也，此致良知而明明德也。體用一，知行合，善惡泯，介然有覺，頹然任之，而德明於天下矣！乃歲織朱子之過，而以窮理格物為其大罪。天下之畏難苟安，無所忌憚，以希冀不勞而坐至聖賢者，翕然起而從之。」在此一段，我們可見船山之極力排斥明學。在積極方面，他僅僅的告示我們注重窮理篤行。但是如何去窮理篤行？他說即在「博文約禮」。所謂博文，即是讀經誦史、明倫察物。所謂約禮，即是學習古禮，以調養其志氣，得其比禮比樂、教忠教孝之至意。能照這樣去復禮，則己之情慾衝動均易克制，因為復禮係根本的功夫。根本既固，外患自息。

3. 結論　船山之學，目的在致用，方法在博學篤行。於明學則力加排斥，於宋學則略為採取，對於張橫渠、朱晦庵等均表示敬意。其學說之影響，不在清初，而在清末，一就其著作而論，影響最大者，非其哲理教育之論文，乃是他的史論。（《讀通鑑論》、《宋論》）他的論史，抱定民族主義，每遇對外失敗之事，必為之嘆息痛恨。他自己眼見明亡，清以異族入主中原，他的悲憤感情，報復意念，在其著作中到處皆可表現。讀其書者，多受其刺激，而起排滿之思想。清末之種族革命，實受其影響不小。

㈣ 顏習齋（民元前二七七至二〇八年）

名元，字渾然，直隸博野縣人，生於明崇禎八年，卒於清康熙四十三年。他生於貧寒之家，三歲的時候，他的父親被滿洲兵擄去，他的母親也改嫁了。他二十多歲的時候，才知道這些情節，即要出關尋父，為兵事所阻，直到五十一歲方能成行。經過一年多的辛苦艱難，卒能負父骨歸葬。他的生涯，多度在家鄉中。年六十二歲時，曾應肥鄉漳南書院之聘，在此他預備實驗他的理想教育，分設文事、武備、經史、藝能四齋。正在開學，碰著漳水決口，把書院淹了，他自此便歸家不出。他幼年好神仙之說；二十歲後，從事陸王程朱之學。三十歲後，才提倡實用之學。他反對著書，故著書甚少，只有〈存學〉、〈存治〉、〈存人〉、〈存性〉四篇，欲知其言行，可讀《顏李叢書》中《習齋先生年譜》及《言行錄》。

李恕谷（民元前二五三至一七九年），名恭，字剛主，直隸蠡縣人，生於順治十六年，卒於雍正十一年。他是習齋的學生。習齋寡交遊，其學所以顯於世者，多是恕谷之功。恕谷常往來京師，廣求當時名士，並竭力傳播習齋之學。習齋待人之嚴，與律己一樣；恕谷則說交友須令可親，乃能收羅人才，廣濟天下。習齋主張自食其力，恕谷主張通功易事。習齋絕對排斥讀書，恕谷則謂書本上之學問，也不可盡廢。據此，則恕谷之學，對於其師，能補偏救弊；但其學術本原，無大區別，所以世人稱之為「顏李之學」。茲述其大要於下：（欲知其詳，可讀《顏李叢書》中之〈恕谷年譜〉及〈論學〉、〈學理〉、〈學射〉等篇。）

1. 實利主義的歷史根據

習齋以為教育須注重實用，不當注意書本上的知識。從歷史上觀察，可以證明之。他說唐虞時代的教育是「六府」：水、火、金、木、土、穀；「三事」：正德、利用、厚生。《周禮》教士以三物：「六德」：知、仁、聖、義、忠、和；「六行」：孝、友、睦、婣、任、卹；「六藝」：禮、樂、射、御、書、數。孔子以「四教」：文、行、忠、信。由此可見古人之言教育，所重者在實用，和後世講教育之專注重記誦或靜坐冥想者大有不同。本此，他以為離卻事物，便無學問；從事物上求學問，則非實習不可，所以他名其所居曰習齋，以示重「習」之意。他說：「必有事焉，學之要也；心有事則存，身有事則修；家之齊國之治，皆有事也。無事則治與道俱廢。故正德利用厚生曰事，不見諸事，非德非用非生也。德、行、藝，曰物，不徵諸物，非德非行非藝也。」

2. 實利主義的內容

習齋見宋儒講學，高譚性命，參雜佛老，亂孔孟之眞，叛聖王之道，故竭力提倡致用之學，反對靜坐讀書。他的講學以實利為本，他與董仲舒之動機論適好相反，他以為正其誼，適以謀其利，明其道適以計其功。故所有學問是否有價值，須以其對於人生有否利益為斷。欲得此致用之學，又非從實行中得來不可。所以他說：「天文地志律歷兵機等類，須日夜講習之力，多年歷驗之功，非比理會文字之可坐而獲也。」據此，則習齋之言教育，是以實利爲目的，實習爲方法，所以我稱之爲實利主義。

3. 實利主義排斥讀書 顏李否認讀書是學問，尤其否認注釋古書是學問，乃至否認一切文字所記載的是學問。所以習齋說：「以讀經史，訂群書，爲窮理處事，以求道之功，則相隔千里；以讀經史，訂群書，爲即窮理處事，而曰道在是焉，則相隔萬里矣。」前者以講讀爲求道之功，相隔有千里，後者以書爲道，則相隔萬里了，故讀書實不可以爲求道。不但不能求道，有時還有大害處，所以他拿讀書比服砒霜。他說：「僕亦呑砒人也，耗極心思氣力，深受其害，以至六十餘歲，不能入堯舜周孔之道，但於途次聞鄉塾讀書聲，便嘆曰：『可惜許多氣力。』但見人把筆作文字，便嘆曰：『可惜許多心思。』但見場屋出入人群，便嘆曰：『可惜許多人才。』故二十年前，但見聰明有志人。便勸之多讀；近來但見才器，便戒勿多讀書……噫！試看千聖百王，是讀書人否？吾人急醒。」又說：「讀書愈多愈惑，審事機愈無識，辦經濟愈無力。」又說：「人之歲月精神有限；誦讀中度一日，便習行中錯一日；紙墨上多一分，便身世上少一分。」恕谷亦說：「讀閱久，則喜靜惡煩，而心板滯迂腐矣……故予人以口實曰：『白面書生』，曰：『書生無用』，曰：『林間咳嗽病獮猴』。世人猶謂誦讀可以修身，誤哉！」恕谷又說：「紙上之閱歷多，則世事之閱歷少；筆墨之精神多，則經濟之精神少。宋明之亡以此。」據上以觀，可見顏李之極端反對讀書，這種反讀書運動，實是二千年來中國教育注重讀書、忽略實用之反響。

4. 實利主義排斥宋明理學 理學空譚性理，不講實用，習齋極端反對。他說：「宋儒如得一路程本，觀一處又觀一處，自喜爲通天下路程，人亦以曉路程稱之，其實一步未行，一處未到。」又說：「余昔尙有將就程朱附之聖門支派之意，自一南遊，見人人禪子，家家虛文，直與孔門敵對，必破一分程朱，始入一分孔孟，乃定以孔孟與程朱判然兩途，不願作道統中鄉愿矣。」此是習齋對於宋儒之普通批評。再就求學方法而論，顏李亦反對宋儒。

第一、顏李反對宋儒之「主靜」。習齋以爲人若能消除雜念，靜到極處，則所謂「鏡花水月」之境，本可達到。但是達到以後，不能持久；縱能持久，亦是無用。他在〈存學編〉說：「洞照萬象，昔人形容其妙，曰鏡花水月，宋明儒者所謂悟道，大率如此。吾非謂佛學中無此境也。亦非謂佛學者不能致此也，正謂其洞照者無用之水鏡，其萬象皆無用之花月也。」在〈存人編〉他說：「天地間豈有不流動之水？不著地、不見泥沙、不見風石之水？一動一著，仍是一物不照矣。今玩鏡裡花，水中月，信足以娛人心目；若去鏡水，則花月無有矣。則對鏡水一生，徒自欺一生而已矣。若指水月以照臨，取鏡花以折佩，此必不可得之數也。故空靜之理，愈譚愈惑；空靜之功，愈妙愈妄。」總括此處所言，習齋以爲主靜不能見道，主靜毫無實用。不但無用，還有兩大害處：一是壞身體。他說：「終日兀坐書房中，萎頹人精神，使筋骨皆疲軟，以至天下無不弱之書生，無不病之書生，生民之禍，未有甚於此者也。」一是損害神智。他說：「爲愛靜空譚之學久，則必至厭事，遇事即茫然，賢豪且不免，況常人乎？故誤人才，敗天下事者，宋人之學也。」此是主靜之害。

要免除主靜之害，唯有提倡主動。他說：「常動則筋骨竦，氣脈舒，故曰：『立於禮。』故曰：『制舞而民不腫。』宋元儒者皆習靜，今日正可言習動。」又說：「養身莫善於習動，夙興夜寐，振起精神，尋事去做，行之有常，並不困疲，日益精壯；但說靜息將養，便日就惰弱了。故君子莊敬日強，安肆日偷。」這是從生理與體育方面著眼，說明習動之必要。再就心理與道德方面著眼，習動亦爲必要。所以他又說：「人心動物也，習於事，則有所寄而不妄動。故疲，吾儒時習力行，皆所以治心。」又說：「吾用力農事，不遑食寢，邪妄之念亦自不起，信乎力行近乎仁也。」本此，可動知習齋以身心均須習動，智育、德育、體育均賴乎動。故他說：「提醒身心，一齊振起……身無事幹，尋事去幹；心無理思，尋理去思。習此身使動，習此心使存。」又說：「一身動則一身強，一家動則一家強，一國動則一國強，天下動則天下強，自信其考之前聖而不謬，俟諸後聖而不惑矣。」此是習齋反對主靜，提倡主動學說之大要。（見《言行錄》之〈世情篇〉、〈學人篇〉、〈剛峰篇〉、〈理欲篇〉、〈鼓琴篇〉）

第二、顏李反對宋儒之主敬。顏李本贊成主敬，但是他們的主敬與宋儒不同。宋儒脫離事物而言主敬，故以靜坐爲居敬容貌，以主一無適爲居敬工夫，以舒徐安重爲居敬作用，以心常惺惺爲敬之本領。顏李以爲這種「敬」論全是錯了。顏以爲主敬不能離事，他引《論語》作證，說道：「曰『執事敬』，曰『敬事而信』，曰『敬其事』，曰『行篤敬』，皆身心一致加功，無往非敬也。若將古人成法皆舍置，專向靜坐收攝徐行緩語處言主敬，則是儒其名而釋其實，去道遠矣。」（〈存學篇〉）恕谷亦說：「聖門不空言敬。」故顏李之論敬，不離卻事物，離卻事物，便無敬之可言了。

第三、顏李反對宋儒之所謂「明道」與「窮理」。顏李本亦注重道理之研究，但是他們以爲宋儒所講之「道」與「理」均講錯了。宋儒之所謂「道」與「理」實是一物。就宇宙之本體而論，宋儒或謂之爲「道」，或謂之爲「理」，均是指一個彷彿空明的虛體，與老子所謂「有物混成，先天地生，名之曰道」者相似。就處事接物修己治人方面而言，宋儒稱爲格物窮理。窮得理出，便是明道；順理去做，便是合道。所以宋儒所謂道與理，異名而同實。但其所指，則有時是具體的事物之道理，有時爲宇宙之本體。顏李不承認有離卻事物的道或理，他們以爲道不遠人，故道即在人事之中，不能超出五倫六藝之外；若捨人事而言天道，便是荒唐。譬如子爲父母所生，爲子者但當盡定省之職，事繼述之事；若捨此不爲，而專研究父母從何而來，兒子何由而生，便是荒唐。人爲天所生，爲人者當研究人倫庶物之人事；若捨此不言，而言空空之天道，豈不是同樣的荒唐？（根據《恕谷集》中〈原道篇〉）此是顏李對於「道」之解釋。

顏李對於「理」之解釋，亦與宋儒異。顏李之所謂「理」，即是條理之意。凡事凡物皆有條理，故理即在事之中，除卻事物，便無所謂理，除卻應接事物，便無所謂窮理。窮理即是求分析事物之謂。朱子說：「豈有見理已明而不能處事者？」習齋說：「見理已明而不能處事者多矣，有宋諸先生便謂還是見理不明，只教人再窮理；孔子則只教人習事，迨見理於事，則已徹上徹下矣；此孔子之學與程朱之學所由分也。」據此，則顏李是主張於事物中窮理，從事物中窮得之理，便眞而可靠；若離事言理，便是捨棄質據，捕風捉影，結果必至執理自是而好武斷。

第四、顏李反對朱子博學主義（百科全書主義）。朱子以世間一切事理，儒者都應知道。所以他說：「上而無極太極，下而至於一草一木一昆蟲之微，亦各有理。一書不讀，則缺了一書道理；一事不窮，則缺了一事道理；一物不格，則缺了一物道理；須逐著一件與他理會過。」恕谷以爲這種教育方法不對。他說：「朱子一生功力志願皆在此數言，自以爲表裡精粗無不到矣；然聖賢初無如此教學之法也。《論語》曰：『中人以下，不可以語上』；『夫子之言性與天道，不可得聞』；《中庸》說：『聖人有所不知不能』；孟子曰：『堯舜之知，而不遍物』；可見初學，不必講性與天道，聖人亦不能偏知一草一木也。朱子乃如此浩大爲願，能乎？」（《大學辨業》）習齋亦以爲要無所不知、無所不能，是不可能的。他說：「孔門諸賢，禮樂兵農，各精其一。唐虞五臣，水火農教，各司其一，後世菲資，乃思兼長，如是必流於後儒思著之學矣。蓋書本上見，心頭上思，可無所不及，而最易自欺欺世，究之莫道一無能，其實一無知也。」（《言行錄・刁過之篇》）據此，可知顏李實能洞見博學萬能之荒唐，分門專究之必要了。

5. 實利主義之知識論　顏李學派雖特別注重行爲，而對於知識亦不忽視。他們所排斥者爲書本上的死知識。活的知識，有實用的知識，他們仍舊特別重視。他們以爲這種有實用的知識，只能從行爲中得來。所以他們的知識論與西洋實驗主義所謂「從行中求知」很相近。關於知識的來源，習齋在《四書正誤》解釋《大學》格物章中，說得很明白：

「知無體；以物為體，猶之目無體，以形色為體也。故人目雖明，非視黑視白，明無由用也；人心雖靈，非玩東玩西，靈無由施也。今之言致知者，不過讀書講問思辨已耳；不知致吾知者，皆不在此也。譬如欲知禮，任讀幾百遍禮書，講問幾十次，思辨幾十層，總不能知；直須拜跪周旋，親下手一番，方知禮是如此。譬如欲知樂，任讀樂譜幾百遍，講問思辨幾十層，總不能知；直須搏附擊吹口歌身舞，親下手一番，方知樂是如此。是謂『物格而後知至』……格即『手格猛獸』之格……且如這冠，雖三代聖人不知何朝之冠也；雖從聞見而知為某種之冠，亦不知皮之如何煖也；必手取而加諸首，乃知如此取煖。如這葮疏，雖上智老圃，不知為可食之物也；雖從形色料為可食之物，亦不知味之如何辛也；必箸取而納之口，乃知如此味辛。故曰：手格其物而後知至。」

就這段解釋「格物致知」之文看起來，可知習齋是以爲從見聞所得的知識是靠不住的，從形色上揣料所得的知識也靠不住，只有從實驗中所得知識才靠得住。換句話，知識須經過親身實驗的手續，才可變爲實用的知識。這種知識論與美國杜威的學說很相近。

6. 實利主義之性論　顏李之論性，與程朱絕對相反。程朱將性分爲二：一爲義理之性，是善的；一爲氣質之性，是有善有惡的。他們的教育方針，在變化氣質。習齋竭力反對此說，謂性不能分爲理氣，更不能謂氣質爲惡。他們在〈存性篇〉說：「若謂氣惡，則理亦惡；若謂理善，則氣亦善。蓋氣即理之氣，理即氣之理。烏得謂理純一善而氣質偏有惡哉？」習齋謂性爲絕對的善，凡人「爲絲毫之惡，皆自玷其光瑩之體，極神聖之善，始自踐其固有之形」（〈存學篇‧與陸桴亭書〉）。故惡皆從外部引蔽習染而來，絕非本性所固有。譬如水，清乃水之氣質，濁乃雜入水性本無之土；正如性本是善，惡由外界蔽染而來的一樣。若謂濁是水之氣質，則濁水有氣質，清水無氣質了（見〈存性篇〉）。習齋認定氣質是善，但亦承認各人氣質，各有所偏。不過這種偏處，正是各人個性的基礎，教育家不但不當厭惡，並且要從而發展之。所以他說：「偏勝者可以爲偏至之聖賢。……宋儒乃以偏爲惡，不知偏不引蔽，偏亦善也。」又說：「氣稟偏，而即命之曰惡，是指刀而坐以殺人也，庸知刀之能利用殺賊乎？」（〈存性篇〉）又說：「人之性質各異，當就其質性之所近，心志之所願，才力之所能，以爲學，則無齟齬扞格終身不就之患，故孟子於夷惠曰不同道，惟願學孔子，非止以孔子獨上也，非謂夷惠不可學也，人之性質近夷者宜學夷，近惠者宜學惠。今變化氣質之說，是必平丘陵以爲川澤，塡川澤以爲丘陵也，不亦愚乎？且使包孝肅必變化而爲龐德公，龐德公必變化而爲包孝肅，必不可得之數，亦徒失其爲包爲龐而已矣。」（《四書正誤》，卷六）這段說明教育須注重個性之理，特別透澈習齋言教育須注重發展個人之特長，對於個人之所短，也並不是任其自然而不加以補救。不過他的補救方法，不是變化其本性，是要發展其本性。他說：「甚剛的人亦必有柔處，甚柔的人也必有剛處，只是偏任慣了；今加以學問之功，則吾本有之柔自會勝剛，本有之剛自會勝柔。」據此，可知習齋之論，甚爲精密周到，並非偏於一面者可比。

7. 結論　顏李之論教育，以實利爲教育之目的，以做事爲教育之方法，以主動習勤、勞作神聖爲教育之精神，以即事窮理、從行求知爲教育之過程。所持理論與近代教育上的實驗主義最爲相合。在消極方面，他們打破二千年積習，反對以讀書爲學問，反對以主靜爲求學方法，反對空疏之理學，反對無所不知的博學。他們的根本主張，是要以動代靜、以實代虛。在教育史上，他們實占特殊之地位。可惜當時的社會受舊勢力之支配，舊學說之束縛，他們雖大聲疾呼，而響應者很少。加以他們主張持身以刻苦，人多不樂爲之，所以他們死後，其學未得流行。

顏李雖極力提倡實用之學，但彼之所謂實用，以近代眼光觀之，亦未見能完全適用。他們以古物之最有用者莫如「禮」，「禮」是吾國二千年來的社會禮法，亦非今日所能完全實行者。顏李所提倡之實利學說，本係彼等之創見，而必欲附之於孔孟之術，實亦失獨立思考之精神，習齋之言曰：「立言但論是非，不論異同，是則一工人之見，不可易也；非則雖千萬人所同，不隨聲也。豈惟千萬人，雖百千年同迷之局，我輩亦當以先覺後，竟不必附和雷同也。」習齋研究孔孟學說時若能以此精神，則必不至爲孔孟所束縛，而必附己說於孔孟之後矣。

㈤ 戴東原（民元前一八九至一三五年）

名震，字東原，安徽休寧人，生於雍正元年，卒於乾隆四十二年。胡朏明、閻百詩爲漢學啓蒙時代之代表，惠定宇爲漢學全盛時代之代表。胡、閻、惠等對於考證古籍之貢獻甚多，對於教育思想之貢獻甚少；其大有貢獻於教育思想者當首推東原。東原自幼即明敏，十歲就傅受《大學章句》，至「右經一章」以下，問其塾師曰：「此何以知其爲孔子之言而曾子述之，又何以知其爲曾子之意而門人記之？」師應之曰：「此先儒朱子所注云爾。」又問：「朱子何時人？」曰：「南宋。」又問：「孔子曾子何時人？」曰：「東周。」又問：「東周去宋幾何時？」曰：「幾二千年。」又問：「然則朱子何以知其然？」師無以對。由此一段故事，可知戴氏獨立思考，不肯盲信古人的精神，自幼即已表現。他學問淵博，精通歷算，著述甚多，最著者有《孟子字義疏證》，此書軼出考證學的範圍以外，而爲戴氏的哲理著作。

1. 批評理學　自宋以後，講理學者喜言理智生活，反對情慾生活；他們以爲「理」與「欲」兩者是處於對敵地位，「欲」存則「理」去，「理」存則「欲」去，結果遂養成一種乾燥的理智生活。東原的哲學即係此種理性哲學的反動。東原以爲飲食男女，人之大欲存焉，聖人治天下，在體民之情，遂民之欲，人各得其情，各遂其欲，則天下治。故古聖昔賢，所謂仁義理智，不求於所謂欲之外，而宋儒乃以「理」、「欲」爲不能並立，於是舉凡民之飢寒愁怨、飲食男女常情隱曲之感，名之爲人欲。空指一絕情慾之感爲天理之本然。日思以天理來克制人欲，而終致人欲之難於克制，因此遂產生種種流弊：第一、治己以不出於欲爲理，欲既難制，理不易來，於是內外不能一致，因而產生虛僞之病。第二、治人以不出於欲爲理，是以理來壓制人的本能活動，其流弊必至於殘酷。所以他說：「尊者以理責卑，長者以理責幼，貴者以理責賤，雖失謂之順。卑者，幼者，賤者，以理爭，雖得謂之逆。於是下之人不能以天下之同情，天下所同欲。達之於上，上以理責其下，而在下之罪，人人不勝指數。人死於法，猶有憐之者，死於理其誰憐之！」第三、程朱以爲理如有物，得於天而具於心，啓天下後世之人，憑在己之意見，而執之曰「理」，於是善於言詞者則理伸，拙於言詞者則理屈，有勢力者理伸，無勢力者理屈，社會上不平等之流弊因此而生。此三種流弊，皆源於宋儒之嚴立理欲之辨。

2. 教育哲學　作《孟子字義疏證》一書，東原建設他的情感哲學，以代宋儒之理性哲學。他的哲學以心理之分析爲根據。大意謂天道就是陰陽五行，人之生分於陰陽五行以爲性，是以有血氣心知。有血氣是以有欲，有心知是以有情有知。給於欲的是聲色臭味，發乎情的是喜怒哀樂，辨於知的是美醜是非。此欲情知三者爲性之原質，在其本身無所謂善惡，善惡起源於人己界限明與不明之關係。人己界限既明，則彼此不相侵越，自能各遂其欲，各得其情，是之謂善。人己界限不明，則彼此互相侵越，因而情慾發動有過與不及之現象，是之謂惡。故就欲而言，則專欲爲惡，同俗爲善；欲遂己之生，至於戕賊人之生而不顧，是爲惡；欲遂己之生，亦遂人之生，是爲善。就情之發動而言，過與不及爲惡，中節爲善，而其條理則得之於知。惟知能辨別是非，推己及人，使得各遂其生。據此，則「情慾」與「理」實非處於對敵地位，情慾至纖微無憾是謂理，故理即在情慾之中，捨情慾便無所謂理。教育目的就是要使人的情慾發動合乎理，即是要使人人得遂其欲，得達其情，其義即孔子之所謂仁恕。若以現代教育學上之新名詞來解釋東原的教育哲學，則東原所謂要使人人得遂其欲、得達其情，即是要人類所有性的本能、食慾的本能等，向正當方向發展；對於這種強烈的本能，只當引導其發展，絕對不宜壓抑。所以他說：「君子之自治也。情與欲使一於道義；夫遏欲之害甚於防川，絕情去智，充塞仁義。」東原這種哲理，大致本之孟子，孟子對於情慾等衝動只主張調節，絕不主張壓抑，所以他以爲好貨、好色、好樂等事，就其本身言，只要能得適當的調節，絕不算壞事。

3. 論求學方法　東原以爲求學須用客觀考察的方法，不當以人蔽己，不當以己自蔽。所謂以人蔽己，即是自己無所主張，以別人之主張爲主張。這種依賴的、盲從的習慣，必須打破。所以他說：「志在聞道，必空所依傍。漢儒訓詁，有師承，有時亦傅會；晉人傅會鑿空益多；宋人則恃胸臆以爲斷。」據此，則漢晉之弊，在以人蔽己；兩宋之病，則在以己自蔽。所謂以己自蔽，即是依照自己意見以爲評斷，而實未有客觀的證據。求學的正當方法，在去人蔽與己蔽，而實地從事客觀的考察。無稽者不信；不信，必反覆考證而後即安。有鐵證者信以爲眞理；證據不十分充足者，則定爲假設，關於此點，他在《與姚姬傳書》中討論甚詳明：

「凡僕所以尋求於遺經，懼聖人之緒言闇汶於後世也，然尋求而有獲十分之見者，（眞理）有未至十分之見者。（假設）所謂十分之見者，必徵諸古而靡不條貫，合諸道而不留餘議，鉅細畢究，本末兼察。若夫依於傳聞，以擬其是；擇於眾說，以裁其優；出於空言，以定其論；據於孤證，以信其通；雖溯流可以知源，不目睹淵泉所導；循根可以達杪，不手披枝肄所歧；皆未至十分之見也。以此治經，失『不知為不知』之意，而徒增一惑以滋識者之辨之也。……既深思自得而近之矣，然後知孰為十分之見，孰為未至十分之見；如繩繩木，昔以為直者，其曲於是可見也；如水準地，昔以為平者，其坳於是可見也，夫然後傳其信；不傳其疑，疑則闕，庶幾治經不害。」

從這段文字看起來，可知東原所講的研究學問的方法與現代之科學方法相同。可惜東原只把這種方法用在考證上，沒有把它用到物質科學方面去。

4. **結論** 東原學問淵博，識斷精審，在考證派中，他可獨占首席。他的影響當代最大者，不在他的情感哲學，而在他的考證學。就考證而論，金壇之段玉裁、高郵之王念孫及其子引之，均能繼其業，故世以戴段二王並稱。這四個人對於整理古書，功績甚大，故可稱之爲清學的中心人物。

東原之功不僅在整理古籍，就其學說之本身論，有三大優點。第一、他的科學方法，有著無微不信的精神。第二、他的心理分析，他以「情」、「欲」、「知」三者爲性之原質，與西洋心理學家分心能爲「意志」、「感情」、「知識」三部相同。第三、確定道德的標準。東原以爲惡起源於人己界限不明，故欲定道德標準，須先定人己界限。他以爲人欲爲己欲之界，人情爲己情之界，其言甚爲平穩確當，其學說亦有系統條理，蓋深得力於名數之學云。

㈥ 龔定庵（民元前一二〇至七一年）

魏默深（民元前一一八至五六年）等的學識上考證之學，到了道光咸豐時代，日就衰落，其原因有四：第一、考證派之研究方法雖好而範圍太窄，末流偏於名物制度之考究，瑣碎支離而無實用。道咸間時局日非，眼光明遠者，見大難之在前，日思致力於經國治世之學，對於考證派的學說，不但厭棄之，而且加以攻擊。第二、考證派教人尊古，又教人善疑，既以尊古爲重，則有更古者在所當尊，既以懷疑爲教，則對於考證學之本身，亦何嘗不可懷疑，既懷疑，則此派之根本動搖了。第三、考證之學多發祥於江浙洪楊之亂，江浙受禍最烈，學術之研究因此而衰落。第四、自鴉片戰爭失敗以後，國人憚於外國之堅甲利兵，而輸入西學，厭棄漢學之動機以起。

存此種狀況之下，考證派本當在此告一結束。但當時有今文學大家龔定庵（名自珍，字璱人，浙江仁和人，道光進士）、魏默深（名源，湖南邵陽人，道光進士）等，以考證的精神，向政治社會方面發展而成立第三期，即最末一期的考證學派。此派之學說，可總述於下：

第一、他們重提西漢今古文舊案，謂所有古文皆是僞的，所有今文皆是眞的，故治經當以今文爲準。魏默深著《詩古微》，攻《毛傳》及大小序；著《書古微》，攻《古文尚書》。劉逢祿著《左氏春秋考證》，證明《左傳》中解經之書係劉歆僞作龔定庵以治《公羊》見著，常引《公羊》譏切時政。

第二、他們的講學以致用爲主。他們生當清政陵夷、外侮日盛的時候，對於時局抱無限的憂痛，亟思救濟，故特別注意於政治。他們考古的目的，在用古於今，他們的考證精神不僅用在考古，並且用在考今：對於中外地理，均有精詳研究。定庵著《兩域置行省議》（光緒間實行之，即今之新疆），又著《蒙古圖志》（研究蒙古政俗），魏默深著有《元史》及《海國圖志》（外國地理），都是講實用的，講政治經濟的，所以他們的精神實與顧、黃相似，與胡、閻、惠、戴等相反。

第三、他們的政治主張。龔魏雖言政治，但未有具體的主張。其本經術而言政治，有具體主張者，爲南海康有爲。有爲係今文學的結束人物。他著有《新學僞經考》，謂《周禮》、《逸禮》、《左傳》、《毛詩》，及西漢末劉歆所力爭立博士者皆爲僞書。又著有《孔子改制考》，謂《春秋》爲孔子改制創作之書，六經皆孔子所作，堯舜係孔子假託之人物。此兩書皆係整理舊學之作。他自己的創作爲《大同書》。在此書他發表他的世界大同理想，主張打破國界、家界，廢除私產。他雖有這種高尚的政治思想，但他知其在目前不能實現，故不提倡，不宣傳。彼所竭力提倡者，爲他所謂小康的政治理想。彼以爲政治社會之進化有三級：一爲據亂世，一爲升平世，一爲太平世；升平世爲小康，太平世爲大同。現在的社會是「據亂」之世，只能言小康，不能言大同。他的小康政治理想，在他的「變法維新」之主張可以表見。他對於政治社會道德諸問題，皆以維持舊狀爲職志；對於西洋，則慕其富強而思採取其致富致強之術。但以其觀察不明，論點常有錯誤。彼以西洋有宗教而富強，遂主張中國亦宜有宗教，宜奉孔子爲教主。此種類似之錯誤甚多，彼亦終身堅持不改，故世人多以頑舊目之。

就上述三點而論，似乎龔、魏、劉、康之學說，多與政治有關係。但精細考察，則知其對於教育亦有絕大關係。第一、經籍爲中國數千年學術的結晶，支配學術界的思想，有絕大的威權；自今文學家僞經之說出，遂使學者對於經籍失其信仰，此爲中國舊教育、舊倫理之致命傷。第二、龔魏等睹時局之艱危，提倡致用之學；而西洋之工商業實爲最有實用的，學者對於它們漸知注意，因此而西學漸漸輸入。第三、他們對於政治雖未有澈底改革之主張，但政治問題既經提出，愈討論愈覺當時時局之可危，因而激起政治革命的思想，故清末之學校均爲製造革命之機關。據此三點而論，亦見龔、魏學說與近代教育實有密切之關係。

五、結論

隋唐至清末一千二百餘年間，教育思想雖與時俱變，然莫不以儒家學說爲正宗，以經典爲歸宿。所不同者，在對於經典取捨之各殊，解釋之各異。其中得失，以《四庫提要總敘》之評論最爲扼要。《提要》曰：「自漢京以後，垂二千年；儒者沿波，學凡六變。其初專門授受。遞稟師承；非惟訓詁相傳莫敢同異，即篇章字句亦恪守所聞；其學篤實謹嚴，及其弊也拘。王弼、王肅稍持異議，流風所扇，或信或疑；越孔（穎達）、賈（公彥）、啖（助）、陳（淳）以及北宋孫復、劉敞等，各自論說，不相統攝，及其弊也雜。洛閩（程朱）繼起，道學大昌，擺落漢唐，獨研義理，凡經師舊說，俱排斥以爲不足信，其學務別是非，及其弊也悍。學脈旁分，攀援日衆，驅除異己，務定一尊；自宋末以逮明初，其學見異不遷，及其弊也黨。主持太過，勢有所偏，才辨聰明，激而橫決；自明正德嘉靖以後，其學各抒心得，及其弊也肆。空談臆斷，考證必疏，於是博雅之儒，引古義以抵其隙；國初諸家，其學徵實不誣，及其弊也瑣。」皮錫瑞更從而釋之曰：「所謂拘者，兩漢之學也；雜者，魏晉至唐及宋初之學也。悍者，朱慶歷後至南宋之學也，黨者，宋末至元之學也；肆者，明末王學也；瑣者，國朝漢學也。」

上文所述的六變，若簡括言之，不過漢學宋學、兩派之互爲消長，而魏晉隋唐之雜，則漢學、宋學轉變之過渡時代也。漢學有西漢、東漢之別，今文、古文之分。周予同曰：「今文學以孔子爲政治家，以六經爲孔子政治之說，所以偏重於微言大義；其特色爲功利的，而其流弊爲狂妄。古文學以孔子爲史學家，以六經爲孔子整理古代史料之書，所以偏重於名物訓詁；其特色爲考證的，而其流弊爲煩瑣。宋學以孔子爲哲學家，以六經爲孔子載道之具，所以偏重於心性理氣；其特色爲玄想的，而其流弊爲空疏。」（周註皮著：《經學歷史》序文）按漢學有今古文之分，宋學有朱陸之別。朱子治學方法近於歸納，注重「博學審問，格物致知」陸王治學方法，近於演繹，注重「尊德性」、「致良知」。前者之流弊爲悍，後者之流弊爲肆，而其共同之流弊爲空疏。

以上係就漢宋兩派治學之途徑予以批評。若就其對於教育影響而言，可得下列結論。第一、漢學、宋學均以儒家學說爲宗主，「經明行修」爲兩派共同教育目標。然其影響所及，僅限於少數之學者，大多數之民衆，所受影響甚少。即就士大夫而論，自隋唐而後，大部受科舉教育之支配，能從事於研究漢學或宋學者，僅少數中之少數而已。第二、漢學、宋學共同研究之對象爲人文社會之學，所謂「微言大義」，所謂「格物窮理」，所謂「博學審問」均集中於人文社會方面，對於自然現象方面很少注意。第三、漢學家之主要工作在考證古書眞僞，詮釋意義，辨析名物制度，指示治學之科學方法，於經學方面，貢獻甚大；於教育理論方面，貢獻較少。宋學之主要工作，在融合儒、佛、老三家之學說，創立一種有系統的哲學，對於心性之分析，人生與宇宙之關係，有一貫的說明。在行爲方面，注重道德；在教導方面，注重心理之分析；在個人修養方面，注重敬靜與克己。獨到之見解甚多，故宋學對於教育理論方面貢獻甚大。

宋學雖有上述之優點，然亦有缺點：

第一、宋儒把「理」與「欲」處於對立地位，其實情慾之適當處便是天理，兩者並非冰炭之不相容，戴東原已詳細批評之矣。

第二、宋儒對於惡之起源，不能有澈底的說明。自周秦以來，論學者有性善、性惡兩派。主張性善者，雖孟子不能說明惡之起源；主張性惡者，雖荀子不能說明善之起源。宋明理學家大都承孟子之後，主張性善，以為性即是理，理無不善，惡則由於氣質之性；人之稟氣有清濁厚薄之不同，所以就有善惡與賢愚的區別。這種說明，就形式上看，似較孟子為更進一步，實則仍非澈底的說明。因為當時理學家，無論為理氣二元論者，或唯理之一元論者，均承認理或宇宙本體為絕對的善。宇宙既為絕對的善，則宇宙之惡何由而產生？王荊公謂惡之起源由於性情發動之不適宜，但宇宙本體既是絕對的善，此種不適宜之性情發動又何由而生？若說「宇宙本體是靜，靜是絕對的善，由動而後有善惡的區別」，這便近於老子的學說。但此說亦不能解答上面之疑問；因靜的時候，既是絕對的善，動之時何以又有善惡的區別？

第三、宋儒偏重靜的修養，忽略動的修養。宋儒講學，曰「主敬」，曰「主一」，曰「心如明鏡止水」，均是屬於靜的方面；推求其意義，亦不過是要人「注意集中」而已。但是要「注意集中」，亦當注重興趣之提起，習慣之養成，絕不能僅以靜坐閉目之方法得之。天下間事物至繁，當逐一研究，以求了解其原理，使他們能於人生有應用，方為求學的正當態度。若說只要去人欲存天理，則心明如鏡，萬物自照，恐亦無是理。晦庵之學，本注重格物窮理，但是彼之所謂格物窮理，乃偏重在經籍方面，宜乎陸氏譏其為逐末。陸王之學，專重「尊德性」，「致良知」，以為吾心自有天則，不當支離而求諸道；實則吾人之所以能知道外界事物，固是因為我們先天的有這種可能性（知道事物的可能性），但是這種可能性的發展，知識的得來，又何處不是由經驗？據此，則教育者當使學生多與外界接觸，多加觀察工作，方能養成活潑而有實用的人材，徒言靜的修養，實無大益。元明時代，講理學者多有空疏不講實用之弊，或者即是因為太重靜的修養的緣故。

第六節　學風

一、概論

學風爲教育制度、教育思想及整個社會制度之產物。學風之優劣與政治之隆汙，有密切之關係。兩漢學風最好，魏晉以後，學風逐漸腐化，隋唐勃興，中國政局由分離而統一，文治武功，較之兩漢，有過之而無不及，就學風而論，雖較魏晉南北朝爲優，而遠不及兩漢。陵夷至於五代，禮義廉恥，幾乎喪盡，士風之壞，過於六朝，炎宋勃興，敦勵名節，又加以理學之昌明，士風漸變；然宋朝開創，國威即已不振，士子亦多委靡之氣；南宋之末，小人握權，利用士子，風氣漸壞，而國亦亡。元以異族入主中國，士子沉迷科名，學術事功名節，均無可觀。明繼元興，驅蒙人於漢北，恢復漢族固有地位，文治武功頗有可觀，士風亦變，頗有東漢風氣；其後權奸當政，誅戮忠良，人之云亡，邦國殄瘁。清主華夏，以科名籠絡士子，以制藝束縛青年，除少數特立獨行之士能專精考證，有貢獻於學術外，其餘實無足觀者。綜觀隋唐以後千餘年中，士風雖因時代而各不同，但亦有其共同之弱點二：一則千餘年來大多數的士風思想行動莫不受科舉之支配；二則各代除元清外莫不有長期之黨爭，漢之黨爭爲君子與及小人之爭，而唐宋明三朝之黨爭，則除君子與小人之爭外，尚有許多意氣之爭。茲將各朝風氣，概述於後。

二、唐之學風

李唐開國，政治軍事，立制頗佳，國威大振；當時士子頗能改變六朝消極之風尚，採取積極奮鬪之精神，其中亦不乏勇敢節義之士。然就整個士風論，似不甚優良。梁啓超批評唐代的風氣，說是：「上半期柔靡卑屈，下半期混濁。」唐朝舉士舉官，分爲二途，又選人猥衆，人浮於官額，故得官甚難，遂養成奔走鑽營的氣習。當時士子常投牒自進，奔走於王公大人之門，戴破帽，策蹇驢，投其平日所爲之文，名之曰「求知己」；如是而不得見，則重演一次，名之曰「溫卷」；如是而不得見，則候其外出，乘機執贄於馬前，自贊曰：「某人上謁。」（《通考》，卷二十九）《舊唐書》載薛謙光上疏論當時舉人說：「馳驅府寺之門，出入王公之第，上啓陳詩，唯希欬唾之澤；摩頂至足，冀荷提攜之恩，故俗號舉人，皆稱覓舉。覓者，自求之稱也。夫徇己之心切，則至公之理乖；貪仕之性彰，則廉潔之風薄。」就是賢如韓愈，亦不免上書干謁（見《給陳給事書》），他所謂：「伺候於公卿之門，奔走於形勢之途，足將進而趑趄，口將言而囁嚅，處汙穢而小羞。」實為當時士子求進之最好寫照。其下焉者，乃至獻媚於女主，屈膝於藩鎮，依附於奄宦。富貴之所在，名節人格，所不顧也。

唐代黨爭亦有極壞的影響，唐代士大夫不能同心協力，以除宦官，制藩鎮；乃自相水火，互相排擠，甚至外結藩鎮，內通宦官，所以唐文宗有「去河北賊易，去朝中朋黨難」之語。一般風氣如此，士風也就敗壞了。柳宗元與太學諸生道：「太學生聚為朋曹，侮老慢賢，有崇飾惡言，而肆鬬訟者，有淩傲長上而誶罵有司者；其退然自克，特殊於眾人者，無幾耳。」根據上述史實，可見唐代士風不甚優良。至於五代，則更不堪言了。

三、宋之學風

宋承五代之後，學風漸有轉變。顧亭林以為炎宋學風，僅次於東漢。他說：「《宋史》言士大夫忠義之氣，至於五季，變化殆盡。……藝祖首褒韓通，次表衛融，以示意嚮。……於是中外薦紳知以名節為高，廉恥相尚，盡去五季之陋。故靖康之變，志士投袂，起而勤王，臨難不屈，所以有之。及宋之亡，忠節相望。」宋代士風之轉變，不但係在上者之提倡，理學昌明亦為風氣轉變原因之一，宋代教育對於太學極為重視，太學中頗多傑出人物，如鄧肅以太學生上詩十首，論花石之擾，陳東以太學生上書，論大臣誤國並痛陳時事，直言不諱；兩者雖為學生與政之始，亦見直言敢諫之風，論者謂為興學育才之效果。

北宋士風雖較為優良，但自王安石專政，實行新法，因守舊者之反對，遂援引新進浮躁之士，希榮貪利之徒一時群起，士風遂漸凌替。例如張商英在元祐時上呂公著詩求進，諛佞無恥；蔡京當政就一變而請求毀司馬光和呂公著的神道碑。又舊黨當政時，周秩爲博士，親定司馬光謚爲文正，及蔡京當國，卻請斲司馬光的棺而鞭其屍，反覆無恥，一至於此。至於南宋，風氣更壞，如韓侂冑當國時，許及之對之屈膝，侂冑生辰，群公上壽，及之後至，爲閽者所拒，乃俯身由竇中傴僂而入，當時有「由竇尙書，屈膝執政」之語。又侍郎趙師𢍰諂事冑，無所不至。冑嘗與其客飲南國，過山莊，顧竹籬草舍曰：「此眞田舍間氣象，但欠犬吠雞鳴耳。」俄聞犬吠叢薄間，視之乃師𢍰也。

以上係就當代官場而言，廉恥道喪，至於此極。即就太學風氣而言，自安石執政以後，亦逐漸變壞。宋魏泰《東軒筆錄》說：「王荊公在中書，作新經義以授學者，故太學諸生幾及三千人。又令判監直講程第諸生之業，處以上中下三舍，而人間傳以爲試中上舍者，朝廷將以不次升擢，於是輕薄書生，矯飾言行，坐作虛譽，奔走公卿之門者若市矣。」鄧志宏《沙縣重修縣學記》曰：「崇寧（徽宗）以來，蔡京群天下學者，納之黌舍，校其文藝，等爲三品，飲食之給，因而有差，旌別人才，止於付魚肉銖兩間，學者不以爲羞，具逐逐然貪之。」宋周密《癸辛雜識後集》說：「三學之橫，盛於淳祐景定之際，凡其所欲出者，雖宰相臺諫，亦直攻之使必去，權乃與人主抗衡，一時權相如史嵩之、丁大全不惜行之，亦末如之何也。賈似道作相，度其不可以力勝，遂以術籠絡，每重其恩數，豐其饋給，增撥學田，種種加厚。於是學生啖其利而畏其威，雖目擊似道之非，而噤不敢發一語。及賈要君去國，則上書贊美，極意挽留，今日日師相，明日曰元老，今日曰周公，明日曰魏公，無一人敢少指其非。」周密《齊東野語》說：「賈似道欲優學舍以邀譽，乃以校尉告身錢帛等畀庠。擬試時，黃文昌方自江閫入爲京尹，益增賞格，雖未綴，猶獲數百千。於是四方之士紛紛就試。時襄郢已失，江淮告急，有無名子作詩揭之試所云：『鼙鼓驚天動地來，九州赤子哭哀哀，廟堂不問平戎策，多把金錢媚秀才。』」

以上所述，或係就惡劣之士風而言，即就當時所謂正人君子理學名儒而言，亦有其共同之弱點：第一爲崇尙空談，不注重實際問題，所謂「無事事唯靜坐，臨危一死報君王」，毫無其他辦法。其甚者，借隱逸之名，遊山玩水，飲酒賦詩以自遣，對於國家之存亡，不甚關心。如文及翁之詞，描寫得最好：「借問孤山林處士，但掉頭笑指梅花蕊。」第二爲意氣之爭，不能和衷共濟。例如神宗時有新黨舊黨之爭，這或者可以說是政見不同。即在舊黨之中，洛黨之程頤，蜀黨之蘇軾，亦勢如水火。史家論洛蜀之爭曰：「軾與頤合志同方，出處不易。熙豐之際，或堅臥山林，或放逐湖海，一朝遇主，攜手偕行，方冀其一心奉公，更化善政，……而口語參商，攻訐競起，初不聞有國家大政，爭若新法，……右頤者詆軾曰謗訕，右軾者詆頤曰矯激，……嘲侮小嫌，詬誶靡已，即盈朝之上書，猶家人之室鬥耳。」至於南宋黨爭日烈，在各派消長升沉之變動中，難免不用報復手段；於是小則貶竄，大則殘害，意志不統一，人才不集中，室內之鬩爭日烈，而國家遂亡。

四、元之學風

元以異族入主中國，以科舉方法籠絡士子，名義上雖提倡宋學，實際上輕視儒術，重視喇嘛教，故當時有「九儒十丐」之目。當時士子，下焉者貪圖利祿，醉心科名，優游卒歲而已；上焉者則以道統中斷爲憂，教育後進，以繼承宋學，開示未來爲己任；而宋學之中，尤以程朱一派爲最發達，蓋程朱之學，在南宋止盛行於南方，至元普及北方，遂爲中國儒學之正統。

五、明之學風

明初學風本來純樸，明太祖雖起身草澤，刻薄寡恩，而提倡儒學甚力，當時風氣尙屬優良。英宗時王振曹石亂政，憲宗時汪直亂政，武宗時劉瑾亂政，朝士有觸犯之者，多遭廷杖謫戍之禍，重者或處死刑。而翰詹科道，與部寺小臣，抗章彈劾，視之蔑如，知有國而不知有身，知奸人之當去，而不知己身之有禍害。蓋自太祖即位以後，百餘年間，尊崇節義，敦勵名實，儒教之道德漸漬於社會，寖成爲風俗矣。中葉以後，士風漸壞，士大夫卑鄙無恥，享樂奢淫，以及黨同伐異，愈演愈烈。魏忠賢當國時，巡撫潘汝楨、毛一鷺爲建生祠，稱以「堯天舜德，至聖至神」，無恥至此！顧亭林說：「自萬曆季年，縉紳之士，不知以禮飭躬，而聲氣及於宵人，詩字頒於輿皂，至於公卿上壽，宰執稱兒，而神州陸沉，中原塗炭，夫有以致之矣。」又說：「今日士大夫，纔任一官，即以教戲唱曲爲事，官方民隱，置之不講，國安得不亡，身安得不敗！」根據上述引證，可見明末士風之敗壞。

除上述腐敗情形而外，明代士風尙有一最大弱點，便是黨爭。當時黨爭，不僅爲君子與小人之爭，就是所謂君子，彼此亦有黨爭。蓋宋明學者之講學，偏重主觀，自信力太強，故與人不容易協調；有時爲好名之念所驅使，流於矯激，爭發不切實之空論。當時派別有所謂東林黨、宣昆黨、齊黨、楚黨、浙黨，以及附和宦官的閹黨，互相攻擊，勢如冰炭。趙翼在《二十二史劄記》內說：「萬曆末年，廷臣務爲危言激論以自標異，於是部黨各立，另成一門戶攻擊之局。高攀龍、顧憲成講學東林書院，士大夫多附之。既而挺擊、紅丸、移宮三案，紛如聚訟，與東林忤者衆共指爲邪黨。天啓初趙南星等柄政，廢斥殆盡，及魏忠賢勢盛，被斥者成欲倚之以傾東林。於是如蛾赴火，如蟻赴羶，而科道轉爲其鷹犬……權璫藉言官爲報復，言官又藉權璫爲聲勢。此言路之一變，而風斯下矣。崇禎帝登極，閹黨雖盡除，而各立門戶互相爭勝之習，則已牢不可破，是非蜂起，叫呶噂沓，以至於亡。」《明史》呂大器等傳贊說：「明自神宗而後，寖微寖滅，不可復振。揆厥所由，國是紛呶，朝廷水火，寧坐視社稷之淪胥，而不能破除門戶之角立。故至桂林播越，旦夕不支，而吳楚之樹黨相傾，猶似南都翻案之故態也。」所以明朝之亡，原因雖多，黨爭亦其一也。

六、清之學風

清代學風與明不同。明以理學爲中心，清以漢學爲中心；明代士子黨爭極烈，清代因政府禁止「生員糾黨多人，立盟結社」（見順治臥碑），故黨爭較少。清代教育重視科舉士子之精神才力，盡耗費於時文之學習，「所解者高頭講章之理，所講者坊選程墨之文，於本經之義，先儒之說，概乎未有所知。」（張之洞：《勸學篇》）甚至「有通籍高第而不知漢祖唐宗爲何物者，更無論地球各國矣。然而此輩循資按格，即可致大位，作公卿，老壽者即可爲宰相矣，小者亦秉天衡充山長爲長吏矣。以國事民事托於此輩之手，欲其不亡，豈可得乎」（梁啓超：《戊戌政變記》）。一般士子之缺乏常識及實用知識，的確如此。然亦有特立獨行之士，能以學術爲事者，又以清代嚴文字之獄，禁忌特多，故研究學術者偏重考證一方面，因此清代學者對於整理和詮釋古書功勞甚大。

問題思考

一、隋、唐、宋、元、明、清六朝政治與教育的大勢。
二、唐代學制系統及學校行政組織。
三、宋代學制系統及學校行政組織。
四、明代學制系統及學校行政組織。
五、元、清兩朝的教育政策及其學制系統。
六、歷代私人講學的精神與中國教育的關係。
七、中國科舉制度的起源與演變及其與教育的影響。
八、歷代民間教育及民間流行讀物的考察與分析。
九、佛學對於中國教育思想的影響。
十、何謂理學？及其與教育學的關係？
十一、朱子的教育學說。
十二、王陽明的教育學說。
十三、顧亭林、黃梨洲、王船山對於教育各有何種主張？
十四、顏習齋的教育學說。

十五、戴東原的教育思想及為學方法。
十六、清代考證學派治學的方法及其對教育的影響。
十七、唐、宋、明、清各朝學風的比較。
十八、隋唐至清末二千年中教育制度與教育思想的總檢討。

第九章　結論

一、中國教育的演變

前八章已將中國四千餘年的教育史作簡要的評述。作者於第三章說：中國教育史應分為三大時期，自虞夏至周末為第一期，約為二千年；自秦漢至清之咸豐末年為第二期，約為二千一百年；自清同治元年（一八六二）至現在為第三期，約八十餘年。第一期之前部，即虞夏至西周，約一千五百年，其時史料很少，直接的史料更少。第一期之後部，即東周，約五百餘年，其時史料較多，而且可靠性亦加高。第四、五兩章已將第一期之教育作簡略之概述，所得的結論是：二千年中，我國文化演進甚速，到了西周，我們的政治已由部落制進而為完備之封建制，我們的經濟已由漁獵牧畜進而為農業，我們的教育已由無意的、無組織的進而為有意的、有組織的教育。此時以教育為政治的手段，故曰：「化民成俗，必由於學。」家族為教育的核心，故「明倫養老」為教育之主旨；學術集中於貴族，而平民則訓以服從。迄乎東周，外受夷狄之壓迫，內則諸侯之勢力日加強大，政治社會起了巨大之變動。此種巨大的變動發動於春秋，大部分完成於戰國，而以秦代作結束。其最顯著者：就政治言，為封建貴族制之破壞，帝王集權制之成立；就教育言，為官學的崩潰，私學的代興，與養士制度之繼起，各家學說之競興。各家學說均係企圖解決當時之問題，而各種制度亦正在演變與實驗中，論者為此時為民族習慣破壞時代，實際亦有建設意義，蓋戰國時各家學說、各種制度，均為秦漢學術及政制之基礎。

第二期之教育始於秦漢而結束於清末。秦漢為建設時代，自春秋時開始之巨大社會變動，至秦漢已完成，封建制已完全消滅，中央集權之帝王制已完全成立；戰國時諸子百家之學說，亦統一融化於儒家旗幟之下，儒家學說戰勝一切，變為中國學術之正統，故秦漢實樹立我國二千年來政治制度教育制度之楷模；二千年中雖有局部之改進，而無根本之變革。教育學說莫不以儒家為宗，教育資料莫不以經典為主，學校制度則官學與私學並立，注重人才教育，忽視普通教育；二千年來，具有同一趨勢。選舉制度，自兩漢至南北朝以選舉為主，考試為輔；自隋唐至清末以考試為主，選舉為輔；注重雖各有不同，其用意則一。所以二千年來之我國教育，在理論與實施，均係沿襲兩漢。

二千年來之教育，雖係沿襲而來，然各時代亦有其相當之變動。第七、八兩章曾將學校教育、選士制度、教育思想三方面之演進情形，分別敘述。就思想論，雖同宗經典，而對於經典之解釋，漢儒、宋儒各有不同。同係漢儒，今文家與古文家之解釋各有不同；同係宋儒，朱派與陸派又各有不同。蓋儒家學說內容亦隨時代而變化，兩漢釋經雜有法家陰陽家之思想，魏晉南北朝雜有佛老思想，宋明則將佛老學說融化於儒家學說之中。選舉制度在兩漢為純粹之鄉舉里選，而輔以考試；至於魏晉，變為九品中正之制，從士紳之選舉，變為中正一人之評舉；至於隋唐，則以考試為選舉之法。同為考試經典，唐人宗注疏，宋人尚新義，元明宗程朱，而經義體式至明清變為八股，名為經義，實係輕義理而重詞章與聲調格律。此選舉制之隨時而變者也。學校制度，各代亦不盡同。兩漢之學專主儒家，而南北朝時代則儒玄並立；兩漢之官學常居領導地位，隋唐後之官學每為科舉之附庸。兩宋以前之私學，純係以人為主，無組織可言；自書院制興，私學組織，頗具近代學校意義。此學校教育之因時而變也。

二千年來之教育雖有上述之演變，然就大體論，均係本之儒家學說，依照兩漢成規；蓋兩千年來中國之政治社會均無基本之變動，教育方面自不能脫離社會而獨自演變也。清末我國因與西洋文明之接觸，政治、經濟、軍事各方面均遭遇空前之失敗，政治與教育不得不為基本之變革，其詳當於第四編述之。茲將我國第二期之教育，分別優劣，作綜合之評論。

二、中國教育之弱點

二千年來教育之成規，至清末而不得不變。究竟中國教育之弱點安在？分述如下：

第一、為尊古的觀念　中國古代學者多缺乏進化觀念，無論對於何種事物，以古爲好，以不變爲原則。教育方面亦復如此。就制度方面說，自漢至清，均有選舉與學校兩種制度，政府所重者在如何拔取人才，而不在如何教育人才。就課程方面說，以讀經、作文、習字爲最重要。漢立《易》、《書》、《詩》、《禮》、《春秋》等五經博士；至魏晉又加《論語》、《孝經》二經，至唐就五經中之《周禮》、《儀禮》、《公羊》、《穀梁》分而習之，析爲九經；開成間加《論語》、《孝經》、《爾雅》，是爲十二經；至宋列《孟子》於經部，是爲十三經（《周易》、《尚書》、《毛詩》、《周禮》、《儀禮》、《禮記》、《春秋左傳》、《公羊傳》、《穀梁傳》、《孝經》、《論語》、《孟子》、《爾雅》）。南宋朱子又以《禮記》中之《大學》、《中庸》與《孟子》、《論語》並列，稱爲四子書，於是五經四書爲必讀之書（此外，初學者尚有《三字經》、《千字文》及《百家姓》、《雜字》等書）。經書而外，研究學術者，尚須兼讀史、子、集三種。所以教材的選擇，各代雖微有不同，而教材的性質很少變異的，所以遵古爲中國教育之第一弱點。

第二、為偏重記憶與模仿，忽視獨立的思考　教育主旨既以遵古爲尚，所以教育之最後目的，就是使今之人能如古之人，今之世能如古之世。要達到此目的，就是記憶古人之言行，從而模仿之，最後一步也不過求能了解古人之言行。至於獨立思考，全不注重；即對於古聖賢學說的本身，絲毫不能懷疑，不能批評，正是韓愈所謂：「曾經聖人手，議論安敢到。」我們如果要有所議論，其議論的評價，是看它是否與古人相合，合者爲是，不合者爲非；所以漢以後作者多喜引用經語作證明，故經籍變爲支配思想的絕對權威。經籍的解釋，雖可以各人不同，但自由活動。止在此小範圍以內，不能越雷池一步，所以漢以後之學者絕對不敢說：「我之道非孔子之道。」雖以顏習齋學說之新穎，亦必附於孔子之末，曰孔子之道固如是也。

第三、為偏重文藝，忽略科學和實用　自漢以後，學者精神全消磨於文詞之學習上，除了書本以外，幾無教育可言，故「求學」與「讀書」，幾爲同義名詞，讀書之目的，也不過是要能了解其意義，模仿其文體，作爲優美之文章；與生活有關之實際知識則毫不講究，所謂「書生」即含有無用之意義在內。至於自然界現象之觀察，系統之科學知識，在中國更爲缺乏，在課程中是完全沒有的。

第四、為缺乏周詳的教育制度　自漢以後，我國之教育制度，在人才教育方面雖略具規模，而在普通教育方面則很少規劃，一任民間，自成風氣；蓋在專制政治之下，普及教育既無迫切之需要，且以缺乏近代組織之國家，亦不能有完備之普通教育制度也。促進教育普及的動力爲民族、民權、民生。民族主義之目的在發揚民族精神，故需要組成民族之各分子均能接受民族文化，民權主義之目的在實行民主政治，民主政治須人民掌握政權，故人民需要政治知識。民生主義的目的，在用近代科學方法謀經濟之發展及經濟利益之普及，而發展經濟，有賴於普及教育，而普及教育，需要巨大之經費，更非有經濟動力，不易奏效。所以中國過去之不能有普及教育之制度與事實，乃因上述之動力未能充分發展，係客觀條件如此，亦無足怪者。

三、中國舊教育之優點

中國舊教育雖有上述之弱點，亦有其優點。中國在亞洲向居領導的地位，有五千年一貫的文化，占了全世界四分之一以上的人口，其所以能有此偉大成績者，厥非偶然；在文化與教育方面必有其特質。關於中國文化之特質在第二章已經敘述，即是「天下爲公」的博大精神，「允執厥中」的持中精神，及「忠孝」、「仁義」之倫理思想。文化特質之反映於教育方面者爲大同主義之人生，平民主義之政治，社會本位之教育，人文本位之教材，人格感化之訓育。以下分述之：

第一、大同主義之人生　儒家之人生哲學，爲「自我」之無限擴大，至於與「宇宙同體」。儒家以爲社會之糾紛，個人之罪過，均由於「私」而起；私慾的來源，由於將我與「人」和「物」作爲對立，而不作爲一體，故致損人利己。如認「我」與「宇宙同體」，則「民胞物與」之懷抱，「頂天立地」之精神，自油然而生。此種偉大的人生觀，表現於行動者為「博愛」，為「平等」，為「濟弱扶傾」，為「虛懷若谷」；其表現於具體事實者：第一、為對民族問題，抱「一視同仁」之態度，故同化之力量極大，凡與漢族接近者漸治為一爐；第二、為對宗教問題，抱「信仰自由」之態度，故在中國歷史，向無宗教戰爭。

第二、平民主義之政治　秦漢以後，我國雖係專制政體，然儒家「民貴君輕」及「民為邦本」之說發生巨大之影響，使歷代行政要旨必本於愛民，而殘暴君主亦有所忌憚。又厲行考試制度，使平民有掌握政權之機會，而世襲之貴族政治遂不能復存，所以中國政治可稱為專制政體之含有平民主義者。

第三，社會本位之教育　教育理論有個人本位與社會本位之分，兩派互相攻擊，莫衷一是。主張個人本位者，謂教育當以個人興趣與個性需要為出發點；主張社會本位者，謂教育當以社會需要與社會文化為出發點。前一說有傾向個人主義之危險，後一說有忽視個性之危險。對於此種問題，儒家早有合理之解決，在教授方法方面，儒家主張個人本位，從個性需要出發，故孔門弟子問孝問仁，孔子所答各有不同；漢唐以來私人教學，亦均注重個別教授，即此理也。在教育目標與資料方面，儒家主張社會本位。向來中國學者均以「己欲立而立人，己欲達而達人」為主旨，服務社會為目的，從無以個人福利為前提者。所以儒家社會本位之教育，實是並取兩方之長，兼去兩方之短，為最適宜之教育理論。

第四、人文本位的教材　中國學校的教材以經典文學為主，均係人文的學科，所討論者多係政治社會、倫理道德等問題，物質科學的教材是很少的；此為中國教育之弱點，前已陳述。中國學校教材雖有此弱點，然以其詳於人事方面，對於社會政治、倫理道德均有獨到之見解，而且係根據日常生活之觀察與體驗，很少宗教色彩，歐洲各國過去教育為宗教之附屬品，在中國則從無此現象。

第五、人格感化的訓育　我國教育向來注重德育。在政治方面，採感化主義，故曰：「導之以德，齊之以禮。」又曰：「化民成俗，必由於學。」可見學校教育便是以感化為主要工作。感化的基本原則是「以身作則」，所謂「不言之教」者是也。《大學》論治國平天下，而其根本在修身齊家。歷代大師對於他們的學生所發生之影響，均由其偉大人格之感召。所謂德育，全是潛移默化，並非灌輸知識的外鑠方法。這是很合教育原理的。

根據上面之陳述，可見我國之舊教育確有其特殊之優點，亦有其特殊之弱點。為適應現代的社會需要，為發揚固有的民族文化，我國的舊教育是急待改進的，新教育即應此需要而產生。下編敘述中國新教育發展之經過，並評論其得失。

問題思考

一、中國四千年來教育史的問題。
二、中國二千年來教育的優點與弱點。
三、今後中國教育應有之途徑。

第四編　近代教育

前兩編已將中國四千餘年教育制度與思想之演進簡略陳述，即是自虞夏商周逐漸演成之教育制度至春秋戰國而大變；自秦漢樹立之教育制度，至清末而又大變。本編所謂近代教育，即指此大變中所產生之新教育也。此種新教育，嚴格說起來，應從光緒二十八年（一九〇二年）頒布新學制之時起，至現在尚不過五十餘年之歷史。若從新式學校開始設立之時起，則應斷自同治元年（一八六二年）始。此種新教育，在起初純為模仿外國，至最近教育界已公認中國教育必須適應中國的情境，教育改革已有新的動向。

本編敘述新教育演進情形：第一、論述近代教育之特點及其產生原因；第二、論述近代學校制度之演進；第三、論述近代教育行政之演進；第四、論述近代僑民教育之演進；第五、論述近代教育思想之演進。

第十章 通論

一、近代教育之特點

新教育的第一特點為注重科學，尤其是自然科學　自然科學在中國學校課程中向來是沒有的，就是在西洋，自然科學之編入課程，也是十九世紀的事。中國舊日學校之主要課程全爲文學、哲學之類的，西洋舊日學校的主要課程是文學、哲學及神學，故自然科學之注重，無論在中國或外國，均是新教育之特徵。

新教育的第二特點為注重現代生活　新教育的主要目的，是要使個人能繼續不斷的改進自己的生活和社會的生活，並深切的了解兩者之不可分離。故整個的教育活動，均以生活爲中心，一方面從事於現在生活之改進，一方面爲未來生活之預備。中國的舊教育與西洋的舊教育，均是脫離現代生活；前者謳歌古代生活之優美，以復古爲目標；後者幻想天堂生活之優美，以出世爲主旨；理想雖各有不同，其脫離現實生活，注重古典文字文學則一也，故注重現代生活爲新教育之第二特徵。

新教育的第三特點為民主精神　民主精神有兩方面的意義：其一則基本教育相同，其二則教育機會相等。前者謂國家應規定最低限度之基本教育，全國學齡兒童均應強迫受教；後者謂國家應設立各種專門教育或高等教育，凡有才智之青年均有機會入選。此種大規模之教育需要一種完善的組織、周詳的制度，然後可實現。然此兩者皆非舊教育所能有，無論中外，其舊教育均限於少數特殊階級，而且缺乏嚴密的組織。新教育的主旨，不但須使民主精神貫徹於教育行政，並須使民主理想普及於全體國民。

新教育的第四特點為科學精神　所謂科學精神，非指科學加入課程而已，必也整個的教育活動以科學方法去研究，依研究的結果而改良。例如教育行政問題、教學方法問題，不憑主觀的意見而解決，必須依據教育原理之指示，客觀事實之調查，原因結果之分析。舊教育則不然，一切設施，或因襲舊習或篤守古義，以權威爲指導，非以科學爲指導也。

以上四點爲新教育之特質，亦爲新教育之理想；蓋在事實上不但中國之新教育未曾做到，即西洋之新教育亦不曾完全做到。所不同者：中國之新教育係沿襲西洋新教育而來，西洋之新教育係由經驗演進而來；因而中國之新教育，較之西洋的新教育，在某幾方面爲落後，距上述四種標幟，相差更遠。但中國之實施新教育，歷史雖較短，進步則較快，西洋以百餘年完成者，在中國或可以數十年完成之。茲述中國新教育產生之經過及其所遇之困難。

二、近代教育之產生

在第一章，作者曾經說過，舊的教育是富於保守性的，非至環境發生巨大的變動、文化發生失調的現象時，教育很難有巨大的變動。所謂環境的變動，主要者是指物質方面的變遷，人口之增加，戰爭之爆發，學術與工具之新發明，及異種文化之接觸。前清末年，社會方面確起了數千年所未見的變動，新教育便是這種社會變動的必然產物。

我國社會制度、教育制度，自秦漢以後，變遷甚少，主要原因在未曾多與異種文明接觸。向來與漢族接近之民族，其文化遠在漢族之下，其所發生之影響較小。我國與西方各民族，因東南有大海之隔，西北有大山沙漠之隔，在過去少有交通機會。因此我國遂產生一種自大自高的思想，對於本國遺傳下來的學說與制度，只有絕對的信仰，從不發生疑問，故二千年來，能共同遵守，無巨大之變動。到了明末，與西方民族接觸之機會日多，西方文化逐漸輸入，中國之社會與教育遂不得不變。

明末以來，與西方民族接觸之方式有三種：一爲傳教，一爲通商，一爲戰爭；三者之中，尤以戰爭之影響爲最大。明代萬曆崇禎之間（十六至十七世紀），耶穌教徒先後入中國者甚多，最著者有義大利之利瑪竇（Matteo Ricci）、西班牙之龐廸我（Diego de pantoa）、德國之湯若望（Joannes Adams Schall Von Bell）等。他們均精於曆算，關於歷算及宗教之中文著述頗多。中國學者如徐文定（光啓）、李諒庵（之藻）等，均與他們來往，研究曆數之學。利、徐合譯之《幾何原本》，徐著之《農政全書》，均爲科學之傑作。明末清初，來中國傳教之舊教徒，其傳教方法便是迎合中國人的心理，專把中國人所缺乏之科學知識做引線，表面上以傳教爲附帶事業、對於敬天拜祖並不反對，故收效甚大。在歐洲的羅馬教皇，不懂此中理由，於一七〇四年（康熙四十三年）下教令反對此種傳教方法，禁止教徒拜祖，引起國人憤怒，傳教事業因此停頓，西洋科學之輸入亦因此中斷。到了道光二十一年《江寧條約》成立，開五口通商，傳教來華者日衆，於是立教堂，設學校，以宣傳教義，於中國文化，亦發生相當之影響。

中外通商之影響，較之傳教更爲重大。自明代葡萄牙人租有澳門以後，歐洲商船來中國者漸多。康熙、乾隆之間，歐人商業集中於廣州與寧波兩處，而廣州爲尤盛，自訂五口通商之約以後，上海、廈門、福州之洋商日加發達，其勢力逐漸由沿海而侵入內地，中國經濟權逐漸落於外國資本家之手。有識者見此經濟危機，又不能禁止外貨之輸入，則唯一的救濟方法，厥爲發達本國之工商業；欲發達本國之工商業，又非提倡工商實業教育不可。故新教育之產生，受中外通商之影響極大。

與西方民族接觸之第三種方式爲戰爭。道光以後，對外戰爭常常失敗，民元前七十二年即道光二十年（西元一八四〇年）英軍陷舟山，侵寧波；二十三年陷吳淞，逼金陵；民元前五十二年咸豐十年（西元一八六〇年）英法聯軍破天津，入北京；民元前二十七年光緒十一年（西元一八八五年）法兵侵福建、臺灣，占安南；民元前十八年光緒二十年（西元一八九四年）與日本宣戰，海陸軍皆敗；民元前十二年光緒二十六年（西元一九〇〇年）八國聯軍破天津，入北京。歷次戰爭對於中國之政治與教育均有很大的影響；每戰敗一次，朝野受重大的刺激，人民心理均起重大之變化，因而產生革新政治與革新教育之思想。孫中山先生之革命思想，受中法戰役之刺激而起，其革命行動，發端於中日戰爭之時，至八國聯軍入京津以後，而革命之勢力日加擴大。可見國民革命之直接激發原因，實爲對外戰爭之失敗。即擁護清皇之立憲維新派，其發展亦與戰爭有關。有名之「戊戌政變」，即發生在中日戰爭後三年；而「立憲維新運動」，亦至庚子戰敗後，而後猛烈進行。科舉之廢除，新教育制度之頒布，亦均在庚子戰敗之後。所以中國之「新政治」、「新教育」是西方民族之大礮巨艦所威迫出來的。

三、近代教育進展中所遇之困難

近代教育產生以後，遇著許多困難，茲舉其要者言之。第一、守舊者之反對。守舊者不明白國際局面的轉變，以爲中國舊有文物，只要好好保存，便足以應付時變，因而極力反對新教育與破壞新教育。第二、提倡新教育者對於新教育亦缺乏深切之了解。例如初期以製造槍礮、輪船、火車之術爲新教育，繼而又以純粹模仿外洋之學制爲新教育，因此適應中國客觀需要之新教育，未能確立，其推行亦無一貫之計畫。第三、國內政局之糾紛。新教育爲新社會、新政治之一部分，在政治未上軌道以前，新教育不能作單方之發展。近代教育之推動，賴乎民族、民權、民生三種動力，前已述及。前清末年之立憲維新運動固告失敗，民國初年之民主政治亦未成功。蓋滿清雖倒，繼之而興者爲無數割據之軍閥，遂釀成民國十餘年之紛亂局面。所謂物質建設、社會建設，均停滯而未進行；新教育亦受此影響，而無長足之進步。但經十餘年之痛苦經驗，一般知識分子及新興的工商業分子，對於中國之政治、社會、教育均有較深切之認識，而中國之國民革命乃能有初步之成功。初基始具之新教育，亦隨國民革命之進展而有新的演變。不幸的是建設工作正在積極推進，我國忽遭日寇之侵略，遂有八年之艱苦抗戰。期中除淪陷區外，教育工作仍照常進行並有許多適時的改進。民國三十四年勝利復員，我國教育遂又進入一個新的階段。茲將我國近幾十年來新教育制度演進之歷程，作簡略之敘述。

問題思考

一、何謂新教育？

二、中國新教育運動發生之原因？

三、中國新教育運動發展過程中所遭遇的困難？

第十一章　近代學制之演進

新教育產生之原因，前已概述。七十餘年來新教育之歷史，約可分為三期。第一為新教育萌芽時期，起自同治元年至光緒二十七年（西元一八六二至一九〇一年），約四十年。此時期有單個之新式學校，而無整個之新式學制；新式學校為數甚少，大部分學校仍為傳統的舊式學校，科舉制度仍為此期高等教育之核心；所以嚴格講起來，此期應當劃入舊教育時代之末。第二為新教育發展時期，起自光緒二十八年至民國十年（西元一九〇二至一九二一年），約二十年。此期不但有新式之學校，而且有整個之新式學制；二十年中，學制雖有數度之改變，但重大改變之處甚少，學制之根本精神仍是一貫的。新式學校的數量逐漸增加，舊式學校之數量逐漸減少，千餘年來傳統之科舉制度，亦在此期之初而廢除。第三為學校系統改革時期，自民國十一年以至現在。茲將各期學制演進之經過，略述於下：

一、新教育萌芽時期

在新教育萌芽之四十年中，新教育之進展可分為兩期，而皆與對外戰爭之失敗有關。自同治元年至光緒二十年為第一期，自光緒二十一年至二十七年為第二期。第一期有單個之新式學校，多係專門學校之性質，又未設預備學校，從舊教育出身之學生，對此專門課目不易了解；加以辦理不認眞，故收效甚微。第二期之新教育，雖亦只有單個學校，但學校本身組織較為周密，課程進展有較為合理之程序。又鑒於甲午中日戰爭之失敗，漸覺富國強兵，不但須有新式之教育，而且須有新式之政治。故教育革新運動，變為政治革新運動之一部。新學制與新政制有不可分離的連鎖關係，經庚子戰敗之刺激，而整個之新學制乃以產生，故第二期實爲新學制孕育時期。

(一) 第一期之新教育均為應付特殊需要而設

蓋我國興學動機在於對外。自五口通商以後，中外交涉日繁，於是政府不得不講求西學，以養成翻譯人才，自道光咸豐敗於英法以後，西人之堅船利礮，震破我國人士之愚蒙，於是不得不講求新式武備，以御外侮。由戰爭與通商之經驗，知敵人之所長在於機器，不但軍備需要機器，即商品之製造、礦產之開發、貨物之運輸等，莫非機器，欲富國強兵，又非講究機器之製造不可，所以由同治元年至光緒二十年、三十餘年之間，政府所設立之新式學校不外三類：一曰外國語文學校，二曰實業學校，三曰海陸軍備學校。試分述之：

1. **外國語文學校** 設立最早者：(1)為京師同文館。清廷受英法聯軍之威逼，感覺外交棘手，遂於咸豐十一年設總理各國事務衙門；同治元年（民元前五〇年）感於外交人才之缺乏，開設京師同文館，以造就翻譯人才，始設英文，繼設法文、俄文。同治五年又添設算學館，練習天文算學，以爲講求製造輪船機器之預備。入學資格爲舉人貢生，並由此出身之五品以下京外各官，年齡在三十歲以內者。肄業期間定爲八年。課程除外國文外，有漢文、史地、代數、幾何、三角、微分、積分、天文、化學、測量、萬國公法、金石、富國策等，皆分年分科選習；外國文則爲共同必修科，自始至終皆當勤習，最後四年注重譯書。(2)上海廣方言館。同治二年（民元前四十九年），由江蘇巡撫李鴻章奏請設立，以學習外國語言文字爲目的。入學係選近郡年在十四以下之俊秀兒童。課程除外國語文外，兼課經史小學。(3)廣州同文館。同治三年（民元前四十八年）設立，目的在培養八旗子弟翻譯人才，至光緒三十一年改名爲譯學館。(4)湖北自強學堂。由湖廣總督張之洞於光緒十九年（民元前十九年）奏請設立於武昌，內分方言、算學、格致、商務四科，其後以教學困難，將算學一科改歸兩湖書院講習，商務、格致兩科停辦，實際所存只有方言一科，故又稱方言學堂。以上各校，雖分設各科，然以教授外國語文爲主體，故可稱爲外國語文專科學校。

2. **實業學校** 設立最早者：(1)爲福建船政學堂，設於同治五年（民元前四十六年）。左宗棠督福建，奏立船廠，並附設學堂，稱曰船政學堂。堂分為二：曰前堂，習法文，學造船術；曰後堂，習英文，練駕駛術。課程除造船及駕駛應習科目外，並讀《聖諭廣訓》、《孝經》，又課策論。其後又添設繪事院、駕駛學堂、管輪學堂及藝圃四所，藝童、藝徒合三百餘人。(2)為上海機器學堂，附設江南製造局內，課機器製作之理與實習之法，設於同治六年（民元前四十五年）。(3)為天津電報學堂，設於光緒五年（民元前三十三年）；上海電報學堂設於光緒八年（民元前三十年）。(4)為北洋大學，由李鴻章創議，設於光緒十三年（民元前二十五年），但其內部組織之完成，則在中日戰爭以後。(5)湖北礦業學堂、工程學堂，附設於湖北礦務局，於光緒十八年（民元前二十年）開辦。以上五種，均為實業學校。

3. **海陸軍學校**　設立最早者：(1)為天津水師學堂，設於光緒六年（民元前三十二年），由李鴻章奏設，內分駕駛及管輪兩科，都用英文教授；此外兼習操法，並課經及國史等。優等生得遣派出洋留學，以資深造。其後光緒十三年創設廣東水師學堂，辦法課程與天津水師學堂相似。(2)天津武備學堂，創設於光緒十一年（民元前二十七年），亦由李鴻章奏設。其規制模仿歐美陸軍學校，教師初聘德人，學生則由各營挑選精健聰穎通文義的弁目充任；如有文員，願習武事的，一併錄取。課程：一方面研究西洋行軍新法，一方面赴營實習。該堂意在速成，一年後即發回各營，量才受事。其後光緒二十一年（民元前十七年）由張之洞奏立湖北武備學堂，學科有軍械學、算學、測繪、地圖學、各國戰史、營壘、橋道製造之法及營陣攻守轉運之要，術科有槍隊、礮隊、馬隊、營壘、工程隊、行軍礮臺、行軍鐵路、行軍電線、演試測量、演習體操等。除上述課目外，令於暇日，讀四書、歷史、兵略以「固中學之根據，端畢生之趨向」。學生資格，專選文武舉貢生員及文監生，文武候補候選員弁，以及官紳世家子弟，文理明通、身體強健者為合格。

除上述之官立學校而外，基督教亦設立許多高等教育機關。道光二十五年（西元一八五四年），美國聖公會創立學校於上海，後改名為約翰書院；同治十年（西元一八六六年）設學校於武昌，後改名文華書院；至光緒末年兩校均改為大學。同治三年（西元一八六四年）美國長老會設文會館於山東登州；五年（西元一八六六年）英國浸禮會設廣德書院於青州；後來兩校合併爲廣文學堂，移設濰縣（民國六年與濟南醫學合併爲齊魯大學）。光緒十四年（西元一八八八年），美國美以美會設滙文書院於北京；光緒十九年，公理會設潞河書院於通縣，後來兩校合併爲燕京大學。光緒七年（西元一八八一年），美國督理公會設中西書院於上海；光緒二十三年，設中西書院於蘇州，後來兩者合併爲東吳大學。光緒十一年（西元一八八五年），美國長老會在廣州、澳門等地設立學校，後來合組爲嶺南大學。此等學校，雖係以傳教爲主要目的，然課程中注重外國語言文字及科學，爲新式學校之一類。

除上述各類學校外，留學制度已經開始。最初主張派遣留學的是容閎，容爲美國耶魯大學博士，於同治七年（民元前四十四年，即一八六八年）建議選拔年齡十二至十四歲的聰穎子弟，派赴美國留學，修業期限十五年；學生赴美後，由中文教員教以國文修身，由政府派人監督，曾國藩、丁汝昌贊成其議，奏請留學，得邀政府之裁許。同治九年派容閎主辦留學事務，次年設留學預備學堂於上海，又次年派遣第一次留學生赴美。其後繼續遣派，直到光緒元年，成績頗佳；光緒二年，政府以吳子登爲留美學生監督，吳性頑固，反對留學制度，痛斥留學生之學問道德，而當時又有幾個頑固御史利用美國禁止華工事件，呈請廢止留學制，撤回所派學生。光緒七年（一八八一年）政府從其請，留學生百人遂被撤返國，留學事業因此停頓。此外光緒二年，福建船政局亦曾資遣學生四十六人分往外國，學習造船術及駕駛術，對於學制亦發生相當影響。

第一期之新教育辦理結果如何，請以當時人之言論爲斷。鄭應觀在光緒十八年說：「方言館及同文館不過學習語言文字，至於天文輿地、算學、化學、眞不過粗習皮毛而已。他如水師武備學堂僅設於通商口岸，爲數不多，且未能認眞學習，世家子弟皆不屑就，又以督理非人，教習充數，專精研習，曾無一人。」（《皇朝經世文編》卷二《西學》附注）陳其璋在光緒二十二年《請整頓同文館疏》中謂：「洋教師授受之法固不甚精，對於學生考試視爲具文，學生在館，亦多任意酣嬉，年少氣浮，從不潛心學習。」（《皇朝道咸同光奏議變法類學校》）同時李端棻《請推廣學校摺》謂：「當時學校教之未盡其道者有五：諸生只習語文，忽略治國之道，富強之原，其未盡一也；學必專而後能精，諸館之學不重專門，其未盡二也；諸館未備圖器，未遣遊歷，日求於故紙堆中、空談無用，其未盡三也；利祿之路，不出斯途，得科第者多與學絕，終爲棄才，其未盡四也；事變之亟，必求多士，今十八行省，祇有數館，其未盡五也。此諸館設立二十餘年，而國家不收一奇才異能之用，惟此之故。」（來源同上）嚴復更就當時整個維新局面，予以評論。他說：「中國知西法之當師，不自甲午敗衄始。自海禁大開以還，所興發者，有譯署、同文館、船政、出洋肄業、輪船招商、製造、海軍、海署、洋操、學堂、礦物、郵電、鐵路等十餘件。此中大半皆西洋以富以強之基，而吾人行之，則淮橘爲枳。若存若亡，不能收其效。」

(二) 第二期之新教育，較第一期為進步

經甲午之失敗，有識之士，感覺過去之所謂新政新學，不足以救亡，對於新教育有深一層之認識：第一、此期之主張新教育者，如張之洞等，已注意到整個的教育制度及教育政策問題。第二、此期辦理之學校，課程組織，分級分等。有較佳之系統，如天津中西學堂之分爲二等，南洋公學之分四院，湖南時務學堂之分兩類是也。

1. 新學制之萌芽

甲午以後，主維新者漸注意到整個學制問題，對於學制有整個之計畫者，當推張之洞。張氏在其所著之〈勸學篇〉中，發表其教育主張。書中於籌備全國學堂事規劃甚詳，各省道府州縣均須設學；京師省會宜立大學堂，道府中學堂；州縣小學堂；課程則中西並重，以中學爲體、西學爲用。經濟計畫，以佛道寺觀改爲學堂，以其產業供經費。光緒二十四年，德宗親政，立意維新，重用新黨康有爲、梁啓超等，下詔定國是，以變法自強爲主旨，其中關於教育者有云：「以聖賢義理之學，植其根本，又須博採西學之切於時務者，實力講求，以救空疏、迂謬之弊。」詔示主旨，與〈勸學篇〉相同，可見此種思想在當時之力量。其後革新詔書連續而下，最要者爲廢八股，興學校，辦譯局，勵興農學，發達工商業，整理水陸軍；其後因守舊黨之反對，太后復政，德宗被幽，有名之「戊戌政變」遂以結束。太后誅新黨，罷新政，重立八股考試，停辦各地學堂，新教育之生命，不絕如縷。其後太后復迷信妖言，遂肇拳匪之禍，而有庚子之敗。自經此次打擊，於是舊事重提，厲行

新學，張之洞之教育計畫，乃得見諸實行。

2. 新學校之創設　此期開辦之學校，組織聯繫較佳。最著者有天津中西學堂、上海南洋公學、湖南時務學堂及京師大學。天津中西學堂於光緒二十一年（民元前十七年）由盛宣懷稟請王文韶准核設立，實爲中國實施新式普通教育之始，學堂分頭二兩等、章程、課程、經費，均有詳細規定。頭等學堂，相當於現在之專門學校，四年畢業，課程分普通、專門兩種。普通課程：除漢文外，第一年授幾何、三角、格物、繪圖、史鑑、英文；第二年：駕駛並量地法、重學、微分學、格物、化學、繪圖、英文；第三年：天文、工程初學、化學、花草學、繪圖、英文；第四年：金石學、地學、禽獸學、萬國公法、理財、英文。專門課程分爲五門，即工程學、電學、礦物學、機器學、律例學。學生修畢第一年課程後，或欲將四年所定功課全行學習，或欲專習一門，均由總教習察看學生資質酌定。如學專門者，則二、三、四年之原定課程應酌量更變。二等學堂相當於現在之中學，招收十三至十五歲之學童，定爲四年畢業，以漢文、英文爲主要功課。漢文：講讀四書經史之學、聖諭廣訓，並課以策論；英文：拼字、誦讀、文法、翻譯。此外授數學、歷史、地理、格物。

南洋公學於光緒二十三年（民元前十五年）由盛宣懷奏請設立，內分四院：一曰師範院，相當於現在之師範學校；二曰外院，相當於現在之附屬小學；三曰中院，相當於現在之中學；四曰上院，相當於現在之高等專門學校。此學以師範院培養教學人才，以外院爲中院之預備，以中院爲上院之預備，亦如今之猶小學而人中學，由中學而入大學也。中院相當於二等學堂，上院相當於頭等學堂，皆四年畢業；外院則選十歲內外之聰穎兒童，令師範生分班教之。此事已具有整個學制之雛形，較之中西學堂更爲進步。

湖南時務學堂於光緒二十三年（民元前十五年）由熊希齡主辦，梁啓超主講，立有詳細章程，課程分普通、專門兩種。普通之學，人人必習，條目有四：經學、諸子學、公理學、中外史志及格算諸學之粗淺者。專門之學，每人各占一門，條目有三：公法學、掌故學，及格致、算學。入學之初六個月皆治普通學；六個月以後，乃治專門學。文字除習漢文外，兼學各國語言文字。入學三、四年後，中學既明，西文熟習，便可咨送京師大學或外國大學，或委派公職。入學年齡，限十四至二十歲。

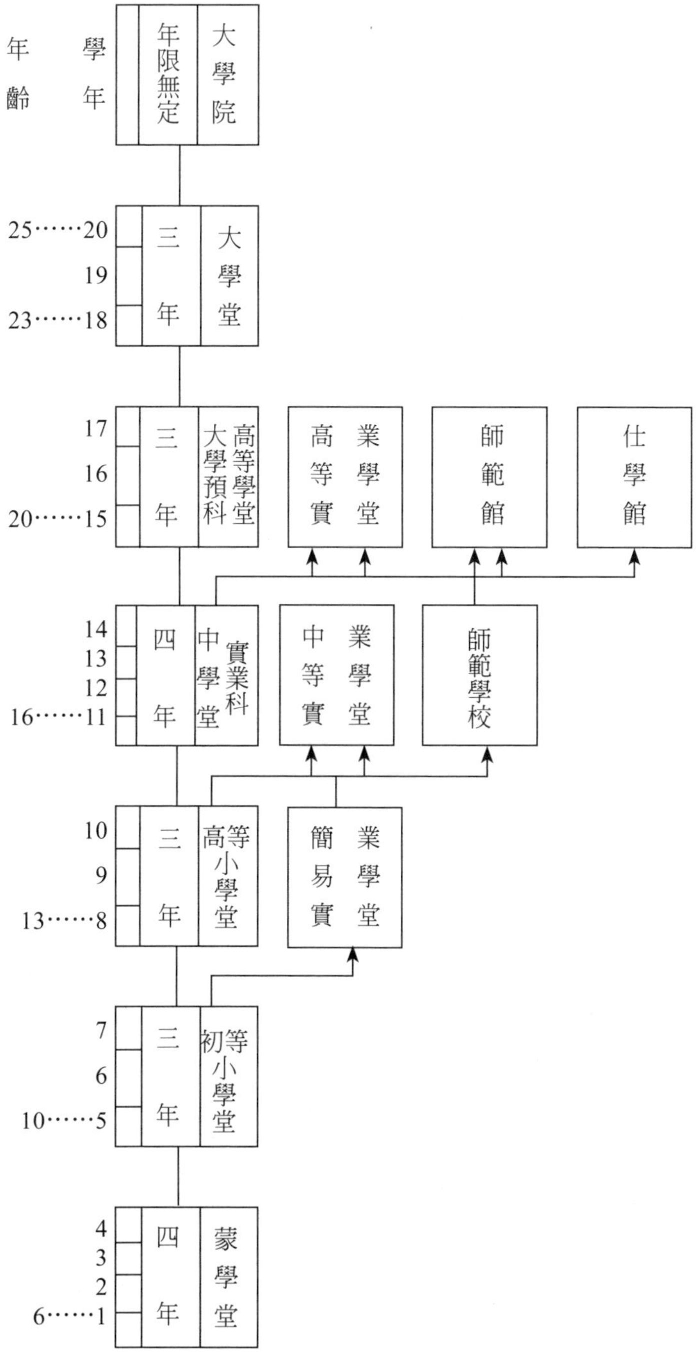

學校系統表㈠　光緒二十八年

京師大學，於光緒二十四年（民元前十四年）由軍機大臣總理衙門奏請設立，草擬章程者爲梁啓超，主辦大學者爲孫家鼐。章程共分八章，五十二條。關於辦學總綱、課程、入學、學成出身、聘用教習、經費等，均有詳細規定。要點如下：第一、京師大學不但爲施行學校教育之機關，同時亦爲全國之最高教育行政機關，「各省學堂皆歸大學堂統轄。」第二、明定大學、中學、小學三級制。第三、明定「中學爲體，西學爲用；中西並用，觀其會通」之教育原則。第四、明定普通學科與專門學科之別：以經學、理學、掌故學、諸子學、初級之算數、格致學與地理學、文學、體操爲普通學科；以各國語言文字、算學、格致學、政治學、地理學、農學、礦學、工程學、商學、兵學、醫學爲專門。第五、注重圖書儀器設備。據上以觀，可知京師大學章程實爲中國最早之近代學制綱要，在歷史上之價値，不減於光緒二十八、九年頒布之學制。更當注意者，戊戌政變後，西后將一切新政新學推翻無遺，而京師大學以萌芽早，得不廢，亦可謂幸矣。（見舒新城：《近代中國教育史料》，第一冊）

總上所述，可知新教育萌芽於同治初年，三十年來只有單個之學校，而無正式之學制。學校性質不外乎學習各國語言文字、機器製造及海陸軍備。經甲午戰敗之教訓，新式教育發展更速，新辦之學校，組織規模更爲完備，至京師大學之章程公布，新學制之系統已立；因後《欽定學堂章程》，乃本此大綱而爲更詳密之規劃。

二、新教育發展時期

戊戌政變，西后還政，雖予新教育以最大之打擊，然因庚子戰敗之教訓，而新教育乃能加速進行。自光緒二十八年至民國十年，約計二十年，新教育繼續不斷的作穩定之發展，而學制亦在繼續不斷的改進中，一爲《欽定學堂章程》，二爲《奏定學堂章程》，三爲《奏定章程》之修正，四爲民初學制之修正。茲分述之：

㈠ 欽定學堂章程

光緒二十八年張百熙奏擬學堂章程，將整個教育分爲三段七級（見學校系統表㈠）。第一段爲初等教育，分蒙學堂、尋常小學堂及高等小學堂三級；第二段爲中等教育，只有一級；第三段爲高等教育，分高等學堂或大學預備科、大學堂及大學院三級。蒙學堂，規定兒童自六歲入學，至十歲升入尋常初等小學堂，十三歲升入高等小學堂，十六歲升入中等學堂，二十歲升入高等學堂或大學預備科；二十三歲升入大學堂，再三年或四年可升入大學院。自初入學堂至大學畢業，共計二十或二十一年。此外還有實業教育分簡易、中等及高等三級；師範教育分師範學堂及師範館兩級。

蒙學堂以改良私塾爲宗旨，修業年限爲四年。課程爲修身、字課、習字、讀經、史學、輿地、算學、體操等八科。尋常小學肄業期限爲三年，合蒙學堂爲七年，定爲義務教育。課程爲修身、讀經、作文、習字、史學、輿地、算術、體操；高等小學肄業期限爲三年，除上述各科外，加古文辭、理科、圖畫或加一二農工商實業科目而除去古文辭。高等小學而外，另設簡易農工實業學堂，以容納尋常小學畢業生之不能升入高小者。

中學堂以府治設置爲原則，修業期限爲四年，爲高等學堂之預備。課程爲修身、讀經、算學、詞章、中外史學、中外輿地、外國文、圖畫、博物、物理、化學、體操。第三年起，得設實業科，爲高等實業學堂之預備，頗有文實分科之意味；中學而外，另設中等農工商實業學堂，以容納高小畢業生之不入中學者。又附設師範學堂，以造就小學教師，課程依照中學，惟每週減去外國文三小時，加教育學及教授法。

高等學堂以省會設置爲原則，修業期限三年，爲大學堂之預備，課程分政藝兩科。政科爲倫理、經學、諸子、辭章、算學、中外史地、外國文、物理、名學、法學、理財學、體操。藝科爲倫理、中外史學、外國文、算學、物理、化學、動植物、地質及礦產學、圖畫、體操。高等學堂而外，得附設農工商醫高等實業學堂、仕學館及師範學堂，課程均分別規定。

京師大學堂修業期限爲三至四年；專門課目分爲七科，即政治、文學、格致、農業、工藝、商業、醫術等是。各科又分若干，計政治科分爲政治、法律兩目；文學科分經學、史學、子學、理學、掌故、詞章及外國文等七目；格致科分爲天文、地質、算學、化學、物理及動植物學等六目；農業科分爲農藝、農業化學、林學及獸醫學四目；工藝科分爲土木、機器、造船、兵器、電器、建築、應用化學及採礦冶金等八目；商業科分爲簿計、產

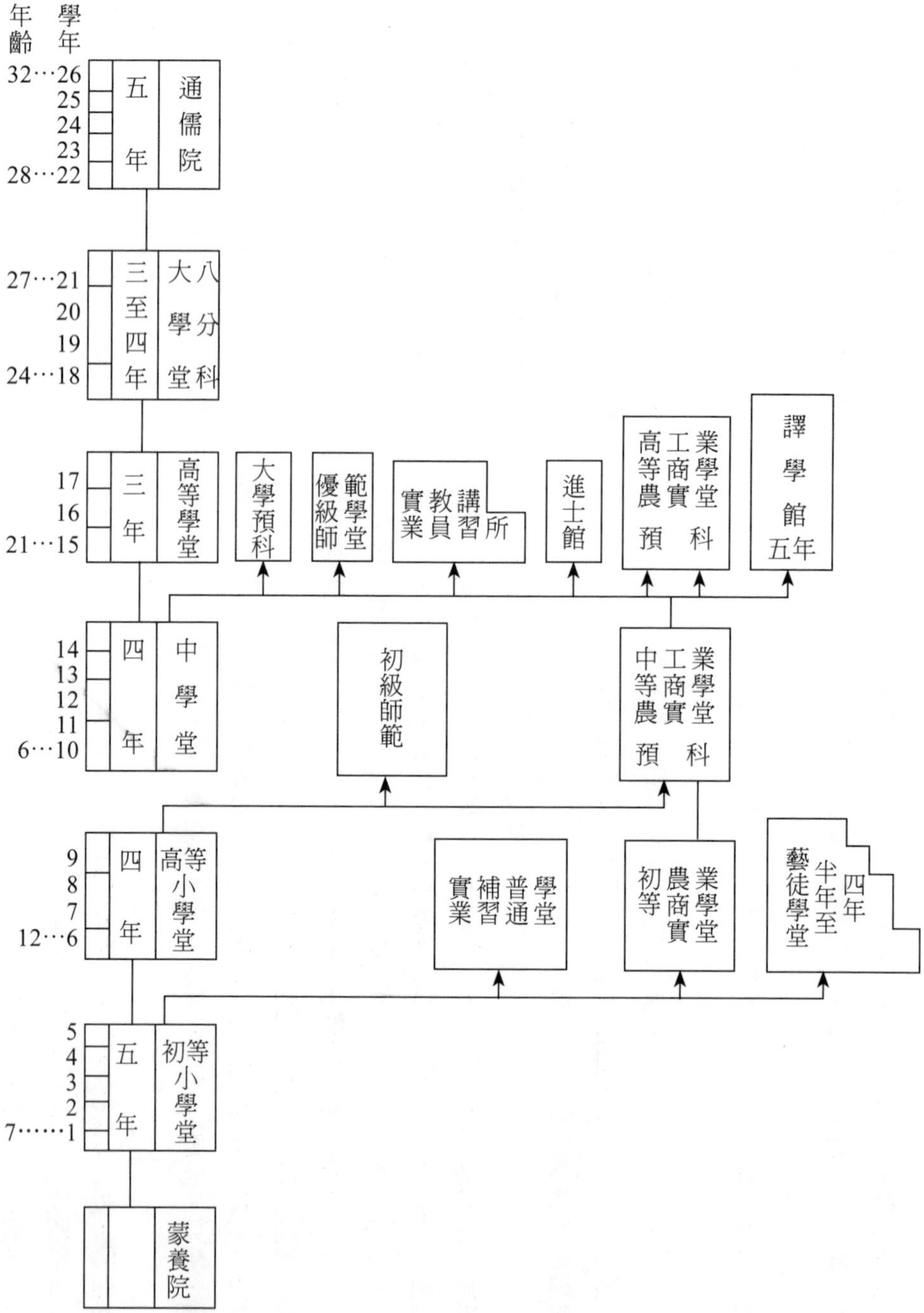

學校系統表(二) 光緒二十九年

業製造、商業語言、商法、商業史及商業地理等六目；醫科分醫學及藥學兩目。大學堂在其下面設預備科並得附設仕學館、師範館及醫學實業館；在其上面設大學院，研究高深學術，學習無定期。

此外，《欽定章程》對於學校建築、設備、學生出身等項均有細密之規定，所以《欽定章程》可稱爲中國第一次之正式新學制。但頒布以後，未及實行，即又廢止，而代以新制。

(二) 奏定學堂章程

《奏定學堂章程》係張百熙、張之洞、榮慶所奏定，於光緒二十九年公布（見學校系統表(二)）。此項章程，開卷有《學務綱要》一冊，對於整個教育提要說明，就直的系統言，整個教育分三段七級。初等教育段分爲蒙養院、初等小學及高等小學三級。中等教育段只有中學堂一級。高等教育段分高等學堂或大學預備科、分科大學及通儒院三級。除蒙養院半屬家庭教育外，兒童自七歲入小學，至三十二歲通儒院畢業，合計二十五年，在分科大學畢業爲二十年或二十一年，是爲直系學校的大概。就橫的系統言，與初小同級者有藝徒學堂，與高小同級者有初等實業學堂、實業補習學堂，與中學同級者有中等實業學堂、初級師範學堂，與高等學堂及分科大學同級者有高等實業學堂、實業教員養成所、譯學館、優級師範學堂，是爲旁系學校的大概。

蒙養院爲兒童受教育的初步，其宗旨「在於以蒙養院輔助家庭教育，以家庭教育包括女學」。兒童入院年齡以三至七歲爲度，每日授課不得過四點鐘，以附設於育嬰堂及敬節堂爲原則。在蒙養院未遍設以前，家庭教育最爲重要，所謂「蒙養家教合一」。家庭教育之責任，全在女子；此時中國既無女學，章程上規定女教科書爲《孝經》、《四書》、《列女傳》、《女誡》、《女訓》及《教女遺規》等。關於嬰兒教養資料及方法，均未規定。

初等小學堂以「啓其人生應有之知識，立其明倫愛國家之根基，並調護兒童身體，令其發育」爲宗旨。定七歲入學，五年畢業，內分爲兩科，一爲完全科，一爲簡易科。完全科課程有八：即修身、讀經、中國文學、算術、歷史、地理、格致、體操；此外視地方情形加圖畫、手工。簡易科也是五年畢業，其科目有五：一爲修身讀經，二爲中國文學，三爲史地格致，四爲算術，五爲體操。音樂一門則以讀古詩歌謠代之。讀經：規定《孝經》、《四書》、《禮記》節本為完全必讀之書。

高等小學以「培養國民之善性，擴充國民之知識，壯健國民之氣體」為宗旨。學生以在初等小學畢業者為合格，初辦可酌予變通。畢業期限定為四年。學科凡九：修身、讀經、中國文學、算術、歷史、地理、格致、圖畫、體操。此外得視地方情形，加授手工、商業、農業等科。修身及讀經教材為《四書》、《詩經》、《易經》及《禮儀》的《喪服經傳》。仍以古詩歌代替音樂。

中學堂之宗旨在「施較深之普通教育，俾畢業後不仕者從事於各項實業，進取者升入高等專門學堂，均有根柢」。定五年畢業，其學科凡十二：即修身、讀經、中國文學、外國語、歷史、地理、算學、博物、物理及化學、法制及理財、圖畫、體操。音樂以古詩歌替代。

高等學堂以「教大學預備科」為宗旨。每日功課六點鐘，三年畢業。學科分三類：第一類預備升入經學、政法、文學及商科等大學；第二類預備升入格致、工科、農科等大學；第三類預備升入醫科大學。三類均以人倫道德、經學大意、中國文學、外國語、體操為公共必修科。第一類加習歷史、地理、辨學、法學、理財學；第二類加習算術、物理、化學、地質、礦物、圖畫；第三類加習拉丁、算術、物理、化學、動物、植物。到了第三年，另外設有選科及隨意科，凡三類學生皆可選習。

大學堂以「謹遵諭言，端正趨向，造就通材」為宗旨，內分立八科：設在京師者須八科全備，設在外省者不必全備，但至少須有三科。各科修業年限，除政治科及醫科中的醫學門各須四年外，均為三年。八科名目如下：一為經學科，分十一門：即《周易學》、《尚書學》、《毛詩學》、《春秋左傳學》、《春秋三傳學》、《周禮學》、《儀禮學》、《禮記學》、《論語學》、《孟子學》及《理學》，由學生各自專習一門。二為政治科，分政治、法律兩門。三為文學科，共分九門：即中國史學、萬國史學、中外地理學、中國文學、英國文學、法國文學、俄國文學、德國文學、日本文學。四為醫科，分醫學、藥學兩門。五為格致科，分六門，即算學、星學、物理學、化學、動植物學、地質學。六為農科，分為四門：即農學、農藝化學、林學、獸醫學。七為工科，分九門：即土木工學、機器工學、造船學、兵器學、電氣工學、建築學、應用化學、火藥學、採礦冶金學。八為商科，分三門：即銀行及保險學、貿易及販運學、關稅學。以上各科大學，每門課程又分三類：主課、輔助課及隨意科。學生選定某科後，尚須選定某門為主課。

通儒院為最高學府，須有分科大學之畢業資格或相等學力者，方能升入肄業。此院不單獨設立，即設在京師大學之內，宗旨與大學相同。學生入院，只在齋舍研究，隨時向教員請業問難，沒有講堂功課。規定研究年限為五年，其畢業程度以「能發明新理，著有成績，能製造新器，足資利用」為標準，蓋相當於現在之研究院。以上均為直系之學校，茲再述旁系之師範學校及實業學校等。

師範學堂分為三種：一為優級師範，二為初級師範，三為實業教員講習所。第一、優級師範以造就初級師範及中學堂之教職員為宗旨。學科分三：為公共科、分類科及加習科。公共科所以補充中學課程，為本科之預備，在第一年修畢。分類科分學科為四類：第一類以中國文學、外國語為主；第二類以歷史、地理為主；第三類以算學、物理、化學為主；第四類以動植礦學及生理學為主。以上各類課程，每類限三年畢業。加習科為教育學科及與教育有關之學科，限一年畢業，共計為五年。第二、初級師範以造就高等小學堂教員為宗旨。科目為修身、讀經、中國文學、教育學、歷史、地理、算學、博物、物理、化學、習字、圖畫、體操。於正科外附設簡易科，定一年畢業。兩級師範學校，都於教育學科內增入教學管理實習，並規定優級師範附設中學及小學，初級師範附設小學，以為實習場所。第三、實業教員講習所以造就各實業學堂、實業補習學堂及藝徒學堂的教員為主旨，分農、工、商三類。農業及商業教員講習所一年卒業。工業教員講習所又分完全科與簡易科：完全科分金工、木工、染織、窯業、應用化學、工業圖樣等六科，均三年畢業；簡易科分金工、木工、染色、機織、陶器、漆工等六科，均一年畢業。各種科目分必修及選修兩類。

實業學堂分農業、工業、商業及商船三種。而以水產學堂附於農業，藝徒學堂附於工業。各種實業學校分為三級，即高等、中等及初等。此外，實業補習學堂及藝徒學堂都可附設於中學及小學之內。茲將農、工、商三種學校分述於後。第一、關於農業者：高等農業學堂，預科一年，本科三年；本科分農學、森林、獸醫等三科，如在墾荒地方可設土木工科。中等農業學堂，預科二年、本科三年；本科課程分農業、蠶業、林業、獸醫、水產等五科。初等農業學堂，三年畢業，課程分普通科及實習科兩類：普通科課程為修身、國文、算術、格致、體操等五門；實習科為農業、蠶業、林業、獸醫等四門。第二、關於工業者：高等工業學堂，預科一年，本科三年；本科課程分十三科，即應用化學、染色、機織、建築、窯業、機器、電器、電氣化學、土木、礦業、造船、漆工、圖稿繪畫。中等工業學堂，預科二年，本科三年；本科課程分為十科，即土木工、金工、造船、電氣、木工、礦業、染織、窯業、漆工、圖稿繪畫。工業，有藝徒學堂而無初等學堂。藝徒學堂，除普通科目外，不限定何種工業科目，須斟酌地方情形，選擇適宜課程，加以教授。第三、關於商業者：高等商業學堂，預科一年，本科三年，本科課程不分科。高等商船學校，不設預科，只設本科，本科分航海及機輪兩科，前者五年半畢業，後者五年畢業。

《奏定學堂章程》與《欽定學堂章程》不同之點有四：第一、《奏定章程》，初等教育合兩等小學為九年，較之《欽定章程》少一年，而中學一段則多一年。第二、《奏定章程》之初等教育，雖分蒙養院、初等小學、高級小學三級，但蒙養院招收三至七歲之兒童，係保育性質，非正式之學校；《欽定章程》初等教育之三級，蒙學、尋常、高等小學，均為正式小學。奏定之蒙養院與欽定之蒙養學堂名稱雖同，其級位完全不同。第三、《奏定章程》對於師範教育及實業教育規劃較為周詳，而且較富於彈性。第四、《奏定章程》，在課程方面加重經學之分量，如大學本科，欽定為七科，奏定加經學科，改為八分科。高等學堂及優級師範加設經學大義及群經源流；中學及師範，每週授課三十六小時，經學占九小時，占全部課程四分之一；高等小學每週授課三十六小時，經學占十二小時，占全部課程三分之一；初等小學每週授課三十小時，經學占十二小時，占全部課程三分之二強。經學之分量，較前加重極多。

奏定、欽定兩項章程相同之點亦多：第一、均是以「中學為體，西學為用」一語為基本精神；第二、大中小三等教育之劃分及年限大體相同；第三、對於女子教育，兩次章程均未列入；第四、兩項章程均規定科名之獎勵，如高小畢業給予附生，中學給予貢生，高等學堂給予舉人，大學給予進士，頗存科舉風味。

㈢ 奏定章程之改進

《奏定學堂》章程頒布二年後，學部成立，推進教育更為努力。關於學制方面，改進之處甚多：第一、為女子教育之正式規定；第二、關於小學課程年限之改進；第三、關於師範教育之改進；第四、關於中學教育之改進。

女子教育。光緒三十三年頒布《女子學堂章程》，規定設女子小學及女子師範。女子小學堂「以養成女子之德操與必須之知識技能，並留意使身體發育」為宗旨。內分初、高兩等；初等入學年齡以七至十歲為合格，高等以十一至十四歲為合格。初等課程凡五科：即修身、國文、算術、女紅、體操，以音樂、圖畫為隨意科；高等課程凡九，除前列五門外，加中國歷史、中國地理、格致、圖畫四門，而以音樂為隨意科，兩等小學修業年限均為四年。須與男子小學分別設立，堂長教習均須以女子充當。

女子師範學堂以「養成女子小學堂之教習，並講習保育幼兒方法，期於裨補家計，有益家庭教育」為宗旨。規定四年畢業，招收高小畢業生。課程凡十三科：即修身、教育、國文、歷史、地理、算術、格致、圖畫、家事、裁縫、手藝、音樂、體操。師範學堂並須附設小學及蒙養院以為實習場所。訓育集中於培養「貞靜、順良、慈淑、端儉」諸美德。我國女子教育在學制中占一地位自此始。

小學章程自光緒三十一年成立學部後，有兩次之變更：一在宣統元年，一在宣統二年。第一次將初等小學分為三類：一為照舊五年畢業之完全科，二為四年畢業之簡易科，三為三年畢業之簡易科。課程亦有修改：完全科加音樂一門，而將歷史、地理、格致併入文學讀本內教授。讀經一科，時間、教材均減少，而且規定前二年不讀經。簡易科課程，以修身、讀經、中國文學、算術為必修科，仍以國文鐘點占最多，體操在城市為必修科，在鄉村為隨意科；圖畫手工仍舊為隨意科。第二次修改，將三類初等小學併為一類，一律定為四年畢業，簡易科名目，一律取消。課程以修身、讀經、國文、算術、體操爲必修科，以手工、圖畫、樂歌爲隨意科；讀經鐘點較前更少，前兩年全不讀經；授課時間減少，一、二兩年每週二十四小時，三、四兩年每週三十小時。高等小學課程亦酌加修改，主要者爲減少讀經一科之資料與時間。此外尚有簡易識字學塾章程，分爲半日學校、義務學校、平民補習學校及改良的私塾；其意在普及教育於民間，使無力讀書的平民子弟或年長失學之民衆有受教育之機會；課程有簡易識字課本、國民必讀及淺易算術；授課時間，每日以二至三時爲限；畢業年限，學齡兒童以三年爲原則，年長失學者，自一至三年，長短聽便。

中學章程在宣統年間亦有修改，最重要者爲文實分科。課程仍照原章十二門分門教授，分主課與通習兩類：文科以讀經、中國文學、外國語、歷史、地理五科爲主課，以修身、算學、博物、理化、法制、理財、圖畫、體操爲通習；實科以外國語、算學、物理、化學、博物爲主課，以修身、讀經、中國文學、歷史、地理、法制、理財、圖畫、手上、體操爲通習。主課各門授課時間較多，通習各門較少，學生初入學時即分科學習，皆以五年畢業。宣統三年又改訂文實兩科課程，減少讀經鐘點，增加外國語鐘點，每週授課時間仍爲三十六小時。

師範教育亦有變動：初級師範除原有一年畢業之簡易科外，又添設臨時小學教員養成所及單級教員養成所，前者以一年以上二年以下爲畢業期，後者以一至二學期爲畢業期。在奏定章程內，原有優級師範設立選科名目，光緒三十二年規定選科以「養成初級師範學堂及中學堂之教員」爲宗旨，分歷史、地理、理化、博物、算學四類，規定預科一年畢業，本科二年畢業。學生入學資格以曾由師範簡易科畢業或在中學堂修業二年以上者爲合格。

依據上面陳述，可知光緒末年、宣統初年，因事實之需要，原有《奏定章程》時有改變；最重要者爲女子學制之確立，小學年限之縮短，課目之歸併，讀經分量之減少，簡易識字學塾之設立，及中學之文實分科，就大體言均係代表一種進步的趨勢。

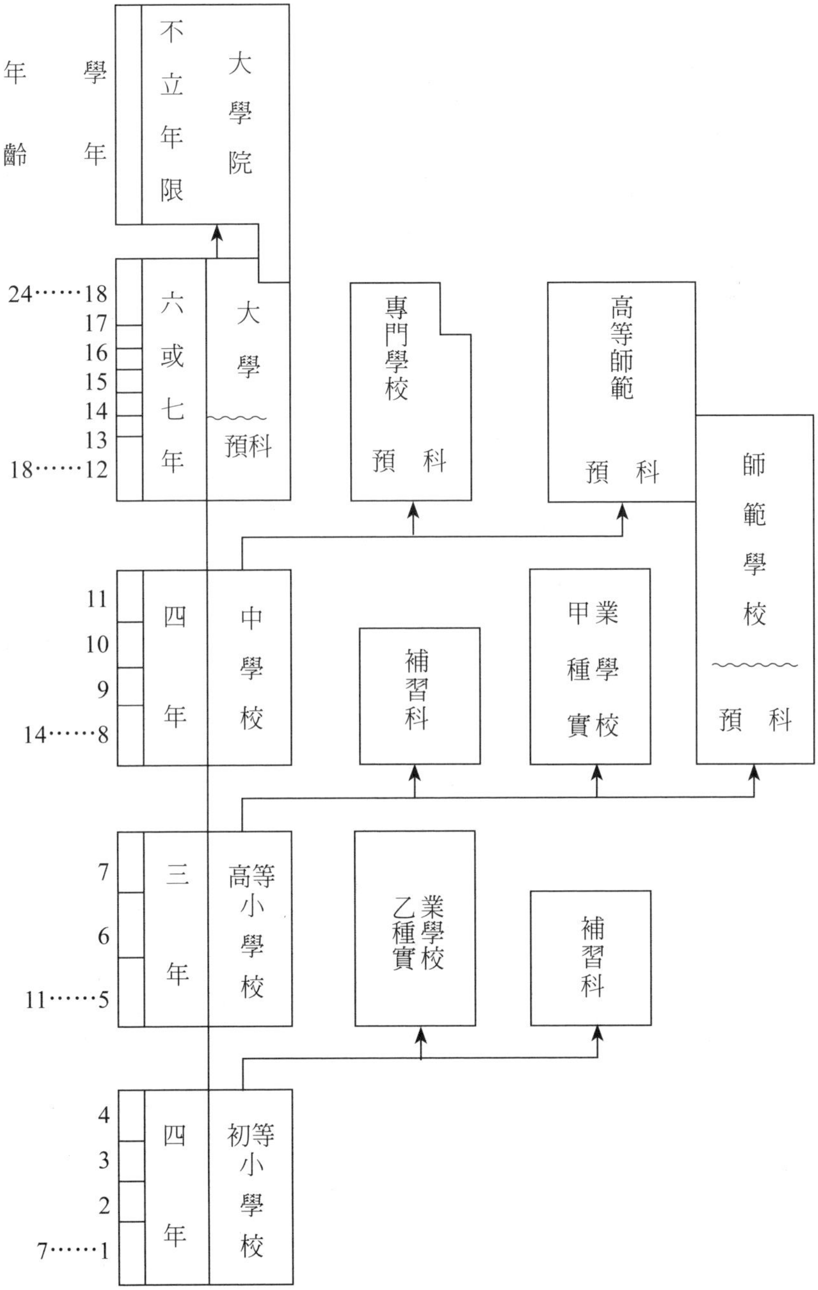
學年
年齡
大學院
不立年限
24……18
17
16
15
14
13
18……12
六或七年
大學
預科
專門學校
預　科
高等師範
預　科
師範學校
預　科
11
10
9
14……8
四年
中學校
補習科
甲種實業學校
7
6
11……5
三年
高等小學校
乙種實業學校
補習科
4
3
2
7……1
四年
初等小學校

學校系統表㈢　民國元年

㈣ 民初學制之建立

民國元年四月設置教育部，七月召集臨時教育會議，首頒教育宗旨爲：「注重道德教育，以實利教育，軍國民教育輔之，更以美感教育完成其道德。」九月頒布學制系統，謂之壬子學制，距第一次頒布之壬寅學制適爲十年。迨後由元年至二年，陸續頒布各種學校令，與前次系統略有出入，綜合起來成一系統，謂之《壬子癸丑學制》（見學校系統表㈢）。兒童自七歲入學，至二十四歲大學畢業，適爲十八年，較之壬寅癸卯學制，減少二年。共分三段四級：一爲初等教育段，分初等小學與高等小學二級，共七年；二爲中等教育段，只有一級，計四年；三爲高等教育段，亦只一級，內分預科、本科，共計六年或七年。此外在最下層有蒙養院，最上層有大學院，不計年限。初等小學四年畢業，爲義務教育，畢業後得入高等小學校或乙種實業學校。高等小學三年畢業，畢業後得入中學校、師範學校或甲種實業學校。初小及高小設補習科，爲畢業生欲升入他校補習學科兼爲職業上的預備，均二年畢業。中學校四年畢業，畢業後得入大學或專門學校或高等師範學校。大學預科三年，本科三年或四年畢業。師範學校預科一年，本科四年畢業。高等師範學校預科一年，本科三年。實業學校分甲、乙兩種：乙種與高小同級，三年畢業；甲種與中等同級，四年畢業。專門學校預科一年，本科三年或四年。這次學制比前清所頒布者不同之點有四：第一、縮短年限，初等小學、高等小學、中學各減少一年；第二、廢止高等學堂，以大學預科代之；第三、大學院研究年限不加限制；第四、課程方面減少讀經鐘點，故中學、小學修業年限能縮短。與前清學制相同者則爲保存三系並列之制，以小學、中學、大學爲直系，以各種師範學校及各種實業學校爲旁系。

小學校以「留意兒童身心之發育，培養國民道德之基礎，並授以生活所必需之知識技能」爲宗旨。初等小學課目爲修身、國文、算術、手工、圖畫、唱歌、體操，女子加課縫紉；與前清課程不同點爲刪去讀經、地理及理科，而特別注意手工一科。高等小學課目除與初小相同者外，加課本國歷史、地理、理科。女子加課縫紉，男子加課農業，並得視地方情形，改農業爲商業，加課英語或其他外國語。與前清課目不同之點，亦爲讀經的廢除及授課時間之減少。民國四年，改初等小學為國民學校，公布《國民學校與高等小學章程》，畫清地方權限及經費負擔，並頒布辦理義務《教育命令》及《施行程序》。民國七年十一月教育部正式公布注音字母，八年頒布《國音字典》，九年教育部採用全國教育聯合會的建議，將國民學校國文改為國語，是為小學校課程之重要改革。

中學校以「完足普通教育，造成健全國民」為宗旨，廢止文實分科之制。課目為修身、國文、外國語、歷史、地理、數學、博物、物理、化學、法制、經濟、圖畫、手工、樂歌、體操。與前清課程不同之點為加入手工，廢除讀經。更可注意者為女子中學的設立。女子中學之課程與男子同，而另加課家事、園藝及縫紉；授課時間為每週三十二至三十四小時。民國四年，中學又實行文實分科。八年四月，通令中學得酌量地方情形增減部定科目及時間，中學自由改制者漸多，實行分組分科者亦不少。

大學校以「教授高級學術，養成碩學閎材應國家需要」為宗旨。預科分為三部：第一部為將來入文法商三科而設；第二部為將來入理農工及醫科之藥物門而設；第三部為將來入醫科的醫學門而設。本科分為文、理、法、商、醫、農、工等七科。各科又再分為門：計文科分哲學、文學、歷史學及地理學四門；理科分為數學、星學、理論物理學、實驗物理學、化學、動物學、植物學、地質學與礦物學九門；法科分為法律學、政治學及經濟學三門；商科分為銀行學、保險學、外國貿易學、領事學、稅關倉庫學及交通學六門；醫科分為醫學及藥學兩門；農科分為農學、農藝化學、林學及獸醫學四門；工科分為土木工學、機械工學、船用機關學、造船學、造兵科、電氣工學、建築學、應用化學、火藥學、採礦學及冶金學十一門。與前清章程不同者：第一、為取消經學科，由八科而變為七科；第二、大學設置採取分區原則，民國三年劃定北京、南京、太原、武昌、廣州、雲南、奉天為七大學區，但未能見諸實行。

專門學校為高等教育之旁系。在欽定、奏定學堂章程內，高等教育段有高等學堂一級，與大學預備科之性質完全相同。到了此期，將高等學校歸併於預科，另設較大學年限為短之專門學校，入學資格與大學相同，修業年限預科一年，本科三年，較大學短二年，宗旨在「教授高等學術，養成專門人才」；種類為法政、醫學、藥學、農學、工業、商業、美術、音樂、商船及外國語專門學校。

師範教育自民國成立以後，仍繼續前清舊制，獨成一系，然變動亦多：第一、從前的優級師範學堂改為高等師範學堂，初級師範學堂改為師範學校；臨時及單級小學教員養成所改為小學教員養成所，民國四年改為師範講習所。第二、優級師範以省立為原則，高等師範以國立為原則，且將全國劃分為：東三省、直隸、江蘇、湖北、四川、廣東等六區域，設立國立瀋陽、北京、南京、武昌、成都、廣東六個高等師範學校。第三、高等師範將從前優級師範之公共科改為預科，分類科改為本科，而且分科較細，由四科變為六部，加習科改為研究科。師範學校將從前之完全科改為第一部，並設預科一年；簡易科取消，另設第二部訓練中學畢業生，一年畢業。

師範學校法規，有民元頒布之《師範教育令》及《師範學校規程》，按此法規，師範學校以「造就小學教員」為目的，女子師範以「造就小學教員及蒙養園保姆」為目的；教育師範生之要旨，要「謹於攝生勤於體育；富於美感，勇於德行；明建國之本原，踐國民之職分；尊品格而重自治，愛人道而尚大公；明現今之大勢，察社會之情狀；究心哲理，而具高尚之志趣；悟施教之方，選實用之教材，培養學生自動之能力」。編制分本科、預科。本科分第一部與第二部。預科招收高小畢業生，一年畢業，升本科第一部，四年畢業；第二部招收中學畢業生，一年畢業。預科課目為：修身、讀經（讀經一科民元取消，民五年袁氏復加入）、國文、習字、外國語、數學、圖畫、樂歌、體操，女子加課縫紉。本科第一部之課目為：修身、讀經、教育、國文、習字、外國語、歷史、地理、數學、博物、物理、化學、法制、經濟、圖畫、手工、農業、樂歌、體操；農業得視地方情形改授商業；女子師範加課家事、縫紉，並得酌設園藝。第二部之課目為：修身、讀經、教育、國文、數學、博物、物理、化學、圖畫、手工、農業、樂歌、體操；女子改農業為縫紉。學生待遇，以公費為原則。

高等師範以「造就中學校師範學校」教員為目的，內中分預科本科及研究科。預科一年畢業，本科三年，研究科一年或二年。預科課目為倫理學、國文、英語、數學、論理、圖畫、樂歌、體操。本科分國文、英文、史地、數學、物理、化學、博物等六部，研究科就本科各部選擇二、三課目研究之。預科入學以中學畢業為原則，本科生由預科畢業生升入，研究科由本科畢業升入。除本科外得設專修科，修業年限爲二至三年，入學資格與預科生相同。

實業教育亦爲旁系之一種，有甲、乙兩級；甲種實業學校與中學之級位相當，乙種與高小相當；前清舊制有與初小相當之藝徒學校一級，民初學制已予取消。乙種實業學校，增加商船一種。實業教員講習所改爲實業教員養成所。此爲民初學制改變之處。

實業學校以「教授農工商業必需之知識技能」爲目的，「甲種實業學校施完全之普通實業教育，乙種實業學校施簡易之普通實業教育。」乙種實業學校以縣立爲原則，招收初小畢業程度學生，三年畢業；分農業、工業、商業、商船四種。各種實業學校除其專習之職業課目外，尚有修身、國文、數學等共同必修課目。甲種實業以省立爲原則，亦分農、工、商、商船四種，招收高小畢業程度學生，四年畢業。除專習之特殊職業課目外，以修身、國文、數學、理科、圖畫、體操爲共同必修課目。除甲、乙兩種外，還有實業補習學校及實業教員養成所。實業補習學校係爲「已有職業或志願從事實業者，授以應用之知識技能，並使補習普通學科而設，亦包括農工商業等種類。實業教員養成所以造就「甲種實業學校教員」爲宗旨，修業年限定爲四年；所有課目，得參照農工兩種專門學校規程辦理。

㈤ 結論

自光緒二十八年至民國十年，約計二十年，爲我國新教育進展之期。此期之初，新學制已正式產生，未及施行，即已修正。其後又經數次之修正，如讀經分量之減少，女子教育之列入，畢業年限之縮短，均係合乎事實之需要，代表進步的趨勢。惟此期學制，大體係模仿日本，雖經數次之修正，始終未能脫離日本學制之色彩。

三、學校系統改革時期

自民國十一年起至現在，屬於此期。清末民初教育界最有力的分子多爲日本留學生，因地理與文字接近的關係，當時留學者以留日爲最多。民國六、七年後遊美返國者漸多，在社會上形成相當勢力。於是當時美國盛倡之六三三制（小學六年，初中、高中各三年），又移植於中國；所謂發展個性，分組選課等，均本之美制。這是民國十一年學制改革的主要原因。

(一) 民國十一年之新學制

當時對於民元學制，認爲有數種缺點：第一、預科制之阻礙學制統一；第二、小學之年限太長，不適合於國民的經濟能力；第三、中學科目太籠統，使升學與就業均感受困難；第四、各級學校科目，過於硬性，缺乏選擇的自由。民國五年，全國教育聯合會建議：中學校自第三年起，得就地方情形酌設職業教育科。六年，教育部採納建議，令各省區中學得酌設第二部。七年，教育部召集中等學校校長會議，討論中學課程訓練及其與小學、大學銜接問題。同年，以留美學生爲中堅的中華教育改進社開會建議改定教育宗旨爲「養成健全人格，發揮共和精神」。八年，教育部准許中等學校酌量地方情形，增減科目與時間。以上種種，均爲改革學制的先聲。民國十年，第七屆全國教育聯合會在廣東開會，當時各省區教育會提出新學制草案者有十餘省，經大會之討論與修正，於是新學制之草案因以產生。十一年，教育部召集學制會議，對於聯合會草案加以修正。同年十二月，第八屆全國教育聯合會在濟南開會，對於學制草案爲最後的修正。教育部參酌兩案，頒布《學校系統改革案》（見學校系統表(四)）。

《學校系統改革案》分標準、系統表、說明三項。改革學制標準有七：(1)適應社會進化之需要；(2)發揮平民教育精神；(3)謀個性之發展；(4)注意國民經濟力；(5)注意生活教育；(6)使教育易於普及；(7)多留各地方伸縮餘地。學生入學年齡，各級學校均定有標準，但實施時仍以智力與成績或其他關係分別定之。

說明：新學制系統分三段，即初等教育、中等教育及高等教育。其劃分以兒童身心發達時期做依據，即童年時期：六至十二歲爲初等教育期；青年時期：十二至十八歲爲中等教育段；成年時期：十八至二十四歲爲高等教育段。

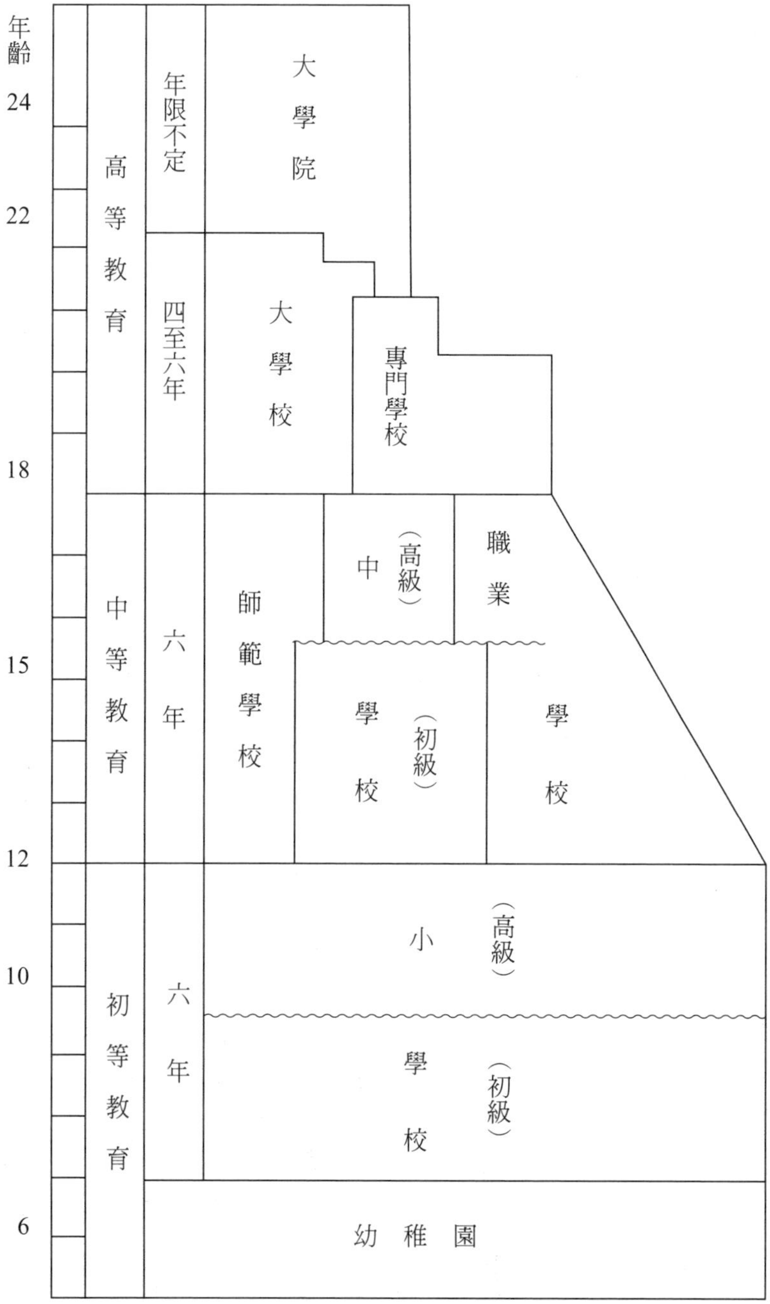

學校系統表(四) 民國十一年

初等教育　⑴小學修業年限六年（得依地方情形，展長一年）；⑵小學校得分初、高兩級，前四年為初級，得單設之；⑶義務教育年限暫以四年為準，各地方至適當時期，得延長之，義務教育入學年齡，各省區得依地方情形自定之；⑷小學課程，得於較高年級，斟酌地方情形，增置職業準備之教育；⑸初級小學修了以後，得予以相當年期之補習教育；⑹幼稚園收受六歲以下之兒童；⑺對於年長失學者，宜設補習學校。

中等教育　⑻中學校修業年限六年，分為初、高兩級，初級三年，高級三年，但依設科性質，得定為初級四年、高級二年，或初級二年、高級四年；⑼初級中學得單設之；⑽高級中學應與初級中學並設，但在特別情形時，得單設之；⑾初級中學施行普通教育，但得視地方需要，兼設各種職業科；⑿高級中學分普通農、工、商、師範、家事等科，但得酌量地方情形，單設一科或兼設數科（依舊制設立之甲種實業學校，酌改為職業學校或高級中學農工商各科）；⒀中等教育得用選科制；⒁各地方得設中等程度之補習學校或補習科，其補習之種類及年限，視地方情形定之；⒂職業學校之期限及程度，得酌量各地方實際需要情形定之（依舊制設立之乙種實業學校，酌改為職業學校，收受高級小學畢業生，但依地方情形，亦得收受相當年齡之修了初級小學學生）；⒃為推廣職業教育計，得於相當學校內酌設職業教員養成所；⒄師範學校修業年限六年；⒅師範學校得單設後二年或後三年，收受初級中學畢業生；⒆師範學校後三年得酌行分組選修制；⒇為補充初級小學教員之不足，得酌設相當年期之師範學校或師範講習科。

高等教育　㉑大學設一科或數科均可，其單設一科者稱某科大學校，如醫科大學校、法科大學校之類；㉒大學校修業年限四至六年，各科得按其性質之繁簡，於此限度內斟酌之。醫科大學校、法科大學校修業年限至少五年，師範大學校修業年限四年（依舊制設立之高等師範學校，並於相當時期內提高程度，收受高級中學畢業生，修業年限四年，稱為師範大學校）；㉓大學用選科制；㉔因學科及地方特別情形，得設專門學校，高級中學畢業生入之，修業年限三年以上，年限與大學同者待遇亦同（依舊制設立之專門學校，應於相當時期內提高程度，收受高級中學畢業生）；㉕大學校及專門學校得附設專修科，修業年限不等，凡志願修習某種學術或職業而有相當程度者入之；⑯為補充初級中學教員之不足，得設二年之師範專修科，附設於大學校教育科或師範大學校，亦得設於師範學校或高級中學，收受師範學校及高級中學畢業生；㉗大學院為大學畢業及其有同等程度者研究之所，年限無定；㉘注重天才教育，得變通年限及教程，使優異之智能儘量發展；㉙對於精神上或身體上有缺陷者，應施以相當之特種教育。

新學制之課程標準　當全國教育聯合會建議學校系統改革草案的時候，曾同時組織「新學制課程標準起草委員會」，民國十一年十二月在南京開會，通過中小學畢業標準編定各學科課程要旨，分請專家草擬各科目課程綱要；十二年在上海覆審完畢，遂刊布《中小學課程綱要》：⑴小學課程分為國語、算術、衛生、公民、歷史、地理、自然、園藝、工用藝術及形象藝術、音樂、體育等十一科目；前期四年，將衛生、公民、歷史、地理合併為社會科。⑵初級中學課程分為社會科（公民、歷史、地理）、言文科（國語、外國語）、算術科、自然科、藝術科（圖畫、手工、音樂）、體育科（生理、衛生、體育）等六學科。初級中學畢業，須修滿一百八十學分，除必修科一百六十四學分外，其他學分得選他種科目或補習必修科目。⑶高級中學得分設普通科及職業科，普通科又分為第一組及第二組；第一組注重文學及社會科學，第二組注重數學及自然科學。職業科分為師範、商業、工業、農業、家事等科。因此，高級中學課程約分為三部分：公共必修科、分科專修科、純粹選修科。高中普通科之公共必修課目為國語、外國語、人生哲學、社會問題、文化史、科學概論、體育；其分科專修科目則第一組為特設國文、心理學初步、論理學初步、社會學科的一種、自然科或數學的一種；第二組為三角、高中幾何、高中代數、解析幾何大意、用器畫、物理、化學或生物（三項選修兩項）；高中職業科公共必修課目與普通科相同，所有分科專修課目及純粹選修課目，由各校依照實際情形規定。⑷大學及專門學校課目，當時委員會未議及，其辦法仍依據民國新學制，參以各校意見，呈部核定。

㈡ 民十五年後新學制之修正

新學制富於彈性，自施行後各地情形不盡一致。民國十五年國民革命軍北伐，十六年定都南京，其後對於學制頗多修正：在行政方面曾仿照法國制度，試行大學區制，以大學校長兼理舊教育廳事務，以求教育行政之學術化，後因流弊頗多，未及兩年，即改復舊制。在學校教育方面，雖系統是沿襲民十一年之舊，而內部變動頗多。茲分述之（見學校系統表㈤與㈥）。

1. **初等教育**　據《小學規程》所載，小學分三種：完全小學、簡易小學及短期小學。完全小學照舊分為初、高兩級，六年畢業。簡易小學為推行義務教育的一種變通辦法，有全日制、半日制、分班補習制三種；前兩種定四年畢業，後一種至少修足二千八百小時方許卒業。課程照部定小學課程標準，但得視地方情形，減少圖畫、音樂、勞作等學習時間，僅授常識、國語、算術、體育等科。短期小學為救濟年長失學的兒童而設，凡年滿十至十六歲之年長失學兒童，均應入短期小學。短小採用分班教學制，每日授課二小時，修業年限一年，以識字為目的。課程設國語一科，包含史地、公民、算術、自然等常識。

2. **中等教育**　中等教育最大之變動，為取消普通農、工、商、師範各科之合設中學，而將普通中學、職業學校、師範學校分別單獨設立。關於中學者，取消四二制，完全採用三三制，取消選科制，勿論初、高兩級，所有課程一律改為必修。關於職業學校者，分設初、高兩級，初級職校以收受小學畢業生為原則，修業年限一至三年；高級職業學校以收受初中畢業生為原則，修業年限三年；職業學校以就某類職業單獨設立為原則，並得視地方需要，附設職業補習班。關於師範者，取消六年制之師範學校，分師範學校為兩類：一為師範學校及鄉村師範學校，招收初中畢業生，三年畢業；二為簡易師範學校及簡易鄉村師範學校，招收高小畢業生，四年畢業。此外得設特別師範科及簡易師範科，均一年畢業；前者招收高中畢業生，後者招收初中畢業生。

3. **課程標準**　公布三次：民十八年公布《中小學課程暫行標準》，二十年公布修正小學課程標準，二十五年公布《修正中學課程標準》。正式標準與暫行標準主要異點：在小學方面，增加公民訓練；在中學方面，取消學分制，改為鐘點制，自然科教學取消混合制，採取分科制；在中小學方面，取消黨義課目，而將其內容融化於公民科中。修正中學課程標準重要之改變，有下列各點：第一、減少教學時數，每週上課時數，初中原為三十五至三十六小時，現減為三十一小時，高中原為三十一至三十六小時，現改為二十九至三十小時。第二、規定初

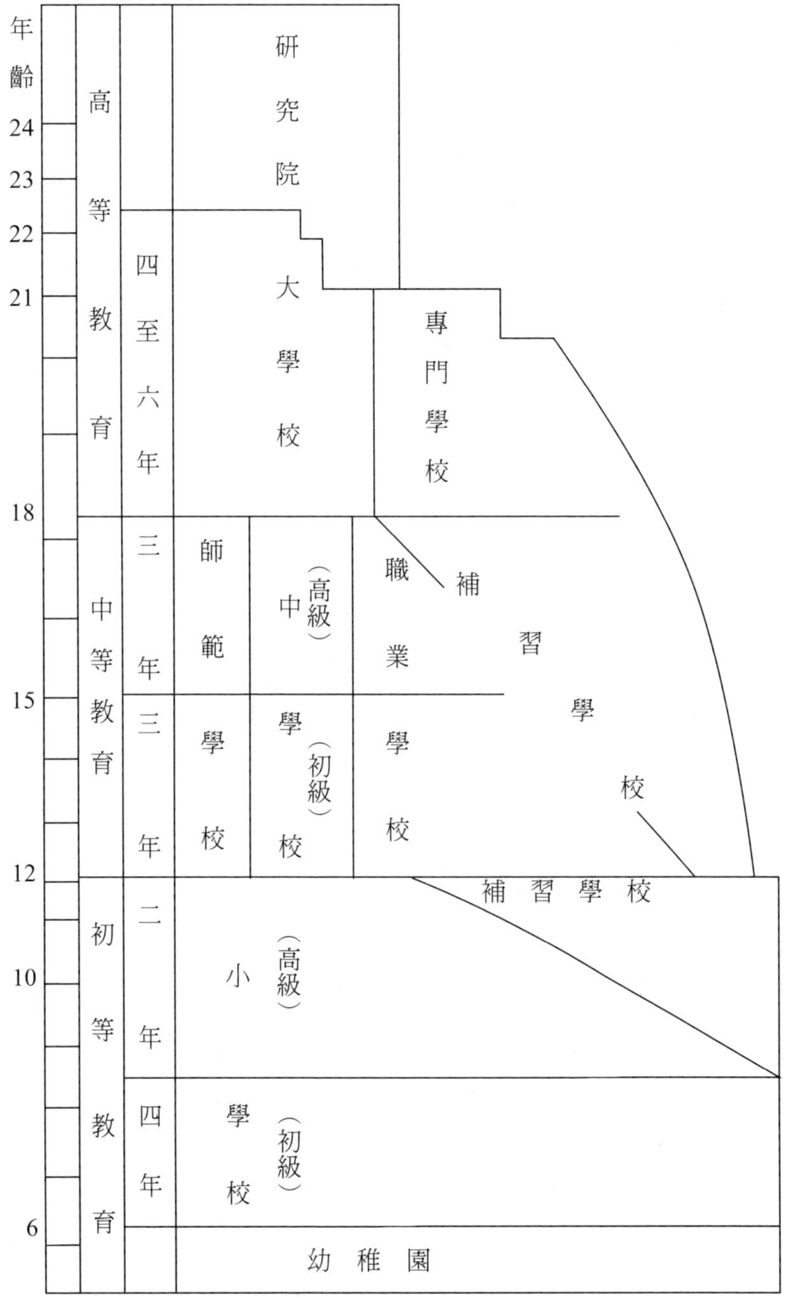

學校系統表(五) 民國十七年

學校系統表(六) 現行學校系統

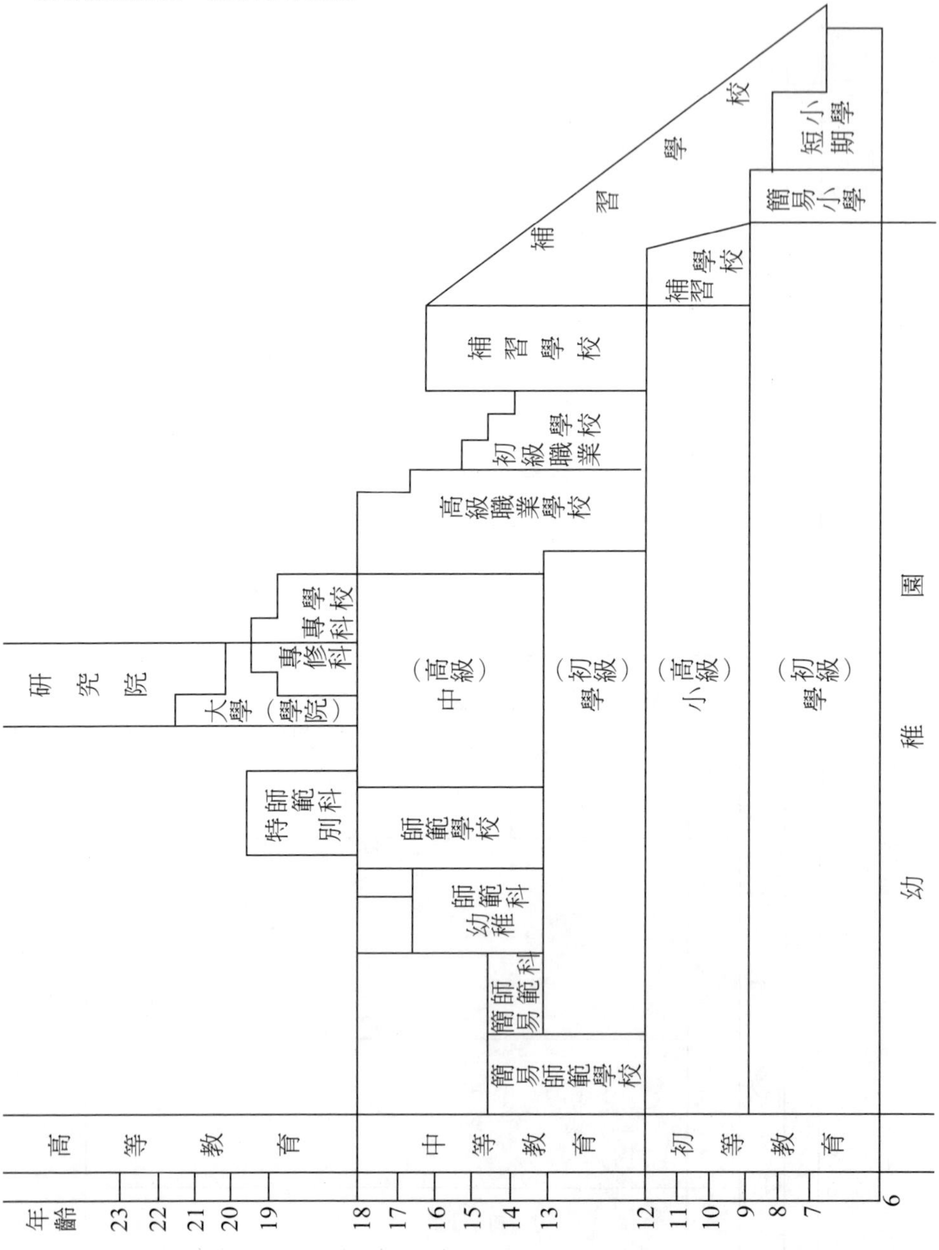

中、高中均得免習某種科目，增設職業科目。第三、高中自第二學年起，規定算學分組辦法，甲組增加算學時間，乙組減少算學時間，增加國文、英文、倫理時間，頗有文理分組的意味。

《小學課程標準》規定課目為公民訓練、衛生、體育、國語、社會、自然、算術、勞作、美術、音樂等十課目。各科教學時間以分數計算，以三十分為一節，得酌予增加。每週授課總時間，低年級自一一七〇至一二六〇分，中年級自一三八〇至一四四〇分，高年級約為一五六〇分。

《初中修正課程標準》規定課目為公民、體育及童子軍、國文、英語、算學、生理衛生、植物、動物、物理、化學、歷史、地理、農作、圖畫、音樂等十五課目。《高中修正課程標準》規定課目為公民、衛生、體育、軍訓、國文、英語、算學、生物學、化學、物理、本國歷史、外國歷史、本國地理、外國地理、論理、圖畫、音樂等十七課目。必要時得設蒙、回、藏語或第二外國語。

職業學校分高、初兩級，每級又分為農業、工業、商業、家事各種。兩級職業學校科目名稱大都相同，程度各異。每週教學為四十至四十八小時，以職業學科占百分之三十，普通學科占百分之二十，實習占百分之五十為原則。

師範學校課目為公民、國文、歷史、地理、算術、物理、化學、生物、體育、衛生、軍訓、勞作、美術、音樂、論理、教育概論、教育心理、教育測驗及統計、小學教材及教學法、小學行政、實習等；鄉村師範加設農業及實習、農村經濟及合作、水利概要等課目；簡易師範及簡易鄉村師範，課目名稱與上列大致相同，程度各異。

高等教育規制亦略有改革：(1)大學須備具三院以上，不及三院者稱為學院，取消單科大學名稱。(2)大學修業年限，醫學院五年，餘為四年。(3)改專門學校為專科學校，修業期限二年三年。

如上所述，民十一所公布之新學制，自國民政府定都南京以後，雖輪廓體系仍舊，內部變動頗多，尤以中等教育段為甚；主要者有下列各項：(1)取消混合之中等學校，將普通中學、職業學校、師範學校分別單獨設立。(2)中等教育段將選科取消，或將選科之範圍縮小，此兩者均與新學制之基本精神相反，而有回復民初學制之趨勢。(3)初中加童子軍，高中以上加軍事訓練。(4)將黨義一科加入課程，或將黨義融化於公民科中。(5)規定會考制度。

我國學校考查成績則由學校之教職員主持，民國十九年湖北教育廳舉行中學畢業會考，二十一年以後通行於全國各省，凡中學師範學校修業期滿，成績及格學生，均須參加畢業會考，及格之後始准畢業。凡此種種，均爲重要之改革。

四、學校教育實際演進情形

以上已將八十餘年新教育演進情形，分爲三期陳述。最初四十年爲新教育萌芽時期，有新式之學校而無新式之學制；次二十年爲新教育發展時期，已有正式之學制；最近二十餘年爲學校系統改革時期。此三種時期之劃分，注重在學制之改進方面；究竟在各時期中學校實際教育情形如何，不能不另有記述。在新教育萌芽時期，新式學校爲數甚少，從整個教育言，影響甚微，蓋最大多數之士子均沉迷於科舉，不識新教育爲何物也。光緒二十八年新學制公布以後，新教育雖突飛猛進，然以投考高級學校學生多半從科舉出身，缺乏基本訓練，故成績亦不甚優良。自光緒三十一年學部正式成立以後，新教育漸爲有計畫的發展，而各項教育始有數字可稽。民五年以後，因軍閥之擾亂，統計中斷，然大致趨勢，仍可從前後各年之統計數字察看出來。茲將宣統元年（一九〇九年）以後近四十年，高等、中等、初等教育等各級教育之統計列表如下：

(一) 初等教育

年度	校數	學生數	經費數（元）
宣元（註一）	五一、六七八	一、五三二、七四六	未詳
民元（註二）	八六、三一八	二、七九五、四七五	一九、三三四、四八〇
民二	一〇七、二八六	三、四八五、八〇七	二三、五三一、一二四
民三	一二二、〇八一	三、九二一、七二七	二四、八九九、八〇七

年度	校數	學生數	經費數（元）
民四	一二八、五二五	四、一四〇、〇六六	二三、八八一、七三〇
民五	一二〇、〇九七	三、八四三、四五四	二三、四九七、〇九七
民十一	一七七、七五一	六、六〇一、八〇二	三一、四四九、九六三
民十八	二一二、三八五	八、八八二、〇七七	六四、七二一、〇二五
民十九	二五〇、八四〇	一〇、九四三、九七九	八九、四一六、九七七
民二十	二五九、八六三	一一、七二〇、五九六	九三、六二五、五一四
民二十一	二六三、四三二	一二、二二三、〇六六	一〇五、六三一、八〇八
民二十二	二五九、〇九五	一二、三八三、四七九	一〇六、八〇五、八五一
民二十三	二六〇、六六五	一三、一八八、一三三	一〇六、五九四、六八五
民二十四	二九一、四五二	一五、一一〇、一九九	一一一、二四四、二〇七
民二十五	三二〇、〇八〇	一八、三六四、九五六	一一九、七二五、六〇三
民二十六	二三九、九一一	一二、八四七、九二四	七三、四四四、五九三
民二十七	二一七、三九四	一二、二八一、八三七	六四、九三二、九一〇
民二十八	二一八、七五八	一二、六六九、九七六	六五、八七〇、四九一
民二十九	二三〇、二一三	一三、五四五、八三七	一七二、七四六、五〇五
民三十	二三四、七〇七	一五、〇五八、〇五一	三五四、六五四、一五五（註三）
民三十一	二五八、二八三	一七、七二一、一〇三	五六七、〇七七、七三三
民三十二	二七三、四四三	一八、六〇二、二三九	一、一六四、九三九、三四六
民三十三	二五四、三七七	一七、二二一、八一四	一、八三三、七四六、三〇八

年度	校數	學生數	經費數（元）
民三十四	二六九、九三七	二一、八三一、八九八	二一、八六三、三三四、二八一
民三十五	二九〇、六一七	二三、八一三、七〇五	六〇八、八二一、六八二、七五九

註一：宣元見教育部《教育年鑑》，丙篇四二三頁。

註二：民元至民三十五，見教育部《第二次中國教育年鑑》，一四五五頁。

註三：民三十後貨幣貶值，經費數字，無法比較。

(二) 中等教育

年度	校數	學生數	經費數（除宣元外，以元為單位）
宣元（註一）	四三八	三八、八八一	二、六九二、九五〇兩
民元（註二）	八三二	九七、九六五	六、三六一、九六二元
民二	一、〇三九	一一七、三三三	七、四四八、八五九
民三	一、〇九七	一一九、〇五七	八、四六三、七六二
民四	一、一一〇	一二六、四五五	八、八四一、六一九
民五	九三二	一一一、〇七八	八、五七五、〇五九
民十一	一、〇九六	一八二、八〇四	一四、〇二四、一八〇
民十四	一、一四二	一八五、九八一	一五、六六八、九八三
民十七	一、三三九	二三四、八一一	二四、六〇二、三六六
民十八	二、一一一	三四一、〇二二	三五、九八八、一七三

年度	校數	學生數	經費數（除宣元外，以元為單位）
民十九	二、九九二	五一四、六〇九	四八、七一三、〇五七
民二十	三、〇二六	五三六、八四八	五四、〇五五、九四二
民二十一	三、〇四三	五四七、二〇七	五五、三一八、五三二
民二十二	三、一二五	五五九、三二〇	五六、六四四、八三八
民二十三	三、一四〇	五四一、四七九	五五、四七九、三九九
民二十四	三、一六四	五七三、二六二	五八、九三五、五〇八
民二十五	三、二六四	六二七、二四六	六一、〇三五、六〇五
民二十六	一、八九六	三八九、九四八	三〇、三九六、七五八
民二十七	一、八一四	四七七、五八五	三四、六四七、八八五
民二十八	二、二七八	六二二、八〇三	四四、八八九、二八八
民二十九	二、六〇六	七六八、五三三	七九、七〇三、九一九
民三十〇	二、八一二	八四六、五五二	一五三、三八五、四六八（註三）
民三十一	三、一八七	一、〇〇一、七三四	三一四、〇六七、〇二〇
民三十二	三、四五五	一、一〇一、〇八七	一、〇四三、一六四、一三八
民三十三	三、七四五	一、一六三、一一三	三、四二六、五九三、三五六
民三十四	五、〇七三	一、五六六、三九二	二六、八七三、六二九、七九五
民三十五	五、八九二	一、八七八、五二三	

註一：見教育部《教育年鑑》，丙篇一九四～一九五頁。此項數字專指中學，師範學校與職業學校不在內。

註二：民元至民三十五，見教育部《第二次中國教育年鑑》，一四二八頁。

註三：民三十後，貨幣貶值，經費數字，無法比較。

(三) 高等教育（專科以上學校）

年度	校數	學生數	經費數（元）
宣元（註一）	一一〇	二〇、五二七	未詳
民元（註二）	一一五	四〇、一一四	三、九七一、三六一
民二	一一六	三八、三七三	四、一七一、三七二
民三	一〇二	三二、〇七九	五、七二八、四七六
民四	一〇四	二五、二四二	四、六八二、九六三
民五	八六	一七、二四	三、六七三、一五五
民十四	一〇八	三六、三八一	一五、四四六、三六八
民十七	七四	二五、一九八	一七、九〇九、八一〇
民十八	七六	二九、一二五	二五、五三三、三四三
民十九	八五	三七、五六六	二九、八六七、四七四
民二十	一〇三	四四、一六七	三三、六一九、二三七
民二十一	一〇三	四二、七一〇	三三、二〇三、八二一
民二十二	一〇八	四二、九三六	三三、五七四、八九六
民二十三	一一〇	四一、七六八	三五、一九六、五〇六
民二十四	一〇八	四一、一二八	三七、一二六、八七〇
民二十五	一〇八	四一、九二三	三九、二七五、三八六
民二十六	九一	三一、一八八	三〇、四三一、五五六

年度	校數	學生數	經費數（元）
民二十七	九七	三六、一八〇	三一、一二五、〇六八
民二十八	一〇一	四四、四二二	三七、九八二、六五〇
民二十九	一一三	五二、三七六	六一、一〇五、九四〇
民三十	一二九	五九、四五七	一〇二、九二七、〇五〇（註三）
民三十一	一三二	六四、〇九七	二三三、五三六、六五〇
民三十二	一三三	七三、六六九	六四五、四五二、三三五
民三十三	一四五	七八、九〇九	三、一九九、一九〇、八三七
民三十四	一四一	八三、四九八	一六、七六六、七六三、二六四
民三十五	一八五	一二九、三二六	

註一：見周予同，《中國現代教育史》，二三〇頁。

註二：民元至民三十五，見教育部《第二次中國教育年鑑》，一四〇〇頁。

註三：自民三十年後，貨幣貶值，經費數字，無法比較。

以上表列舉清末民初以來各級學校之校數、學生數、經費數逐漸增加之趨勢；最關重要者爲學生數與經費數。若以此兩項爲準，則可得下列結論：第一、清末民初，新教育逐漸爲量的增加，質的改進。民五以後，軍閥割據，政治紛亂，教育經費毫無保障，以致教職員罷課索薪，學生罷課遊街，種種紛亂現象連續發生，歲無寧日（見此時期發行之《教育雜誌》），故此時期教育之進展極慢，統計亦中斷。民十九年各項教育突飛猛進，這顯然是表現國民政府建都南京統一內部以後，對於教育較爲重視，而地方政治亦較前爲上軌道，故能有此結果。即此一點亦可見教育之發展與政治之發展關係極其密切，而難於分離者也。第二、就三級教育經費而論，初等教育經費增加之比例率，遠較高等教育爲低。民二十五專科以上學生數與民元專科以上學生數幾乎相等，而經費則增加十倍；民二十五之中等學校學生數，較之民元增加約爲六倍，而經費則是增加近十倍；民二十五之小學生較之民元增加近七倍，而經費僅增加六倍。若以每生歲費爲比較之標準，則三級教育經費相差之大，更爲可驚。此種現象，一方面由於我國特別重視人才教育，一方面亦由三級教育經費之來源不同，蓋高等教育經費主要者爲中央政府負擔，中等教育經費爲省政府負擔，初等教育經費則爲各縣負擔。各縣多窮困，教育經費多係苛捐雜稅，故其增加甚難。今後欲圖教育普及，必須中央與省負擔部分之義務教育經費。抗戰期間中央已規定各省義教輔助費，此實爲義務教育進展之新紀元，在我國教育歷史上可爲大書特書者。

五、結論

上節已將近四十餘年來我國學制與實際教育作簡略之敘述。根據上述事實，可得下列結論：

第一、我國教育制度之變動太快、太輕率。自光緒二十八年頒布新學制後，三十年中有五次之大變（如光緒二十九年之《奏定章程》，光末宣初《奏定章程》之修正，民元之學制，民國十一年之新學制，民國二十年新學制之修正），有無數之小變。而各次之變革，很少是根據實際之需要，客觀之考察，大部分均係根據少數掌權者之意見，而且純以外國學制爲思想背景。清末民初之學制以日本學制爲背景，民國十一年之新學制以美國學制爲背景。制度係社會之產物，各國社會背景不同，故學制不能盡出於模仿；又制度之美惡，須經過相當時期始能斷定，若變動太快，則雖優良制度，亦不能表現其成績。四十餘年來，我國學制之變革，常有恢復舊制者，尤足證明學制變動之過於輕率。自國府建都南京之後，教育改革漸重國內實際情形，如大學重文輕實趨勢之矯正，中學職業師範之劃分獨立，中學授課時間之減少。簡易小學短期小學辦法之訂正，軍事訓練之推行，民族教育之實施等，已漸脫空談模仿之習，而趨向於實事求是矣。

第二、我國新學制之產生，由於對外之失敗；屢次學制之變革，亦係受外來思想之影響。故歷年變革，每徒有形式的變易，而無眞實推進的精神。蓋制度之重要，不在其外表的形式，而在其內部的動力，因此我們對於學制，不能傾信過度。中國的實際教育問題不能專恃學制來解決。學制不過是我們的路程表，僅指出我們的目的地與到此地所經過之路程。至於路途上的阻礙，隱伏的危險，路程表不能指出來的，只有明敏而誠懇的教育家根據教育科學的指導，中國實際情形的觀察，方能定出方案，打破障礙，使中國的教育向著光明的路上走。

第三、我國過去教育推進，側重高等教育，忽視初等教育，多年來初等教育之發展甚慢，行政管理、課程訓練亦未能切合實際需要。初等教育經費均係由地方負擔，各地方（縣）富力不均，大多數均極端貧困，故經費之增加甚難。又以地方交通不發達，行政管理極爲不便，南方各省多係散居而非村居，普遍設學尤爲困難。近年教育界漸重鄉村教育之研究，中央亦有補助義教經費之規定，義教之推進當可較前爲速也。

問題思考

一、中國新教育萌芽前期的新學校及其效果如何？
二、清季新學校的創辦人物及其事業的規模？
三、「壬寅」、「癸卯」、「壬子」三學制組織系統的比較與評論。
四、民國十一年「新學制」的改革動機及其要點。
五、國民政府成立以來對於學制系統有何重要調整？
六、國民政府成立以來對於學校課程有何重要變更？
七、中國義務教育推行的經過及現況。
八、中國中等教育上的問題及其改進。

九、中國留學制度的回顧與前瞻。

十、四十年來，中國新教育的檢討。

第十二章　近代教育行政之演進

我國過去教育側重高等方面，而政府政策又多注重如何去拔選人才，而不注重如何去培養人才，因此教育行政之機構頗爲簡單。自清末實施新教育後。新的教育行政制度亦隨之而產生。其組織向採三級制，即中央政府、省政府及縣政府是也。

一、中央教育行政機關

科舉制度廢除以前，清末之中央教育行政由「禮部」主持。據《大清會典》所載，「禮部」是「掌吉凶嘉軍賓之秩序，學校貢舉之法，以贊邦禮」；內分四司，即「儀制」、「祠祭」、「主客」、「精膳」；學校貢舉之事務，概歸儀制司掌管。其職位是：「掌朝廷府署鄉國之禮，稽天下之學校，凡科舉，掌其政令。」實際上，禮部對於教育只是負稽核考試之責。

自同治元年同文館設立以後，新式學校逐漸增加，但是當時各學校之管理分屬各機關，沒有總管的行政組織，光緒二十四年清德宗下詔變法，開辦京師大學堂，派孫家鼐管理，並規定以大學堂管轄各省學堂，是爲中國新教育行政之開始。其後政變發生，新政推翻，京師大學雖得保存，自無若何進展。經庚子之教訓，清廷決意重興新學，教育行政事務日繁，絕非禮部儀制司所能兼顧，遂於光緒二十七年特設「管學大臣」一職，派張百熙充任，「將學堂一切事宜，責成經理。」當時管學大臣一面爲京師大學校長，一面又爲全國教育行政機關長官，頗與民國十六、七年施行大學院制之大學院長相似。光緒二十九年張之洞奏請專設「總理學務大臣」，統轄全國學務；京師大學堂另設總監督，專管大學堂事務，而受「總理學務大臣」之節制；學務大臣之下分專門、普通、實業、審訂、游學、會計六處。此種組織雖未見諸實行，然實爲清末學部成立之先導。

(一) 清末的學部

學部成立，中國始有備具近代中央教育行政機關之組織。光緒三十一年明令停止科舉，設立學部，將國子監歸併，序位在禮部前。次年頒發《學部官制組織清單》，組織始漸完密。學部之最高長官爲「尚書」（頗似現制之部長）；尙書之下設左、右侍郎二員（頗似現制之政務常務次長）；侍郎之下設左丞、右丞各一員，總管部內事務；下設左右參議及參事，掌覆訂法令規程、審議各司重要事宜（近似現制之參事）；又設總務、專門、普通、實業、會計五司，每司設郎中一員（近似現制之司長）；各司分科職掌部務，設員外郎（科長）及主事（科員）等職員。上列五司是部中主幹辦事部分。

總務司分機要、案牘、審計三科，職掌撰擬奏章、保管文件、審定圖書及不涉及他司之事務。專門司分教務、庶務兩科；前者掌管高等學堂以上之校務，後者掌管各種學會留學及其他文化機關事務。普通司分師範、中學及小學教育三科，分掌各級學堂及有關事務。實業司亦分教務、庶務兩科；前者掌管實業學堂事項，後者掌管實業調查事項。會計司分度支、建築兩科；前者掌管經費出納、預算、決算及財產保管等事，後者掌管校舍、圖書館及其他營造物事項。

五司之外，又設視察機關，規定視學官十二人，專任巡視京外學務之責；又設諮議機關，設諮議官若干員不作爲實缺。以上兩種機關在當時均不甚重視。

五司各職，均爲學部之幹部。此外尙設有編譯圖書局、學制調查局、京師督學局、教育研究所、國子監（司文廟辟雍殿禮儀事務）等附屬機關。屬於臨時性質者，有高等教育會議，由尙書選擇部中職員、中等以上學堂監督及官紳之有教育學識及經驗者，奏請派充職員，每年開會一次，目的在討論解決國家教育上的重大問題。

(二)民初的教育部

民國元年，共和臨時政府成立於南京，組織教育部，為中央教育行政機關，一切設施均極簡單。其後南北統一，政府遷移北京，各部官制頗多更改，教育部之組織，於民二、民三兩次修訂公布，沿用至民國十六年，才改為大學院制。

民初教育部官制，較滿清時代的學部，多所裁併，但體系仍沿襲學部之舊。部設總長一人、為內閣閣員之一，「承大總統之命，管理本部事務，監督所屬職員並所轄各官署」，是政務官性質。設次長一人，輔助總長管理部中事務，是事務官性質，係將學部之左右侍郎及左右丞職掌併為一員。下設六個平行機關，即參事室、總務廳、專門司、普通司、社會司、視學處。學部之會計司歸併於總務廳，學部之實業司歸併於普通司，而增設社會司，掌管社會教育。參事室掌管擬訂法規命令事務；總務廳設編審處及文書、會計、統計、庶務四科；專門司設大學、專門、留學三科；普通司設師範、中學、小學、實業四科；社會司設「圖書博物」及「通俗教育」兩科。各廳司職員名額，民三規程定：參事二人，司長三人，祕書四人，視學十六人，僉事二十四人，主事四十二人，技正技士各一人；其後名額時有增減。

(三)民十六、七年之大學院

民國十四年七月一日，國民政府成立於廣州。十五年，設教育行政委員會，由常務委員三人負責處理政務。下設行政事務廳，分參事、祕書、督學三處。十六年，國民政府遷南京，於是年六月十三日第一〇五次中央政治會議通過教育行政委員會之提案，採用法國大學院制度。組織大學院，為全國最高學術及教育行政機關，並議決任蔡元培為院長。蔡氏謂大學院之特點有三：一曰學術與教育並重，以大學院為全國最高學術教育機關；二曰院長制與委員制並用，以院長負行政全責，以大學委員會負議事及計畫之責；三曰計畫與實行並進，設中央研究院實行科學研究，設勞動大學提倡勞動教育，設音樂院及藝術院實現美化教育。教育行政委員會呈請改制之理由，謂過去教育之腐敗，由行政制度之不良，教育行政純為簿書而已，大學院制在使教育設施有學術之根據。大學院設院長一人，爲國民政府委員之一，下分三部：一曰教育行政部，二曰學術研究院及其他國立學術機關，三曰各種專門委員會。教育行政部的作用「爲處理教育行政事宜之不屬於各大學區及各大學區之互相關聯者」（其後行政部擴大爲六處，見次節），研究院爲學術研究機關，專門委員會爲研究及辦理特殊事宜之機關。

從民國十六年六月至十七年四月大學院之組織，先後經過四次之修正。最後修正，於民十七年六月公布。該組織法規定：「中華民國大學院爲全國最高學術教育機關，直隸於國民政府，依法令管理全國學術及教育行政事宜。」設祕書、總務、高等教育、普通教育、社會教育、文化事業等六處，分別執行教育行政事務；設大學委員會，審議全國學術教育一切重要事項；設中央研究院，爲全國最高之學術研究機關；設專門委員會，研究並辦理特殊事務。大學院設院長一人，承國民政府之命，總理本院事務，並監督所轄職員及所屬學術教育機關；設副院長一人，輔助院長掌理院務；設參事二至四人，掌理法律命令之擬訂事項；設祕書長一人，處長五人，掌理各處事務；祕書處設祕書四到六人，各處各科設科長一人，科員若干人。

大學院設立五處，掌管教育行政，與教育部之組織大體相同，與教育部不同之點，在設立大學委員會，爲評議機關。大學委員會由各區大學校長、本院教育行政處主任及院長所聘任之專門學者組織之，爲教育最高評議機關。此項組織爲從前教育部組織法中所無。大學院制實行不到二年，反對者甚多，十七年十月政府改組，成立五院，廢止大學院制，恢復教育部制，直隸於行政院，同時將中央研究院劃出爲獨立機關，直隸國民政府。

(四) 民十八年後之教育部

國民政府教育部之組織，大體係沿襲民初之舊，設總務、高等教育、普通教育、社會教育、蒙藏教育等五司，及大學委員會。設部長一人，政務、常務次長各一人，祕書四至六人，參事二至四人，司長五人，督學四至六人，科長十四至十八人，科員八十至一百一十人。此外得設各種專門委員會，各種專門委員會尚有成立者，而大學委員會在規程上雖未取消，但從未召集，實際等於取消矣。

二、省區教育行政機關

清初，各省設提學道，辦理全省科舉事宜。雍正時改稱提督學政，當時全國內地十八省，每省一人；盛京學政由奉天府丞兼任，臺灣學政由臺灣道兼任。自光緒三十一年停止科舉，推廣學校而後學政制已不適宜；有主張恢復提學道制的，有主張裁撤學政，責成督撫兼辦學務的，省區教育行政制度成爲當時重要問題。

(一) 清末之提學使司

學部未成立時，各省曾設學務處，以爲地方臨時教育機關。光緒三十二年政務處與學部會奏，折衷諸說，請裁撤各省學政，改設提學使司。提學使秩三品，位在藩臬兩司之間，統轄全省地方學務，歸督撫節制，同時受學部之指揮監督。原設之學務處改爲學務公所，歸提學使直轄，內分總務、專門、普通、實業、圖書、會計六科；科設科長一人，副科長一人，科員若干人，設視學六人，職銜同副科長。此外另設諮詢機關，有學務議紳四人，由提學使延聘本省適當人士充選；議長一人，由督撫諮請學部奏派。

(二) 民初之省區教育行政

辛亥革命之後，各省在軍政時期，制度頗不劃一；大部分只在都督府、民政司或內務司之下設立教育科，管理全省教育行政事務。民國二年，實行軍民分治，才於民政長行政公署下設教育司，分三科或四科辦事。三年，又裁撤教育司，於巡按使公署政務廳下設一教育科。六年九月，政府以教育爲國家要政，才於各省特設教育廳。

按當時公布的《各省教育廳暫行條例》及廳署組織大綱各省教育廳直隸於教育部，設廳長一人，由大總統簡任，「秉承省長，執行全省教育行政事務，監督所屬職員及辦理地方教育之各縣知事。」廳內分一、二、三科：第一科爲總務科，掌管印信，收發文件，辦理機要文牘，整理案卷，綜核會計庶務，編製統計報告及不屬於他科事項；第二科主管普通教育及社會教育；第三科主管專門教育及外國留學事項。各科設科長一人，科員一至二人，省視學四至六人。

教育廳成立後，政府曾通令裁撤各省長公署政務廳的教育科。但省公署為全省行政中心，因監督備案等手續，對於教育仍須有相當辦事機關，所以六年十一月公布《省官制教令》，仍留一科辦理教育公文。教育行政權本在於教育廳，但因省署攬權，或他種緣故，省公署第三科亦有握實權者。

㈢ 民十一之改革案

十年十月第七屆全國教育聯合會開會廣州，通過《改革地方教育行政制度案》，將省區教育行政權分為立法與執行兩部分，以教育廳為執行機關，另設省教育參議會為立法機關。次年九月，教育部召集學制會議於濟南，以教聯會的議決案過於急進，乃成立「省區教育行政機關，設立參議會案」以參議會作為建議、審核及諮詢機關。參議由省區教育行政長官推選，呈請省區行政長官聘任，特咨教育部備案。參議資格規定為：第一、辦理或研究各種教育著有成績者；第二、有專門學識及經驗者。參議名額由省區教育行政長官規定，但至多不得過九人。此制頗似前清之學務議紳，當時各省依照實行者亦不多見。

㈣ 民十六、十七之大學區制

國民政府定都南京以後，中央教育行政機關，廢教育部而採用大學院制。省區教育行政也企圖廢止教育廳而試用大學區制。大學區制是：依據教育行政之需要，將全國分為若干大學區，每區設大學一所，以大學校長兼管該區內教育行政及一切學術事宜。當時實際成立的僅有江蘇、浙江兩區，其餘則仍為教育廳制。

大學區組織條例屢經修正，依據十七年五月公布之條例，每大學區設大學一所；大學設校長一人，綜理大學區的一切學術與行政事項。大學區設評議會，為本區審議機關。評議會組成分子為大學校長一人，教授二人，中等學校校長及教員五人，小學校長及教師五人，縣教育行政人員五人；由大學區內大學、中學、小學及各縣分別推舉，另法定教育團體代表五人，擴充教團全體代表五人，學術界有聲望而熱心教育者五人，由大學延聘。實際上評議會始終未成立。

評議會外，大學區設祕書處，「輔助校長辦理本區行政上一切事務」；設研究院，「為本大學研究專門學術之最高機關，院內設設計部，凡區內關於一切建設問題，隨時可以提交研究」；設高等教育處，普通教育處，擴充教育處，「分別管理區內高等教育、普通教育、擴充教育一切事宜。」

按大學區制之特點有四：第一、教育區域與普通行政區域不必一致；第二、大學校長兼管全區教育行政；第三、教育行政與研究聯合進行；第四、教育行政之評議與執行分立，而以校長總其成。此制在理論上似完善，實行以後，非難聲浪遍於國內，而尤以中央大學區中等學校教職員聯合會反對最力，他們反對的理由，以為大學區制不但不能使行政機關學術化，而且使學術機關官僚化，不但不能增高效率，而且降低效率；其最大缺點，為專顧大學而忽視基本教育的中小學。經各方面之反對，此制遂於民國十八年正式廢止；一切仍恢復舊有的教育廳制。

三、民十八年後之教育廳

現制，省政府之組織採委員制，由國民政府簡任委員七至九人，組織省政府委員會，行使職權。省政府設主席一人，以下設祕書處，民政、財政、教育、建設四廳，各廳廳長由行政院就省政府委員中提請國民政府任命之。教育廳為省政府構成之一部分，教育廳長為省政府委員中之一員，其地位與教育部之在行政院中相似。

各省教育廳之組織，由各省省政府自行規定；惟省政府所發布之法規，應限於「不牴觸中央法令範圍內」，所以各省教育廳組織亦大同小異而已。現制教育廳設廳長一人，綜理該廳事務，指揮監督所屬職員，及所轄機關；祕書一至三人，承長官之命辦理機要事務；每科設科長一人，科員若干人，辦理各該科事務；督學四至八人；技正、技士、技佐及視察員，於必要時得酌設。現制教育廳組織，與民初相似，惟機構較大，人數較多，職權與地位亦較高。

四、縣區教育行政機關

清代省區設提督學政，主持考試，前已述及。省區以下，府、州、縣均設學；府設教授，州設學正，縣設教諭。惟當時之學，多係有名無實，教授、學正、教諭等學官，除負考試學生之責外，對於一般之教育並不負責，自無教育行政之可言。縣區教育行政機關的正式成立，是新教育施行以後的事。

(一) 清末之縣教育行政

光緒三十二年清廷裁撤學政，設立提學使司以為各省教育行政主管機關，頒布學部奏定的《勸學所章程》，成立勸學所，以為各縣教育行政主管機關。勸學所設總董一員，由縣視學兼任，受本地方行政長官之監督。縣境內分劃學區，每區設勸學員一人，由總董選擇地方士紳中品行端正、熱心學務的，稟請地方行政長官札派。勸學所的重要職務為推廣學校、籌措經費、勸導入學、調查學務、宣讀教育宗旨等。當時推行勸學所制度頗為努力。從頒布勸學所章程，到宣統元年，全國廳州縣共設立勸學所一千五百八十八所，計總董一千五百七十七人，勸學員二萬三千六百四十五人，經費一百三十六萬五千六百三十九元。（學部第三次教育統計）

宣統元年頒布《地方自治章程》，認學務為地方自治事項之一，勸學所的地位與職權因之不明。次年學部修正《勸學所章程》，規定勸學所於佐理官辦學校外在自治制度未成立的地方，對於自治學務有代為執行的責任；在自治制度已成立的地方，對於自治學務有贊助監督的職權。依照此項章程，勸學所已由地方教育專管機關變為地方教育行政輔助機關。但各地方自治制度多未樹立，故實際上勸學所仍為主持地方教育之行政機關。

勸學所總董改稱勸學所長，勸學員名稱仍舊。勸學所長及勸學員，都由本地方行政長官保選地方合格士紳，申請提學使派充並報部立案。此外所中得酌量事務繁簡，設書記一至三人。關於勸學所職權，亦有明文規定。

(二) 民初之縣教育行政

民國成立，縣區教育行政機關非常紊亂，當時各縣自治機關組織完備能設立學務委員者，為數極少。各縣或沿用勸學所舊制；或裁撤勸學所而合併於縣公署之學務課；或合併於縣公署而另設縣視學；或裁撤勸學所而另設教育公所；或裁撤勸學所，暫依舊學區，設立學務委員；或勸學所已裁撤，而縣公署專管教育機關又未成立。

民國二年七月教育部爲補救此種流弊，通咨各省，凡地方自治制度未曾完成，學務委員尚未設置之縣區，一律暫留勸學員，並照舊設置縣視學。四年七月公布《地方學事通則》；十二月公布《勸學所規程》及《學務委員會規程》。依據《地方學事通則》，各自治區爲辦理教育事務，得就各該區劃分學區，並應於各該區組織學務委員會。依《學務委員會規程》，學務委員由自治區內學務委員組織，學務委員每區一人，依照推選自治員之規定選任之。學務委員會應於學務委員中推選主任一人，綜理本會事務。自治法規雖經公布，但地方自治完成者極少，縣區教育行政仍以勸學所制爲最普遍。依據《勸學所規程》，勸學所之職掌，在輔佐縣知事辦理縣教育行政事宜，並綜核各自治區教育事務，設所長一人；勸學員二至四人，由縣知事呈請道尹委任（後改爲呈請教育廳委任）；書記一至三人，分掌會計文牘等事務。五年四月公布《勸學所規程施行細則》，規定勸學所應辦事項十六項，如義務教育之調查勸導及督促、教育經費之管理分配及稽核、各學區之位置及其聯合、學校及其他教育事業之設置、私塾之改良、私立學校之認許及核准、學校之建築設備衛生、縣屬教育之統計報告等。勸學所爲辦理上列事項，有應行討論及徵集意見時，應呈請縣知事召集縣教育會議。此項會議，由縣署主持教育職員、勸學所所員、縣立各校校長及其他教育職員、各區區董及學務委員、縣知事特別指定之教育會會員及地方士紳等五項人員組織之。

㈢民十一年之縣教育行政改革案

民國十年十月，第七屆全國教育聯合會通過《改革地方教育行政制度案》，主張改勸學所爲教育局，以爲執行機關；另設董事會，以爲立法機關。次年九月，教育部召集學制會議於濟南，另提出《縣市鄉教育行政機關組織大綱案》，對於教聯會原案加以修正。次年三月，教育部頒布《縣教育局規程》，規定地方教育行政以縣區爲單位。縣設教育局，以局長一人、視學及事務員若干人組織之。局長由縣知事就本縣有法定資格者推薦三人，呈請教育廳選任。局長職務在商承縣知事，主持全縣教育事宜，並督率指導該縣的市鄉教育事務。全縣市鄉由教育局酌畫學區，每區設教育委員一人，受局長之指揮，辦理本區教育事務。此外，縣教育局設董事會，其性質與省教育參議會相近，為審議及諮詢機關。董事定額為五至九人，由教育局長於合法定資格之人員中，照定額加倍提出，請縣知事選聘並呈報省教育行政長官備案。自此項規程公布後，全國勸學所多改為教育局，然董事會成立的縣區為數很少。評議或審議制度在三級教育行政機構中雖均提出，而均未成功。

㈣ 民十六年後之縣教育行政

國民政府定都南京以後，縣區教育行政機關，各省頗不一致，有試行大學區制者，以縣教育局直隸於大學校長主管全縣教育行政事宜（見《中央大學區縣教育局暫行條例》第一條）；有將原有的教育局改為縣政府之教育科者（如民十六年浙江省是）；有仍沿舊制設立教育局受縣政府之指揮監督者。民國十九年，中央政府頒布《縣組織法》，縣政府之下，設公安、財政、建設、教育四局。但如有縮小範圍之必要時，得呈請省政府改局為科，附設縣政府內。縣政府所屬各局之組織及權限，除法令別有規定外，由各省政府定之。近數年以來，各省有以減縮行政費、集中行政權力之理由，裁併原有之教育局，改設教育科者；有以教育局為執行機關，另設教育委員會為審議機關者。截至三十六年止，是否應裁局為科，或應保持教育局舊制，尚為教育界爭論之中心問題。

五、結論

我國的新教育行政制度隨新學制而產生，至今尚不過四十餘年之歷史。上節已將近四十餘年，中央、省區、縣區三級教育行政機關之演進情形，作簡略之敘述。若以之與中國學制演進情形相比，似有下列不同之點：第一、我國之教育行政制度非全出於模仿；第二、教育行政制度之變革，較學制之變革為少，四十餘年中除短期的試辦大學區制外，無巨大之變動，所以教育行政制度較為穩定。分析四十年來我國教育行政制之演變，似集中於下列問題，而終未能得圓滿之解決：第一、為三級機關之聯繫問題，如教育廳對教育部負責，同時亦對省政府負責；教育局對教育廳負責，同時亦對縣長負責；教育行政應如何與其他行政配合？彼此職權應如何劃分？第二、各級教育行政機關應否有審議機關？如中央之大學委員會，省區之參議會，縣區之董事會或教育行政委員會，均係審議機關應否令其存在？如應存在，其職權如何？第三、各級教育行政機關均忽略研究工作，以後應當如何與研究機關切實聯繫，俾能解決實際問題，增加行政效率？第四、我國各級教育行政機關，均忽略視導工作，各級教育行政機關視導人員，為數既少，又缺乏整個計畫，故所謂視導實僅為抽查而已。第五、縣區教育行政機關負直接改進並推行義務教育之責，縣以下如何分區，如何組織，如何視導，方能適合中國鄉村之需要？均為極複雜之問題，而不易解決者。近日有試行中心小學制者，將全縣劃分若干區，每區設一中心小學，其校長與重要教職員兼負區內視導行政之責；有試行流動學校制度者，學校不設於固定地址，為便利學生就學，設每年酌定一次，校舍即借民間房屋或寺廟；有將推廣學校教育與推廣其他社會事業、生產事業聯合並進者。凡此種種，均為企圖解決中國農村教育之特殊困難問題，將來進展，未可限量。

問題思考

一、四十年來中國中央教育行政機構的檢討。
二、四十年來中國省教育行政機構的檢討。
三、四十年來中國縣教育行政機構的檢討。
四、四十年來中國教育視導制度的檢討。

第十三章 近代僑民教育之演進

一、僑教的起源與發展

我國人民移殖海外，遠自秦漢即已開始，元明以後，更加發展。他們遠涉重洋，並非國家有計畫的拓殖，實係爲生計所迫，或爲政治逃亡，大多數爲農工商賈，只求豐衣足食，即已滿足。爲適應生活需要，必須學習當地語言，但此種學習僅就視聽所及，模仿之，強記之，並無學校與教師。其後對國內通問，時需書信來往；契約帳目，更需文字記載；此種生活常識與技能之傳授，專賴口述，傳授時間，多在工作餘暇，父兄親戚即是師長，店東夥伴即是師傅。此時期之僑民教育，專以實用爲主，大致近於成人補習教育性質。迨僑民人數日增，有識之士，知祖國典章文物之重要，遇有機會，即爲宣揚。一般僑民，亦恐其子弟爲當地習俗所移，數典忘祖，乃延師課教其子弟讀書識字。會寫會算，以助理其商業；蒙館之設，遂逐漸普遍。蒙館教師多爲科舉落第人士及星相卜筮之流，館舍多借用大伯公廟（神佛廟）或會館，設備簡陋與國內私塾相若，教科書無非《三字經》、《千字文》、《百家姓》、《尺牘》、《珠算》與《四書》、《五經》，教法只是強記背誦，訓導只有命令與服從。[1]

清末變法改制，廢科舉，興學校，僑民受國內維新思想之激勵，且爲適應時代需要，群起倡辦新式學校，於

[1] 本章資料根據《華僑志總志》（第四章：〈華僑文化教育〉），華僑志編纂委員會編印，海外出版社發行，民國四十五年出版；張正藩著：《近六十年來南洋華僑教育史》，中央文物供應社印行，民國四十五年出版；張正藩著《華僑文教發展史略》，五大印製廠，民國四十五年出版。

是僑民教育事業逐漸步入新的階段。光緒二十四年（西元一八九八年）維新失敗，康有為亡命南洋，到處講學，影響僑校之設立殊大。同時，國父孫中山先生以南洋為策動革命基地，往來各處，提倡新學，鼓勵僑民設立學校，辦理僑報及書刊，於是僑民辦學之風大盛。惟一般華僑對於教育事業，仍無深刻認識與遠大計畫，故形式上雖廢蒙館而興學校，實際尚無重要更張。

近數十年來，僑民之謀生已由一種勞動力的供給，漸次發展而為商業資本的經營。在南洋各地的歐洲人，居於搜索原料製造商品者的地位，土人居於生產原料消費商品的地位，而僑民因利乘便，居於聯絡各社會階層的地位，亦即白種人與土人間之「仲介人地位」。僑民以勤儉耐勞天性，經長時間之奮鬥，經濟力量日加雄厚，在工商業之地位日益增高，因而需要近代知識，更為迫切，非努力辦學無以圖存求進，故雖在居留政府種種壓制之下，仍盡力設法維持僑校之生存與發展，俾僑童能普遍就學並能回國深造。

二、僑教的一般概況

各國僑民教育多與其國內教育同一制度。我國僑民教育一切亦以祖國之制度為依歸；一般僑校教師，多從祖國前往，以所受之教育施之於僑胞子弟。因此僑校之學制課程，大體與祖國之學制課程一致。我政府於民國二十年公布之《僑民中小學規程》有「僑民中小學之設立，應依照本國現行學制」之規定。民國四十三年公布之《僑民學校規程》，規定：「僑民學校之設立，應參照本國現行學制：小學修業年限六年，前四年為初級小學，後二年為高級小學，初級小學得單獨設立；中學修業年限六年，前三年為初級中學，後三年為高級中學，均得單獨設立；其他中等學校之修業年限，參照本國現行各種教育法令之規定辦理。前項修業年限，依照地方特殊情形，呈經僑務委員會商同教育部核准者，得變通辦理之。」故海外各僑校之學制課程除受當地規定限制外，大都參照本國規制。

各地僑校之命名以「中華」、「華僑」、「中山」、「三民」等為最普遍，其他或以祖國原籍地名命名，或以某項理想命名，並多冠以僑校所在地城市名稱於上，以示區別（例如，漢城華僑中學）。各地區之僑校，大都設有董事會為學校設立者之代表。僑校校長多無實際權力，聘請教員或須得董事會之同意。董事多為商人，缺乏辦學經驗，學校行政受其干涉，校務難期改進與發展。本國政府及所在地政府對於僑校經費很少或全無幫助，僑校主要收入為學費與募捐，來源殊不確定。蓋僑校多無基金之儲備，校產之設置，遇著經濟恐慌，便感維持困難。各地僑校雖亦有校舍宏大、設備充實者，惟多數僑校均係租賃民房，既多不適用，又嫌侷促，對於圖書儀器等設備，每為經費所限，難於充實。

師資缺乏為各地僑校之普遍現象。除港、澳地區外，各地僑校師資，原已不敷分配，加以年老退休，轉行改業，使在職人數日口益減少，而僑校發展，需要師資益多。戰後各地區限制移民，僑校雖向國內延攬，而入境困難，無法大量補充，以致師荒問題益形嚴重。關於僑校學生教本之供應，困難亦多。蓋海外各地區環境特殊，生活情形既與國內不同，語文學習之負擔，亦較國內為重；國內教科書既不盡適合需要，數量上又供不應求。因此，僑校教科書之編印，僑校師資之培養，均為僑教之迫切問題。

三、各地區的僑校

我國僑民的分布，以在南洋者為最多。南洋在地理上之界說，世多異詞，普通有廣狹兩義；廣義之南洋，包括中南半島（西人稱印度支那半島）、印度、馬來半島，馬來群島（我國通稱南洋群島）、澳大利亞、紐西蘭及太平洋群島；狹義之南洋僅指馬來半島與馬來群島而言。據李長傅氏意見（見《南洋史綱要》）認為南洋一詞，當然指廣義之南洋。惟以中國為本位，可分裡南洋與外南洋兩部：中南半島、馬來半島、馬來群島為裡南洋；澳大利亞、紐西蘭、太平洋群島為外南洋。多數僑民均分布往裡南洋各地，茲分區簡述於後：

(一)星馬地區

英屬星馬地區華僑教育之發軔，較荷屬地區為遲；荷屬政府所辦各種學校，不許華僑子弟入學，故僑胞不得不自辦學校；英屬殖民地政府，採取同化政策，最早時即廣設英文學校並儘量招收華僑子弟入學，僑校之創設，因無迫切需要，遂亦較遲。英屬僑校，以新加坡之萃英書院之設立爲最早。清咸豐四年（西元一八五四年），迨康有爲與革命黨人士南來，星洲僑民受其影響，次第興學。光緒三十一年（西元一九〇五年）有崇正學校之設立，辛亥革命成功，僑校更多，自後逐漸增加，至民三十一年太平洋戰事發生時止，共有三百餘校，學生三萬七千餘人，教師一千餘人，迨星洲被日軍攻陷，僑校俱自動停辦；勝利後僑校爭先恢復，新設者亦多；民國四十三年共有僑校二八四所，學生八萬餘人，教師二千三百人。

馬來西亞僑校，始於光緒二十八年設立之新式學堂，即今之中華學校。民國成立後，馬來西亞各地僑校先後興辦；民國十八至二十五年間，馬來西亞經濟恐慌，僑校頗受打擊。抗戰軍興，僑眷南行者殊多，僑校設立日增，及馬來西亞淪陷，僑校均被破壞，光復後始紛紛復校，新建者亦多。據民國三十九年統計，馬來西亞僑校共一二二四校，學生約二十萬，教師五八二五人，其中以柔佛僑校最多，霹靂及雪蘭莪次之，俱有僑校二百所以上。

㈡ 砂勞越、北婆羅洲及文萊等地區

砂勞越最先成立之僑校爲古晉閩僑所設之福建學校，其後閩僑粵僑繼續增設學校，至民國三十七年，全境僑校達二〇四所，教員六七九人，學生二一二八二人。按砂勞越分五省，華僑僅十餘萬人，平均七百餘人即有一僑校。

北婆羅洲之僑校以亞庇之樂育小學設立最早（民國元年），至民國三十九年計有僑校九十六所，內有亞庇中學及樂育中學二所。

文萊僑校有：文萊市中華學校、瓜拉馬拉弈中華學校、都東中華學校、詩里亞中正學校、拉畢中華學校等五校，學生以瓜拉馬拉弈中華學校爲最多，達五百餘人。

㈢ 印尼地區

印尼於清雍正七年（西元一七二九年）已有明誠書院之組設。光緒二十六年（西元一九〇〇年），華僑在椰嘉達創辦中華學校，爲荷印新式僑校之嚆矢。其後康有爲到爪哇，鼓吹合群維新，各地俱組中華會館並創辦學校，當時椰嘉達、泗水、三寶壟等地僑胞，均將私塾改爲學堂，學舍多借用中華會館。光緒三十一年（西元一九〇五年），劉士驥至爪哇勸學，召集各地「甲必丹」及僑領至萬隆開學務會議，組織學務總會，爲荷印華僑教育最高機關，以後僑校次第增設，至二次大戰前，已有僑校四百所。二次大戰時，荷蘭學校關閉，僑校驟增至七百所，近年新有增設，僑校共有一千三百餘所，另有夜校或補習班一七三所，共有學生二八三六五六人。

㈣ 泰國地區

泰國僑校始於光緒三十四年（西元一九〇八年），國父孫中山先生蒞泰京之翌年，組中華會館並創辦華益學堂，既而各幫共辦新民學堂、中華學堂。辛亥革命後，各幫自辦學校，內地僑校亦相繼設立。民國二十二年後，以泰政府之取締及經濟恐慌之襲擊，僑校創辦者除曼谷外，內地已少有。華僑中學始於曼谷之培英（民十四設立），惟一年後即停辦，至二十二年，華僑中學成立，始有正式之中學。

二十三年僑校遭泰政府查封者百餘校，二十八年被查封者二八五校。二次大戰後，僑校紛紛恢復，三十五年全泰僑校數逾五百，三十六年泰京各華僑中學亦均恢復。三十七年（西元一九四八年）泰教部通令各僑校必須經批准註冊，始得上課，全泰註冊僑校計四二六所，中學全部停辦，其後已註冊之僑校亦多被查封，僅留二百餘校，且均爲初小四年之小學。

㈤ 緬甸地區

緬甸僑校以光緒三十年（西元一九〇四年）在仰光創設之中華義學爲最早。民元後各地相繼設立，至民二十四年已有僑校六十五所，嗣以國際時局發展及僑民認識提高，至太平洋戰事爆發前夕，全緬僑校增至三百所，淪陷期間，全部停頓；民三十二年國軍反攻緬北，每克復一地，即設立華校，全緬光復，僑校陸續恢復，惟比戰前約減六分之一。僑校以在仰光者爲最多，約三十餘所。學生最多者爲仰光之華英學校，達一千二百人；次爲中正中學，亦有學生六百以上。至各縣市僑校，學生最少者不過二、三十人。戰前僑胞多自分畛域，分設學校，戰後咸知集中力量，辦一比較完善之學校。

(六) 越南高棉地區

越南僑教可分三個時期，光緒末葉至宣統年間可稱爲僑校萌芽時期。其時風氣未開，各處私塾林立，緣越南毗連我國，昔爲我國屬邦，不僅華僑在私塾用《四書》、《五經》課其子弟，即各省士民亦多誦讀《四書》、《五經》。而在中圻地方，漢文勢力更大，順化省皇陵碑文悉用漢字。越南之新式僑校萌芽於　國父孫中山先生之南來，而以光緒三十四年（西元一九〇八年）閩人謝媽延等在南圻創辦之閩漳學校及在堤岸與法人合辦之中法學校爲最早。民國元年至九年可稱爲僑校建立時期，潮幫之文安、客幫之崇正、瓊幫之樂善等學校，相繼設立。除堤岸外，多仍保存私塾教育，學生數額，只有穗城較多，其餘爲百餘人或數十人不等。十年以後僑校日增，可稱爲僑校發達時期。十二年閩漳改爲福建學校，二十九年擴辦中學；堤岸方面，僑中始於二十年成立之暨南中學與中國中學，抗戰期間，廣州淪陷後，堤岸僑校增加頗多。西貢方面，僑校創設較遲，以誠志及廣肇之設立爲最早。北圻方面，二十四年成立華僑中學，高初中、小學、幼稚園俱備；此外，有僑英、東安、中華等校。河內亦於二十四年將中華小學擴辦中學。其餘各城鎮亦辦有小學。高棉僑校僅次於越南，據二十六年統計共八十五所，其在金邊者占半數以上，如潮僑之端華、閩僑之崇正、粵僑之廣肇等校學生均在千人左右。據二十七年統計，越南高棉等處僑校共二八九所，教員六〇一人，學生一五八六四人。據三十八年統計，西貢有僑校二十七所，堤岸七十所，合共九十七所，教員九百餘人，學生二五二二六人。

(七) 菲律賓地區

華僑移殖菲律賓已有三百餘年歷史，在西班牙統治時代，有少數華僑送其子女入西班牙學校學習西文，但無祖國之文字教育。一八九九年美人占領菲島，取消華人之甲必丹制度（西班牙對菲島華人之統治，即在華人中任命「甲必丹」，代爲統治華人），改由中國設領事館，首任領事陳紫衍，就甲必丹衙門設立蒙館，授以《四書》及尺牘等，後以該塾歸華僑善舉公所管理，乃定名爲華僑中西學校。民國肇造，旅菲華僑鑒於菲人教育之進步，便在菲島大小各埠創設華僑小學，中西學校亦離開善舉公所而獨立組織董事部以處理之。十二年夏開設華僑中學，以後各校相繼設立。至四十三年，全菲僑校計有：完全中學十二所，初中二十所，小學一三七所，共一六九所，惟完全中學除中正、華僑二校外，均有附屬小學，附小如不單獨計算，則全島僑校實爲一三九校，學生共四三二四四人，幾占在菲華僑人數四分之一。

菲島僑校有兩個特點：其一、菲島僑校經費多取之於教育附加捐，由該地華僑教育會議定，由僑商每季向居留地政府所繳之營業稅中附加若干以爲辦學經費，菲島僑教的進步，此實爲一大原因。其二、爲中英文雙重學級編制，其課程分半日英文、半日漢文，上午講本國所定漢文科目，下午講菲政府所定英文科目，因此課程分量頗嫌過重。

四、僑民學校之分布

根據僑委會民國四十三年度統計，海外僑民學校總計共四三七六校，以類別言，計專科以上學校八所，中學三五七所，師範學校七所，職業學校二十七所，小學三七三四所，民衆及補習學校一九二所，其他學校五十一所。分布情形：以亞洲爲最多，計四一七一所，美洲八十八所，大洋洲七十三所，歐洲三所，非洲四十一所，共計僑生九七三〇三八人，占全部華僑人口百分之七．三六。若就個別地區而論，僑生所占百分比，以菲律賓爲最高，占百分之三一．二七，墨西哥爲最低，占百分之〇．六八。

茲將各地區僑民人口與僑生人數比例表列於後：

各地區華僑人口與僑生人數百分比

類別／百分比／地區別	華僑人口	僑生數：合計	僑生數：中學生	僑生數：小學生	華僑人口與僑生數百分比	備注
亞洲					%	
越南	一、〇〇〇、〇〇〇	六二、三七二	三、六五八	五八、七一四	六・二三	根據越南代表李其牧報告
高棉	二一七、九二八	二五、一二二	一、五〇〇	二三、六二二	一一・五〇	根據高棉代表梁明報告
菲律賓	一四八、五八二	四六、四六五	八、一五四	三八、三一一	三一・二七	根據駐菲大使館調查
緬甸	三六〇、〇〇〇	三六、〇〇〇	三、〇〇〇	三三、〇〇〇	一〇・〇〇	根據緬華文教促進會報告
韓國	二二、〇〇〇	四、三八五	三九八	三、九八七	一九・八五	根據駐韓大使館調查
馬來西亞	二、二一六・一〇五	一八六、〇〇〇	二二、〇〇〇	一六四、〇〇〇	八・四〇	根據星馬代表戴始仲報告
新加坡	八九三、〇〇四	八一、六〇五	一〇、八五二	七〇、七五三	九・一四	根據新加坡教育部一九四五年教育報告
印尼	二、〇〇〇、〇〇〇	二七八、三五八	二九、〇〇〇	二四九、三五六	一三・九二	根據朱昌東先生調查報告

類別／百分比／地區	華僑人口	僑生數 合計	僑生數 中學生	僑生數 小學生	華僑人口與僑生數百分比	備注
北婆羅洲	八二、五九一	三〇、〇〇〇	二、〇〇〇	二八、〇〇〇	三六・三〇	根據當地僑校資料估計
泰國	三六、九〇〇、〇〇〇	六一・三六〇		六一・三六〇	一・六六	根據駐泰大使館暨泰國代表報告
日本	四四、〇一四	二、八五〇	六五〇	二、二〇〇	六・四八	根據日本僑校資料統計
香港	二、〇〇〇、〇〇〇	一三五、〇〇〇	二四、一〇〇	一一〇、九〇〇	六・七五	根據港府發表當地全部中英文學校學生共二二五、〇〇〇人，除英文學校外，僑校學生數約如表列
澳門	二六〇、〇〇〇	一一、五九三	一、八二七	九、七六六	四・四六	根據澳門代表朱權報告
印度	二二、〇〇〇	二、五五〇	三五〇	二、二〇〇	一一・六〇	根據印度僑校資料估計
帝汶	三、五〇〇	一、〇〇〇	二〇〇	八〇〇	二八・五七	根據駐帝汶領事館報告
美洲						

類別 百分比 地區	華僑人口	僑生數 合計	僑生數 中學生	僑生數 小學生	華僑人口與僑生數百分比	備注
美國	一一七、六二九	一、一七○	二四○	九三○	一·○○	根據該區僑校資料估計
加拿大	三八、七八四	九九二	一六○	八三二	二·三六	同上
墨西哥	九、五○○	六五		六五	○·六八	同上
歐洲						
英國	二、五四六	一八○		一八○	七·○七	同上
大洋洲						
檀香山、飛枝、大溪地、紐西蘭	六六、三六三	三、一五○	一六○	二、九九○	四·四七	同上
非洲						
南非聯邦	五、一六三	八五○	六○	七九○	一六·四七	同上
馬達加斯加	五、三五八	一、一○○		一、一○○	二○·五三	同上
留尼旺	三、八○○	二八○		二八○	七·三七	同上
模里斯	一六、○○○	五七四	九四	四八○	三·五九	同上
總計	一三、二二四、八六七	九七三、○三八	一○八、四○二	八六四、六三六	七·三六	

說明：本表於民國四十四年八月統計

五、僑教機構及政策之演變

本國政府對於南洋華僑之注視，開始於清末，發展於民元以後。明清時代，原則上禁止人民出海，並視移居海外之華僑為賤民。清中葉後，以海外移民漸多，咸豐九年（西元一八五九年）始在廣州、廈門、天津、寧波各地設置「出洋問訊局」，辦理留學生及華僑出國事宜。積極指導工作，始自光緒三十一年（西元一九〇五年）學部派林文慶、兩廣總督岑春萱派劉士驥往南洋各地勸學。光緒三十二年，廣東學務處派汪鳳翔前往荷屬東印度吧城任華僑勸學所總董，清廷駐荷蘭公使館參贊錢洵前往爪哇調查僑校。光緒三十三年，學部奏請派員赴美籌辦僑民興學事宜，兩江總督端方由歐洲考察歸來，鑒於海外僑教之重要，奏准在南京鼓樓創辦暨南學堂，收容南洋僑生回國就學，是為暨南大學之前身。

民國肇造，政府鑒於華僑對革命貢獻之重大，及其在工商業地位之重要，對於僑務益加重視。元年廣東都督陳炯明派曾揖馨，福建省政府派鄭貞文往南洋各地查學。二年，北京教育部與外交部商定委託駐外各領事兼顧華僑教育事務，三年，分令各駐外領事調查僑校，四年、五年、六年，各年均曾派員赴南洋各地視察僑校。七至十一年，國務院內有僑務局之設立，然實際工作無多；加以國內軍閥跋扈，政府迭經改組，負責人員更動頻繁，對於海外僑民教育無暇顧及。十六年國民政府奠都南京，設大學院為全國最高學術教育行政機關，十七年大學院為獎助僑教發展，特設華僑教育委員會，其後改為僑務委員會，隸屬於中國國民黨中央執行委員會。二十年始改隸於國民政府。

二十六年抗戰軍興，政府為適應戰時需要，對於僑教措施，進行益加努力，重要者計有四項：即推行僑校視導制度，增撥僑教經費。救濟失學僑童，以及設立國立華僑中學。戰後政府規定僑教施設六項：即僑教復員之規劃，僑教之督導與慰問，編審教材與補助圖書，褒獎興學與獎勵久任教員，獎勵教師出國任教，以及僑生回國升學之優待與獎勵。大陸淪陷，上項計畫未能完成。

政府遷臺以後對僑教之推進，特為努力，計其要者約有四項：(1)加強僑校管理。僑委會對僑校之辦理具有成績者獎勵其發展；辦理未善者參酌當地環境，輔導其改進；僑民衆多之區尚未設校者鼓勵其籌設。(2)培養僑校師資。鼓勵在僑校衆多地區設立師範專科學校（菲律賓已設一校），或於中學內增設師範科目及簡師科，辦理海外巡迴講學及暑期師資講習班，並舉辦海外華僑學校師資儲備登記。(3)編訂南洋僑校課本，根據課程標準斟酌當地情形編訂之。(4)獎勵僑生回國升學。民四十一年度保送大專學校僑生四十名，港澳區錄取分發大專學校，軍事學校，行政專修班共一七一名；四十二年度保送大專學校僑生二一七名，中學僑生一三七名，港澳區考取大專及軍事學校學生六五〇名；四十三年度海外保送僑生六一六名，越北撤來僑生一三七名，港澳區考取僑生八二六名；四十四年度在臺開辦華僑中學及華僑師資專修科，海外保送及港澳考取僑生共計一九五八名，地區包括港澳、越南、高棉、印尼、泰國、韓國、菲律賓、星馬、北婆羅洲、日本、模里西斯、印度、緬甸、留尼旺及新幾內亞等十五地區。大專各校除增建僑生宿舍外，並由有關機關核發來臺旅費及清寒僑生獎助金。

六、僑教遭遇之困難

海外僑民的社會環境和自然環境都和國內不同，在這樣環境中所孕育出來的教育形態，當然也和國內不一樣。不論在學校的經濟、行政、設備、制度、課程各方面，均有其特殊困難問題。國立中山大學教育研究所出版之《南洋華僑教育調查》，列舉困難問題十三種，其中出現次數最多者爲經費困難，計塡報者有一三九校；其次爲當地政府干涉，計三十八校；學生程度不齊，計二十校；師資缺乏，計十三校；校董權責問題，計十校。茲表列於後：

南洋僑教困難問題統計表

困難問題	校數	困難問題	校數
(1)經費困難	一三九	(8)設備缺乏	八
(2)當地政府干涉	三十八	(9)教材不適用	五
(3)學生程度不齊	二十	(10)職掌紊亂	五
(4)師資缺乏	十三	(11)校董團結問題	四
(5)校董權責問題	十	(12)把教育當作慈善事業	四
(6)方言教學	八	(13)校舍偏僻	三
(7)校舍不敷用	八		

上述十三個困難問題可歸併為三類：第一類為經費與設備問題，在僑教一般概況中業已述及；此次調查結果同樣指出此類問題之重要性與普遍性。第二類為職權與組織問題。僑校行政受雙重管理，就本國政府而言，雖有善意的輔導政策，而地區遙遠，既感鞭長莫及，僑情複雜，尤感配合為艱。所在地政府或持殖民政策，或抱狹隘的民族國家主義，對僑校恆有各種干涉或政治壓迫。上表雖僅列三十八校，實際絕不止此數，因各地僑校負責人恐遭當地政府之疑忌，多不肯明白填報。就僑校內部行政而言，以當地無統一指導的機構，各自為政，職務分配，未盡適宜。而校董會干涉學校用人行政，尤為常見之現象。第三類為教師、教材及方言問題。教師及教材問題在僑校一般概況中業已述及。方言問題，則急待推行國語運動，此亦師資訓練中之重要問題也。

上述各種問題中以取得當地政府之調洽與合作為最困難。華僑辦理教育，原與當地人民無任何利害關係，故當地政府在初期對我僑教多採放任態度。其後各地政府或為加強殖民政策，或為發揚土著民族主義，對於僑教漸取壓制及干涉政策，逐漸頒布華僑學校之備案註冊法令，以便嚴格管制，如當地政府認為不適宜時，即可下令封閉僑校並驅逐教職員出境。註冊法令對於設校程序、教師資格、學生、校政、課程教本等項，均有規定，並附有禁例與罰則。自二次大戰後，英、法、荷之南洋殖民地多已獨立，各地政府以國際環境變遷，與自身政治目標之需要，對於僑教管理，更爲之加強。惟管理實施之範圍與寬嚴程度，各地區頗有差異。

各地政府管理僑校情形，大體可分爲四類：第一類爲獲得相當自由之韓日地區。旅韓各地區僑胞多聚居一處，成立自治區。實行自治，其情形儼如祖國之社會。日本華僑社會情形與韓國華僑相似，惟僑民多爲臺籍，僑童自小即多受日本教育。日本憲法規定學校在政治立場是超黨派的，並保障學術自由。雖訂有《私立學校法》，但對於僑校尚無特例，亦未加干涉。目前在日僑校僅十餘所，僑教並不發達。

第二類爲受局部限制之越緬、印尼等地區。越南僑校開辦之前，必須向當地政府申報，待其核准，始得開辦。加授越語四小時，法語六小時爲設校條件之一。高棉政府管理僑校之措施與越南相若，惟自民四十一年起，規定華僑學校課程及學生名表等俱用棉文、法文填寫，棉文教員由該國教育部代聘，中棉土生不得就讀華校。緬甸僑校尚稱自由，過去當地政府對僑教採放任態度，民國四十一年緬甸聯邦政府教育部頒布《私立學校註冊條例》，僅規定私立學校學生人數在二十名以上者須於三個月內註冊，教師教本等俱不過問。印尼對外僑學校之設立及課程，以前均未加干涉。民國四十一年印尼政府頒布《外僑學校監督條例》，僑校必須註冊，並須以印尼文爲必修。最近印尼政府聲明基於安全利益原則，得封閉學校及禁止教員校長任職，更有建議禁止印尼國民在外僑學校求學者。二次大戰前，香港僑校由廣東省教育廳管轄，一切措施與國內無大差異。戰後，香港教育司加強管理，關於私校註冊程序，設校條件，與夫教室容量、衞生設備等均有詳密之規定。

第三類爲苛例重重之菲、泰、星、馬等地區。菲律賓僑校經費設備，均較各地區爲優，原可獲正常與遠大之發展，不幸戰後菲政府訂定種種條例，管制僑校，僑校發展遂受嚴重打擊。條例中除規定僑校必須註冊並須講授大鹿加文等項外，並有不批准外文教科書入口結匯及僑生回國升學，只許一年之簽證等條文。民四十三年菲議會提出教育菲化案，限制更嚴，如果實行，則其影響當更大。泰國華僑三百萬，爲僑胞最多之地區，亦最熱心興學，而所受限制最酷。民國七年當地政府頒布《民立學校條例》，其中有校長須由泰人充任，泰文及泰國史地列入必修科，教員須先行註冊並通曉泰文等條。民國十一年泰政府頒布《強迫教育條例》，規定兒童自七至十四歲，一律受泰文教育四年。華校學生在強迫教育年齡內者，每週須讀泰文課程二十五小時。戰後我國駐泰公使迭經交涉，僅得協議三點：⑴授課時間：小學四年每週受泰文課程二十小時，中文課程十小時。⑵教師資格：教師之畢業證件，泰教育部認為其程度與初中畢業相等者，可發給執教許可證；無證件者，須經泰教育部之檢定考試。⑶泰文考試：華文教師領到許可證後，一年內考試泰文，不及格者仍可繼續執教，但應於第二年內考試及格。星馬僑教，向甚發達，大小市鎮，僑校林立，教育團體，組織健全，基礎穩固。民九年海峽殖民地政府頒布華校註冊法令，至民三十九年全星未向星政府註冊之僑校僅有十八校。戰後星馬政府對僑校採積極政策，訂有《馬來西亞聯邦發展計畫草案》，擬收容百萬僑生而以免費之英文學校為主體。民三十六年公布之星加坡十年教育計畫，強調星洲為一方言複雜之城市，因建議採學區制，指明方言教育為一過渡性質，英語教育始為最後之目標。民四十三年星馬政府發布新教育政策：在星洲為《一九五四年學校註冊修止法令，與新補助金計畫》，在馬來西亞為《教育政策白皮書》。前者旨在擴大註冊官之權限，成立華文學校督導委員會，負責督導華校行政及津貼事宜，以資控制；後者目的在促使方言學校變為國民學校。又馬來西亞聯邦政府為實施以英文為主之教育，通令華校自民國四十四年起不得增設新班級，又擬在華校借用教室開辦英文班，均對僑校有極大影響。

第四類為情形特殊之歐美地區。歐美各地僑童因多被視為所在國之公民，須接受當地義務教育，故此等地區之僑校，須因應實際情形，變通方式，利用下午或晚間授課，在課程上偏重國文、史地等。此項類似補習性質之教育，乃受環境之支配。中南美及德、法等地，僑胞較少，僑校不易設立。僑胞雖熱心教育，但多以本身教育程度不高，又忙於本身職業，無法致力於教育，故此等地區之華僑青年，大都僅曉當地語文，對祖國文物印象，日形淡薄，甚至有視學習國文為畏途者。

僑教之發展，必須取得當地政府之協調與合作；此項工作雖多困難，但其困難並非不可克服者。華僑最多之地為南洋，亦即在東南亞；東南亞各國在政治思想上均為擁護民主自由，反對獨裁與暴政者。我國的教育宗旨本之三民主義，主張民族平等，政治平等，經濟平等，亦即本民主自由平等互惠的精神，謀國際之合作，以對抗獨裁暴政，因此中華民國與東南亞各國係根據同一的基本思想，站在同一的陣線，必然能協調合作，東南亞各國為維護民主自由，防止陰謀叛亂，亦必須與中華民國政府及其僑民竭誠合作，此為無可懷疑者。

問題思考

一、我國僑教發展情形在英屬與荷屬南洋殖民地兩者之間有何不同之點？

二、清末之「維新運動」與「革命運動」對於僑教之發展有何影響？

三、菲律賓之僑教有何特點？

四、我國推行僑教所遭遇之主要困難為何？此種困難應如何克服？

第十四章　近代教育思想之演進

我國教育思想向以儒家學說爲中心，隋唐以後，儒家學說雖受佛學之影響，然體系猶係儒家之舊，主旨仍以經典爲歸。自清末與西洋文明接觸以來，我國的政治教育均起了劇烈之變化，教育思想亦與之俱變，八十年中教育思想，就其大者言之，凡三變：一、由「中學獨尊」的思想，變爲「中學爲體，西學爲用」的思想；二、由「中體西用」的思想，變爲「澈底西化」或「全盤西化」的思想；三、由「全盤西化」的思想，變爲三民主義的教育思想。以下分述之。

一、「中體西用」的教育思想

自清末同治初年以至民國初年，均受此種思想之支配。數千年來，中國周圍各民族之文化均較中國文化爲落後，因此中國學者抱自尊觀念，鄙視外來學術。清末因與西洋民族作商業上、軍事上種種接觸，經過痛苦的失敗，始覺自己有不如人之處。首先感覺的，要算清室中興的各名臣。胡林翼看見江上輪船，變色不語，即時嘔血，每論到洋務，輒搖首閉目，神色不怡，嘆曰：「此非吾輩所能知也。」李鴻章論當時的形勢，也以爲是空前未有的險境，他說：「合地球東西南朔九萬里之遙，胥聚於中國，此三千餘年一大變局也。」又說：「今則東南海疆萬里，各國通商傳教往來自如，麕集京師及各省腹地，陽託和好之名，陰懷吞噬之計，一國生事，諸國構煽，實爲數千年未有之變局，輪船電報之速，瞬息千里；軍器機械之精，工力百倍；又爲數千年來未有之強敵。」曾國藩說：「輪船之速，洋砲之遠，在英法則誇其所獨有，在中華則震於所罕見。」可知西洋之堅船利器，為吾人所不及，已為清室中興名臣之共同見解。由此種「不如人」之思想而發生之行動，便是學外人的所長，堅船利器。於是同初以來，有福建船政學堂、上海機器學堂、天津電報學堂、天津水師學堂等之設立。這是中國採納西洋教育之始。這時期的採納西洋教育，僅注意於外國語言、軍備、機械實業方面，對於西洋政治制度、教育制度，未予注意，即對於學習西洋軍備機械實業之必需科學基礎，亦未予注意。故此時期所辦之學校均為孤立，對上對下不發生聯繫；對於學生入學之必需基本知識如何預備，亦未注意。蓋此時維新人物，只注意西洋表面上的物質文明，對物質文明發達之內在因素及整個政教問題，均少了解。梁啓超批評李鴻章的新政說：「知有兵事而不知有民政，知有外交而不知有內政，知有朝廷而不知有國民，知有洋務而不知有國務。以為吾中國之政教風俗無一不優於他國；所不及者，惟槍耳，砲耳，機器耳，吾但學此，而洋務之能事畢矣。」所以此時之教育完全是以中國舊教育為基礎，僅容納西學中之機器軍備等項目而已，在思想中尚不得謂為「中體西用」。

同初以來，新教育新軍政之建設，至甲午一役而弱點畢露。當時維新人士，感覺到單純軍事建設乃至物質建設不能救亡，於是認識更深一層，以為中國欲富強，除學習機器外，尚應學習西洋之政治與教育，而對於中國聖賢義理之學，以為係立國之基本，不可放棄。中西之學，須兼收並納，於是產生一種「中學為體，西學為用」的思想。光緒二十二年，孫家鼐在《覆議開辦京師大學堂》摺子上說：「中國五千年來，聖神相繼，政教昌明，決不能效日本之舍己芸人，盡棄其學而學西法。今中國京師創立大學堂，自應以中學為主，西學為輔；中學為體，西學為用。」中體西用之標旨已正式提出。此種思想在當時極其普遍，代表維新人物之共同見解。戊戌維新運動中之教育，即係以上述主張為基點。光緒二十四年四月二十三日下定國是之詔，明白宣諭教育主旨，規定為：「以聖賢義理之學植其根本，又須博採西學之切於時務者，實力講求，以救空疏迂謬之弊。」同時詔各省府州縣：「現有之大小書院，一律改為兼習中學西學之學校。」是中體西用的教育思想已明白宣布於當時。張之洞更著《勸學篇》以說明其旨。他說：「中學為內學，西學為外學，中學治身心，西學治世變；不必盡索之於經文，而必無悖於經義。」（〈外篇會通〉）又說：「今欲強中國，存中學，則不得不講西學。然不以中學固其根柢，端其識趣，則強者爲亂首，弱者爲人奴，其禍更烈於不通西學者矣。」梁啓超代擬《京師大學章程》內也說：「中國學人之大弊，治中學者則絕口不言西學，治西學者亦絕口不言中學；此兩學所以終不能合，徒互相詬病，若水火之不相入也。夫中學體也，西學用也，二者相需，缺一不可。體用不備，安能成才。且既不講義理，絕無根柢，則浮慕西學，必無心得，祇增習氣。前者各學堂之不能成就人才，其弊皆由於此。」（《近代中國教育史料》第一冊）根據上述引證，可見中體西用之觀念，在當時已甚普遍。

戊戌新政試行未久，而根本推翻新教育之生命，不絕如縷。但新教育之施行雖因改變而中斷，而中體西用之觀念，固未嘗消滅。經庚子之痛苦教訓，維新運動繼續進行，中體西用之觀念乃爲更普遍的發展，更具體的實現。辛丑年《維新硃諭》中謂：「晚近之學西法者，語言文字製造器械而已。此西藝之皮毛，而非西學之本源也。」所以主張「法令不更，錮習不破；欲求振作，須議更張」。於是，「著軍機大臣、六部、九卿、出使各國大臣、各省督撫各就現在情弊，參酌中西政治，舉凡朝章國政吏治民生學校科舉軍政財政，當因當革，當省當併……各舉所知，各抒所見。」此硃諭條舉改革範圍極大。就教育而言，改革主旨仍舊與戊戌時所倡者完全相同。光緒二十九年，張百熙等在《奏定章程》原奏上說：「至於立學宗旨勿論何等學堂，均以忠孝爲本，以中國經史之學爲基，俾學生心術壹歸於正，而後以西學瀹其知識，練其藝能，務期他日成材各適實用，以仰副國家造就通才，慎防流弊之意。」（《奏定學堂章程》）是此時之教育，仍以「中體西用」爲主旨。光緒三十二年，學部將此「中體西用」之主旨分爲二類五條：第一類爲「忠君」、「尊孔」二條；第二類爲「尚公」、「尚武」、「尚實」三條。前二條爲中學，是「中國政教之所固有，而亟宜發明以拒異說者」；後三條爲西學，是「中國民質之所最缺。而亟宜鍼砭以圖振起者」。此項宗旨，反映於教育實施；蓋當時自小學以至大學課程莫不包含二類：一曰中國固有之經史學，所占分量極重；二曰西洋移來之科學，分量因校別、系別而各有不同，課程選擇固以中體西用爲主也。

民國成立，政制更新，教育宗旨亦有改變。民國元年所定教育宗旨爲：「注重道德教育，以實利教育，軍國民教育輔之，更以美感教育，完成其道德。」美感教育為民國第一任教育總長蔡元培氏個人之主張。彼以哲學家的眼光，認定教育應「懸一方體無始終之世界觀以為鵠的」，而美育使「人脫離一切現象界相對之感情，而為渾然之美感，即所謂與造物為友，而已接觸於實體世界之觀念矣。故教育家欲由現象世界而引以到達於實體世界之觀念，不可不用美感之教育。」美感教育代表蔡氏之哲學思想，在當時影響不大。其實為當時教育思想中心者為道德教育、軍國民教育及實利教育。蔡氏曰：「滿清時代，有所謂欽定教育宗旨者。曰忠君，曰尊孔，曰尚公，曰尚武，曰尚實。忠君與共和政體不合，尊孔與信教自由相違，可以不論。尚武即軍國民主義也；尚實即實利主義也；尚公與吾所謂公民道德，其範圍或不免有廣狹之異，而要為同意。」（《蔡元培新教育意見》，《近代中國教育史料》第四冊）然則清末之教育宗旨與民初之教育宗旨，項目雖略有不同，而基本觀點並無差別。「中學為體，西學為用」，均為兩時代之共同教育思想。所謂道德教育，中學也，即所謂以聖賢義理之學植其基者也；所謂軍國民教育、實利教育、皆西學也，即注重實用以救吾國舊學之空疏也。就課程言，經學時間雖漸減少，而尚占重要地位，凡關倫理修身等科，莫不宗依經典。所不同者，清末對於西方之民主主義頗為忽視，而民初之教育則因係共和政體，頗為重視，故道德教育除個人道德仍以傳統之中學為主外，兼教以公民道德。即民主教育之始也。民國四年袁世凱當權，以大總統命令頒布教育宗旨為七條：「愛國、尚武、崇實、法孔孟、重自治、戒貪爭、戒躁進。」戒貪爭、戒躁進兩條為對當時反對政府之民黨而發，可以勿論。法孔孟，則中學為體之觀念也。愛國、尚武為軍國民教育思想，崇實為實利主義之思想，重自治為民主主義之思想，亦即西學為用之思想也。

二、全盤西化的教育思想

自民國八年五四運動以至民國十六年國民政府建都南京，為此種思想最盛行之時。此種思想產生之主要原因，為一般青年對現狀之失望。中國自鴉片戰敗後，一般人士以為非模仿西藝不能圖強；然同元以來，尺量模仿西藝，而國弱如故。甲午以後，一般人士以為非變法興學，不足以圖強；然變法興學以後，而國弱如故。庚子以後，一般人士以爲非革命不能圖強；然辛亥革命，推翻滿清，而國弱如故。不僅國弱而已，軍閥橫行，綱紀淪夷，民衆受害之深，乃更甚於滿清時代。一般人士對時局感覺失望，以爲我們維新革命失敗之主因，在於做事未能澈底，學習西洋未能澈底，故凡西洋之良法美制一入中國，便淮橘爲枳，不能收效。因此他們以爲中國欲圖強，一面須儘量破壞中國倫理道德的傳統觀念，一面須全盤的、澈底的接受西方文化，而名之曰「新文化運動」。新文化運動的基點，是純粹站在自由主義的立場，依各個人的理智，批判中國的舊文化，採納世界的新文化。他們以爲中國的倫理道德觀念均是封建時代之產物，思想的桎梏，必須澈底的肅清，而中國之文言文學亦富於封建思想，只能爲貴族享受之品，不能爲平民教育之具，故主張取消之而代以白話文，主持此種運動最力者爲陳獨秀、胡適之主辦之《新青年》。適於此時，北平學生有「五四運動」發生。民國八年五月四日，北平學人爲反對北京政府之外交，結隊遊行，作大規模之示威運動；此次運動爲青年學生反抗軍閥政治直接行動之開始，因全國工商界之援助而得了相當之結果。此種青年之政治運動與新文化運動結合，而推動之力益大，進展益速。其後政治運動雖無若何成績，而新文化運動之影響甚爲巨大，中國四千年的傳統思想，至此才起了根本的動搖。宣傳新文化之刊物甚多，而在當時力量最大的，當推《新青年》。

《新青年》有三種很顯明的主張：⑴爲文學革命。陳氏主張：「推倒雕琢的阿諛的貴族文學，建設平易的抒情的國民文學；推倒陳腐的鋪張的古典文學，建設新鮮的立誠的寫實文學；推倒迂瀏的艱深的山林文學，建設明瞭的通俗的社會文學。」（《獨秀文存》）⑵爲倫理革命。陳氏說：「儒者三綱之說，爲吾國倫理政治之大原，共貫同條，莫可偏廢。三綱之根本意義，階級制度是也。所謂名教，所謂禮教，皆以擁護此別尊卑明貴賤制度者也。近世西洋之道德政治，乃以自由平等獨立之說爲大原，與階級制度極端相反，此東西文明之一大分水嶺也。自西洋文明輸入吾國，最初促吾人之覺悟者爲學術，相形見絀，舉國所知矣。其次爲政治。繼今以後，國人所懷疑莫決者當爲倫理問題。」（《新青年》第一卷第六號，〈吾人最後之覺悟〉）「孔子生長封建時代，所提倡之道德，封建時代之道德也；所垂示之禮教即生活狀態，封建時代之禮教，封建時代之生活狀態也；所主張之政治，封建時代之政治也。封建時代之道德、禮教、生活、政治、所心營目注，其範圍不越少數君主貴族之權利與名譽，於多數國民之幸福無與焉。」（《新青年》第二卷第四號，〈孔子之道與現今生活〉）「這腐舊思想布滿中國，所以我們要誠心鞏固共和國體，非將這班反對共和的倫理文學等舊思想，完全洗得乾乾淨淨不可。」（《新青年》第三卷第三號，〈舊思想與國體問題〉）(3)為全盤接受西方文化。在上面引證文內已說明陳氏全盤接受西方文化的態度，他主張不但須接受西洋之科學，舉凡政治倫理等觀念概須全盤接受。他主張推翻中國之倫理文學即是要為接受西洋文化之預備，彼以為兩者不相容的。吳稚暉氏對於中國舊文化之批評，雖不若陳氏之極端，然其全盤西化的態度，頗與陳氏相近。吳氏曾作《一個新信仰的宇宙觀與人生觀》發表於《太平洋雜誌》，其根本精神在全盤承受西洋文化。他說：「梁（漱溟）先生書已把往事詳述，說我們對於西化。初但注意極可笑的物質，後乃得到了賽先生（science，科學）、台先生（Democracy，民主主義）就得了歸宿，所以斷定他尚擱淺於第一路。我們中國已迎受兩位先生——賽先生、台先生——迎之固極是矣。但現在清清楚楚還得迎受穆勒兒（Moral，道德）……所以迎受了穆姑娘治內，賽先生請他興學理財，台先生請他經國惠民。如此，庶幾全盤承受。」據吳氏意見，道德、科學與民主政治三者均係西洋文化要素，我們要澈底的全盤承受而不容懷疑。

全盤西化的社會思想和教育思想，在當時非常盛行，已如上述。其表現於教育實施方面者有二：一曰新學制之公布，二曰新教育方法之施行。民國十一年公布之新學制，在直的系統，採六三三四制（小學六年、初中高中各三年、大學四年）。在橫的系統，採取混合制，以師範、職業、普通中學並設於一校；在課程方面，自由選習之範圍極大；凡此種種，皆係全盤接受美國之學制。新教育方法如所謂「道爾頓制」、「設計教學法」，亦多來自美國。故此時之教育機關充分接受西洋文化，尤其是美國文化。致關於學校訓育管理方面，多採自由放任制。各處學生多組織自治會及學生會，參加各種政治活動，罷課遊行之示威運動，幾於無歲不有，此種現象之發生，一面由於學生之思想解放，一面由於政治之紛亂，固非源於模仿西洋也。

社會制度為社會歷史的產物，一種制度的成功均有許多連帶的條件，故某種制度適宜於甲國者，未必適宜於乙國。中國為歷史悠久之國，情境既特殊，問題亦複雜，全盤接受西方文化絕不能解決中國之問題。且所謂西方文化，究一籠統名詞，世界各國，政教風俗各有不同，所謂效法西洋，究係效法何國？諸國之中，究竟何去何從？因為此故，新文化運動力量之表現，屬於消極方面者多，屬於積極方面者少。新文化運動，基於自由主義，富於批判的精神，在消極方面，破壞中國舊文化之力量甚大；在積極方面，很少具體的建設。且以其基於自由主義，故思想極不統一。當時關於西洋改造社會的學說和文藝，紛紛介紹，莫衷一是；而對於如何去建設新中國的實際問題，尚缺乏深切的理解及共同的意見。在此時期，孫中山先生本其數十年革命的經驗，東西文化的觀察，社會科學的研究，發表他偉大的《三民主義》、《建國方略》、《建國大綱》、《社會建設》、《心理建設》等著作。此等著作均是根據客觀的事實，歸納研究的結果，所以特別切合中國之實際需要，而變為支配中國青年的基本社會思想，教育思想便以此為中心。

三、三民主義的教育思想

三民主義是一種社會思想，同時也是一種教育思想。它的特質有三：第一、它含有最偉大、最崇高之社會思想，即是建設「天下為公」的大同社會。各種社會主義雖均有崇高之理想，但多缺乏具體的方法；或雖有方法，而不切實際，結果或流為烏托邦式的空想主義，或演為階級鬥爭的殘忍主義。而三民主義則不如此。它的第二特質，是包含有建設新社會的具體辦法。孫先生明白指示第一步工作是建設新中國，即「民有、民治、民享」之新中國，亦即是民族平等、政治平等、經濟平等之新中國。關於革命時期之劃分，建設之程序，均有規定，極為具體而切合事實。建國工作完成之後，更須發揚東方文化精神，從事「濟弱扶傾」工作，即是胡漢民先生所謂：「引導人們，沿著進化定律而努力，由博愛起，經過國家的階段。而終底於世界大同的工作。」（胡漢民，《三民主義的連環性》）三民主義的第三特質，是對於中國各方面的實際問題能為一貫的說明。三民主義是中西文化結晶。孫先生對於東西文化均有深切之了解，他採取東西文化之所長，融而化之，以樹立政治的最高原則；

本此最高原則，來解決中國各方面的實際問題，故所持方針是一致的，精神是一貫的。所以孫先生提出之解決辦法，不是頭痛醫頭腳痛醫腳的辦法，而是注意問題的根本。中國各種實際問題，如民族自衛、厲行民治及開發工商業等，在清末及民初，一般維新人士均已注意；惟其解決辦法每不從根本著眼，而只是就某一問題企圖單獨之解決。如清末及民初，均注重尚武之軍國民教育，尚公之公民教育或民主教育，尚實之實利教育，此三種教育思想在當時均甚有勢力。以三民主義之範疇言之，則軍國民教育者民族主義之教育也，公民教育者民權主義之教育也，實利教育者民生主義之教育也，三種思潮皆可包括於三民主義教育之內。三民主義之特質，在對上述問題能澈底的了解其連環關係，而提出建國的整個計畫、具體步驟。例如軍國民教育不是單純軍事教育問題，而是民族精神問題；公民教育不是單純的政治、法律、倫理等課目之認識問題，而是訓政憲政之整個建設程序問題；實利教育不是單純的開設職業學校或專門工業學校問題，而是整個的經濟建設問題。三民主義不單言教育，而教育已包括在整個建國程序之內。茲更就法規所載，分析三民主義教育之內容。

關於三民主義之教育，解釋最詳盡者，首推第一次全國教育會議之宣言。十七年五月大學院召集第一次全國教育會議，宣言該會議決將黨化教育改爲三民主義之教育，並採取三民主義爲教育宗旨。所謂三民主義的教育是：「恢復民族精神，發揮固有文化，提高國民道德，鍛鍊國民體格，普及科學知識，培養藝術興趣，以實現民族主義。灌輸政治知識，養成運用四權之能力；闡明自由界限，養成服從法律之習慣；宣揚平等精神，增進服務社會之道德；訓練組織能力，增進團體協作之精神；以實現民權主義。養成勞動習慣，增高生產技能，推廣科學之應用，提倡經濟利益之調和，以實現民生主義。提倡國際正義，涵養人類同情，期由民族自決，進於世界大同。」（《全國教育會議報告》，十七年五月）

上項議案於十七年八月由大學院呈請中央政治會議通過。十八年一月，第三次全國代表大會重行規定教育宗旨及實施方針，教育宗旨規定如下：「中華民國之教育，根據三民主義，以充實人民生活，扶植社會生存，發展國民生計，延續民族生命爲目的，務期民族獨立，民權普遍，民生發展，以促進世界大同。」教育實施方針規定八條如下：「一、各級學校三民主義之教育，應與全體課程及課外作業相連貫；以史地教科闡明民族眞諦，以集團生活訓練民權主義之運用；以各種之生產勞動的實習，培養實行民生主義之基礎，務使知識道德融會貫通於三民主義之下，以收篤信力行之效。二、普通教育，須根據總理遺教，陶融兒童及青年忠孝仁愛信義和平之國民道德，並養成國民之生活技能，增進國民生產之能力爲主要目的。三、社會教育必須使人民認識國際情況，了解民族意義，並具備近代都市及農村生活之常識、家庭經濟改善之技能、公民自治必備之資格、保護公共事業及森林園地之習慣，養老恤貧防災互助之美德。四、大學及專門教育，必能注重實用科學，充實學科內容，養成專門知識技能，並切實陶融爲國家社會服務之健全品格。五、師範教育爲實現三民主義的國民教育之本源，必須以最適宜之科學教育及最嚴格之身心訓練，養成一般國民道德上學術上最健全之師資，爲主要之任務；於可能範圍內，使其獨立設置並儘量發展鄉村師範教育。六、男女教育機會平等，女子教育並須注重陶冶健全之德性，保持母性之特質，並建設良好之家庭生活及社會生活。七、各級學校及社會教育，應一體注重發展國民之體育，中等學校及大學專門須受相當之軍事訓練。發展體育之目的，固在增進民族之體力，尤須以鍛鍊強健之精神，養成規律之習慣爲主要任務。八、農業推廣須由農業教育機關積極設施，凡農業生產方法之改進，農民技能之增高，農村組織與農民生活之改善，農業科學知識之普及，以及農民生產消費合作之促進，須以全力推行之。」實施原則八條於十八年一月中國國民黨第三次代表大會通過，又於二十年十一月十七日，經中國國民黨第四次全國代表大會修正通過。（見《中學教育法令彙編》）

民國二十年五月十三日國民會議通過國民政府提交之《確定教育實施趨向案》，計共六條：「一、各級學校之訓育必須根據總理恢復民族精神之遺訓，加緊實施，特別注重於刻苦勤勞習慣之養成，與嚴格的規律生活的培養。二、中小學校教育應體察當地之社會情況，一律以養成獨立生活之技能與增加生產之能力爲中心，務使大多數不能升學之學生，皆有自立之能力。三、社會教育應以增加生產爲中心目標，就人民現有之程度與實際生活，輔助其生產知識與技能之增進。四、儘量增設職業學校及各種職業補習學校；職業教育之制度科目應使富有彈性，並接近固有之經濟狀況；私人籌設職業學校者，國家應特別獎勵之。五、儘量增設各種有關產業及國民生計之專科學校。六、大學教育以注重自然科學及實用科學爲原則。」（教育部《法令彙編》）

民國二十年九月第三屆中央執行委員會第一五七次常會通過《三民主義教育實施原則》。此項原則係依據民十八年公布之《教育宗旨及實施方針》，及二十年五月國民會議通過之《教育實施趨向案》；惟此項原則之規定極爲詳盡，共分八章，每章分目標、課程、訓育、設備等四項，第一章初等教育，第二章中等教育，第三章高等教育，第四章師範教育，第五章社會教育，第六章蒙藏教育，第七章華僑教育，第八章關於留學生之派遣。

茲依據《三民主義教育實施原則》及上面引用關於教育宗旨、教育方針之資料，分析三民主義教育之內容如下：

㈠關於整個三民主義者

1. 以三民主義爲教育中心。
2. 以三民主義之精神融貫東西文化之所長，促進科學之發達，以創造三民主義的新文化。
3. 以三民主義之精神，求得中國之自由平等，以建設三民主義的新中國。
4. 確立三民主義之社會觀人生觀，由新中國之建設進而至大同社會之建設。

㈡關於民族主義者

5. 發揚民族精神。
6. 發揚民族文化。
7. 培養國民道德。
8. 加緊國民軍訓。
9. 鍛鍊國民體格。
10. 養成規律生活。

11. 培養刻苦精神。
12. 普及科學知識。
13. 培養藝術興趣。

㈢ **關於民權主義者**

14. 訓練集團生活。
15. 訓練組織能力。
16. 訓練四權之運用。
17. 鼓勵服務團體之組織。
18. 指引學生自治活動。
19. 灌輸公民政治知識。
20. 培養公民必須習慣。
21. 培養民主精神。
22. 培養守法習慣。

㈣ **關於民生主義者**

23. 培養勞動習慣。
24. 培養生活技能。
25. 增高生產知識和技能。
26. 推廣科學之應用。
27. 增進經濟改善之技能。
28. 普及農業科學知識。

29. 增進農業生產方法。
30. 增進農業技能。
31. 增設職業學校。
32. 增設有關產業及國計民生之專科學校。
33. 改進農村組織。
34. 改進工商管理。
35. 提倡合作組織。
36. 發展國營實業。
37. 提倡經濟利益之調和。
38. 培養服務精神。

三民主義之教育，析而言之，條目極多；合而言之，不外以三民主義的精神融會貫通於整個教育活動之中。以確立三民主義之社會觀人生觀，由中華民族之自救自衛進而至於濟弱扶傾，由新中國之建設進而至於大同社會之建設。計畫雖遠，而著手自近；理想雖高，而辦法極具體。清末民初以來，所謂軍國民教育、實利教育、道德教育，均可包含於三民主義教育之中。

關於三民主義之教育，近年以來，討論文字頗多，惟大體均係側重條目之分析，如民族、民權、民生各方面教育之內容爲何，頗多討論。其能以哲學家之眼光，爲綜合之討論，指出教育之終極目的者爲數甚少。蓋三民主義之理論，有切合目前需要，顯而易見者；有遠矚未來，超乎現在之世界者。一般人士之討論，每注重前者而忽略後者。其能雙方並顧，以哲學家之立場，解釋三民主義之教育觀者，爲蔡元培氏。蔡氏於民國元年發表《對於新教育之意見》，大意謂教育有隸屬於政治者，有超軼乎政治者。隸屬於政治者爲現象世界，以現世幸福爲鵠的，如民族主義之軍國民教育，民權主義之公民道德教育，民生主義之實利教育，皆合乎現代中國之需要，所以謀中國人民之幸福也。超乎政治之教育屬於實體世界。實體世界不受時空之限制，不可以經驗，惟恃直觀。提撕實體觀念之方法，在使學者對現象世界無厭棄，亦無執著，對實體世界非常渴慕，而時時以「無方體無終始之世界觀」爲鵠。而美感教育爲由現象世界以達於實體世界之津梁。蔡氏之所謂美感教育，世界觀的教育，即大同世界之教育也。大同世界爲最高之理想境界，爲純美的藝術世界，即三民主義之終極目的也。茲引蔡氏之全文以作結論。

四、蔡元培之教育思想

蔡氏謂：「教育有二大別：曰隸屬於政治者，曰超軼乎政治者。專制時代（兼立憲而含專制性質者言之），教育家循政府之方針以標準教育，常爲純粹之隸屬政治者；共和時代，教育家得立於人民之地位以定標準，乃得有超軼政治之教育。」

「清之季世，隸屬政治之教育騰於教育家之口者，曰軍國民教育。夫軍國民教育者，與社會主義背馳，在他國已有道消之兆；然在我國則強鄰逼處，亟圖自衛，而歷年喪失之國權，非憑借武力，勢難恢復；且軍人革命以後不保無軍人執政之一時期非行舉國皆兵之制，將使軍人社會永爲全國中之特別階級，而無以平均其勢力。則如所謂軍國民教育者，誠今日所不能不採者也。」

「雖然，今之世界，所恃以競爭者，不僅在武力，而尤在財力；且武力之豐，亦由財力而孳乳。於是有第二之隸屬治政者，曰實利主義之教育，以人民生計爲普通教育之中堅。其主張最力者，至於普通學術悉寓於樹藝、烹飪、裁縫及金木土工之中。此其說創於美洲，而近亦盛行於歐陸。我國地寶不發，實業界之組織尚稚，人民失業者至多，而國甚貧。實利主義之教育，固亦當務之急者也。」

「是二者所謂彊兵富國之主義也。顧兵可強也，然或溢而爲私鬥，爲侵略，則奈何？國可富也，然而或不免知欺愚，強劫弱，演而爲貧富懸絕，資本家與勞動家血戰之慘劇，則奈何？曰教之以公民道德。何爲公民道德，曰法蘭西之革命也，所標揭者，曰自由、平等、親愛，道德之要旨盡於是矣。孔子曰：『匹夫不可奪志』；孟子曰：『大丈夫者，富貴不能淫，貧賤不能移，威武不能屈』；自由之謂也。古者蓋謂之『義』。孔子曰：『己所不欲，勿施於人』；子貢曰：『我不欲人之加諸我也，吾亦不欲加諸人』；《禮記・大學》曰：『所惡於前，毋以先後；所惡於後，毋以從前；所惡於右，毋以交於左；所惡於左，毋以交於右』；平等之謂也。古者皆謂之『恕』。自由者，就主觀而言之也；然我欲自由，則亦當尊人之自由，故通於客觀。平等者，就客觀而言之也；然我不以不平等遇人，則亦不容人之以不平等遇我，故通於主觀。二者相對而實相成，要皆由消極一方面言之。苟不進之以積極之道德，則夫同胞中固有因生稟之不齊，境遇之所迫，企自由而不遂。求與人平等而不能者，將一切恝置之，而所謂自由平等之量，仍不能無缺陷。孟子曰：『鰥寡孤獨天下之窮民而無告者也』；張子曰：『凡天下疲癃殘疾惸獨鰥寡，皆吾兄弟之顛連而無告者也』；禹思天下有溺者由己溺之，稷思天下有飢者由己飢之；伊尹思天下之人，匹夫匹婦，有不與被堯舜之澤者，若己推而內之溝中；孔子曰：『己欲立而立人，己欲達而達人』；親愛之謂也。古者蓋謂之『仁』。三者誠一切道德之根原，公民道德教育之所有事者也。」

「教育而至於公民道德，宜若可爲最終之鵠的矣，曰未也。公民道德之教育猶未能超軼乎政治者也。世所謂最良政治者，不外乎以最大多數之最大幸福爲鵠的，最大多數者，積少數之一人而成者也。一人之幸福，豐衣足食也，無菑無害也，不外乎現世之幸福。積一人之幸福而爲最大多數，其鵠的猶是。立法部之所評議，行政部之所執行，司法部之所保護，如是而已矣。即進而達《禮運》之所謂『大道爲公』，社會主義家所謂『未來之黃金時代，人各盡其所能，而各得其所需』，要亦不外乎現世之幸福。蓋政治之鵠的，如是而已矣。一切隸屬政治之教育，充其量亦如是而已矣。」

「雖然，人不能有生而無死。現世之幸福，臨死而消滅。人而僅僅以臨死消滅之幸福爲鵠的，則所謂人生者有何等價值乎？全國之民，全世界之人類，世世相傳，以此不能不消滅之幸福爲鵠的，則所謂國民若人類者有何等價值乎？且如是，則就一人而言之。殺身成仁也，舍身取義也，舍己而爲群也，有何等意義乎？就一社會而言之，與我以自由乎，否則與我以死，爭一民族之自由，不至瀝全民最後之一滴血不已，不合全國為一大家不已，有何等意義乎？且人既無一死生、破利害之觀念，則必無冒險之精神，無遠大之計畫，見小利，急近功，則又能保其不為失節墮行身敗名裂之人乎？諺曰：『當局者迷，旁觀者清』，非有出世間之思想者，不能善處世間事；吾人即僅僅以現世幸福為鵠的，猶不可無超軼現世之觀念，況鵠的不止於此者乎？」

「以現世幸福為鵠的者，政治家也；教育家則否。蓋世界有二方面：如一紙之有表裡，一為現象，一為實體。現象世界之事為政治，故以造成現世幸福為鵠的；實體世界之事為宗教，故以擺脫現世幸福為作用，而教育者則立於現象世界，而有事於實體世界者也；故以實體世界之觀念為其究竟之大目的，而以現象世界之幸福為其達到於實體觀念之作用。」

「然則現象世界與實體世界之區別何在耶？曰：前者相對，而後者絕對；前者範圍於因果律，而後者超軼乎因果律；前者與空間時間有不可離之關係，而後者無空間時間之可言；前者可以經驗，而後者全恃直觀。故實體世界，不可名言者也。然而既以是為觀念之一種矣，則不得不強為之名，是以或謂之『道』，或謂之『太極』，或謂之『神』，或謂之『黑暗之意識』，或謂之『無識之意志』；其名可以萬殊，而觀念則一。雖哲學之流派不同，宗教家之儀式不同，而其所到達之最高觀念皆如是。（最淺薄之唯物論哲學及最幼稚之宗教祈長生求福利者，不在此例。）」

「然則教育家何以不結合於宗教，而必以現象世界之幸福為作用？曰：世固有厭世派之宗教若哲學，以提撕實體世界觀念之故而排斥現象世界，因以現象世界之文明為罪惡之源而一切排斥之者。吾以為不然。『現象』、『實體』僅一世界之兩方面，非截然為互相衝突之兩世界。吾人之感覺既託於現象世界，則所謂實體者即在現象之中，而非必滅乙而後生甲。其現象世界間所以為實體世界之障礙者，不外二種意識：㈠人我之差別，㈡幸福之營求是也。人以自衛力不平等而生強弱，人以自存力不平等而生貧富。有強弱貧富而彼我差別之意識起，弱者貧者苦於幸福之不足，而營求之意識起。有人我則於現象中為種種之界畫，而與實體違。有營求則當其未遂，為無已之苦痛；及其既遂，爲過量之要索；循環於現象之中，而與實體隔；能劑其平，則肉體之享受純係自然，而意識界之營求泯，人我之見亦化，合現象世界各別之意識爲混同，而得與實體脗合焉。故現世幸福，爲不幸福之人類到達於實體世界之一種作用，蓋無可疑者。軍國民實利兩主義所以補自衞自存力之不足，道德教育則所以使之互相衞，互相存，皆所以泯營求而忘人我者也。由是而進以提撕實體觀念之教育。」

「提撕實體觀念之方法如何？曰：消極方面，使對於現象世界，無厭棄、亦無執著；積極方面，使對於實體世界非常渴慕而漸進於領悟，循思想自由、言論自由之公例，不以一統派之哲學，一宗門之教義梏其心，而惟時時懸一『無方體無終始之世界觀』以爲鵠，如是之教育，吾無以名之，名之曰：『世界觀教育』。」

「雖然，世界觀教育，非可以旦旦而聒之也，且其與現象世界之關係，又非可以枯槁單簡之言說襲而取之也。然則何道之由？曰：由美感之教育。美感者，合美麗與尊嚴而言之，介乎現象世界與實體世界之間，而爲之津梁，此爲康德所創造，而嗣後哲學家未有反對之者也。在現象世界，凡人均有愛惡驚懼喜怒悲樂之情，隨離合生死禍福利害之現象而流轉；至美術則即以此等現象爲資料，而能使對之者生美感，以外一無雜念。例如採蓮煮豆，飲食之事也，而一入詩歌，則別成興趣；火山赤舌。大風破舟，可駭可怖之景也，一入圖畫，則轉堪展玩。是則對現象世界無厭棄而亦無執著者也。人既脫離一切現象世界相對之感情，而爲渾然之美感，則即所謂與造物爲友，而已接觸於實體世界之觀念矣。故教育家欲由現象世界而引以到達於實體世界之觀念，不可不用美感之教育。」

「五者皆今日之教育所不可偏廢者也。軍國民主義、實利主義、德育主義三者爲隸屬於政治之教育（吾國古代之道德教育，則間有兼涉世界觀者，當分別觀之）。世界觀、美育主義二者爲超軼政治之教育。」

「以中國古代之教育證之：虞之時，夔典樂而教冑子以九德，德育與美育之教育也。周官以鄉三物教萬民，六德六行，德育也；六藝之射御，軍國民主義也；書數，實利主義也，禮爲德育，而樂爲美育。以西洋之教育證之；希臘人之教育爲體操與美術，即軍國民主義與美育也，歐洲近世教育家如海爾巴脫氏純持美育主義，今日日美洲之德弗伊[1]，則純持實利主義者。」

「以心理學各方面衡之：軍國民主義毗於意志，實利主義毗於知識，德育兼意志感情二方面，美育毗於情感，而世界觀則統三者一之。」

「以教育界之分言三育者言之，軍國民主義爲體育，實利主義爲智育，公民道德及美育皆毗於德育，而世界觀則統三者一之。」

「以教育家之方法衡之：軍國民主義、世界觀、美育，皆爲形式主義，實利主義爲實質主義，德育則二者兼之。」

「譬之人身，軍國民主義者，筋骨也，用以自衛；實利主義者。胃腸也，用以營養；公民道德者，呼吸機循環機也，周貫全體；美育者，神經系也，所以傳導；世界觀者，心理作用也，附麗於神經系而無現象之可求；此即五者不可偏廢之理也。本此五主義而分配於各教科，則視各教科性質之不同，而各義所占之分數亦隨以異。」（下略。此文發表於民國元年二月《教育雜誌》，見舒新城：《近代中國教育史料》，第四冊，頁二十六至三十一）

[1] 德弗伊即杜威。

問題思考

一、評論「中學爲體，西學爲用」的教育思想。
二、評論「全盤西化」的教育思想。
三、析述三民主義教育思想的內涵與特質。
四、近代中國教育思想的代表人物及其主張？
五、五十年的中國教育。

國家圖書館出版品預行編目資料

中國教育史／王鳳喈著. ——初版. ——臺北市：五南，2018.10
面；　公分
ISBN 978-957-11-9916-0（平裝）

1.教育史　2.中國

520.92　　107014557

1I1T

中國教育史

作　　者 — 王鳳喈
發 行 人 — 楊榮川
總 經 理 — 楊士清
副總編輯 — 陳念祖
責任編輯 — 李敏華
封面設計 — 王麗娟
出 版 者 — 五南圖書出版股份有限公司
地　　址：106台北市大安區和平東路二段339號4樓
電　　話：(02)2705-5066　　傳　　真：(02)2706-6100
網　　址：http://www.wunan.com.tw
電子郵件：wunan@wunan.com.tw
劃撥帳號：01068953
戶　　名：五南圖書出版股份有限公司

法律顧問　林勝安律師事務所　林勝安律師

出版日期　2018年10月初版一刷
定　　價　新臺幣500元